CÓMO AYUDAR A JÓVENES EN CRISIS

CÓMO AYUDAR A JÓVENES EN CRISIS

Jim Hancock - Rich Van Pelt

La misión de Editorial Vida es ser la compañía líder en satisfacer las necesidades de las personas con recursos cuyo contenido glorifique al Señor Jesucristo y promueva principios bíblicos.

CÓMO AYUDAR A JÓVENES EN CRISIS
Edición en español publicada por
Editorial Vida – 2007
Miami, Florida

© 2005 por Rich Van Pelt y Jim Hancock

Originally published in the USA under the title:
The Youth Worker's Guide to Helping Teenagers in Crisis
© 2005 by Rich Van Pelt & Jim Hancock
Published by permission of Zondervan, Grand Rapids, Michigan 49530, U.S.A.

Traducción: *Howard Andruejol*
Edición: *Carlos Peña*
Diseño interior: *Yolanda Bravo*
Diseño de cubierta: *Luvagraphics.com*

RESERVADOS TODOS LOS DERECHOS. A MENOS QUE SE INDIQUE LO CONTRARIO, EL TEXTO BÍBLICO SE TOMÓ DE LA SANTA BIBLIA NUEVA VERSIÓN INTERNACIONAL. © 1999 POR BÍBLICA INTERNACIONAL.

Esta publicación no podrá ser reproducida, grabada o transmitida de manera completa o parcial, en ningún formato o a través de ninguna forma electrónica, fotocopia y otro medio, excepto como citas breves, sin el consentimiento previo del publicador.

ISBN: 978-0-8297-5256-4

Categoría: Ministerio cristiano / Juventud

En memoria de Ken West, que nos enseñó tanto acerca de amar a Dios y a los jóvenes hacia la madurez.

CONTENIDO

Parte I

Capítulo uno	La vida más allá de Columbine	11
Capítulo dos	Entender la crisis	17
Capítulo tres	Oportunidad peligrosa	29

Parte II   Intervención   37

Capítulo cuatro	Triage	39
Capítulo cinco	Hacer conexiones	53
Capítulo seis	Escuchar profundamente	65
Capítulo siete	Plan de acción	77

Parte III   El cuadro más grande   87

Capítulo ocho	Referir	89
Capítulo nueve	Consideraciones legales y éticas	97

Parte IV   111

Capítulo diez	Alianzas preventivas	113
Capítulo once	Grupos juveniles	117
Capítulo doce	Padres	125
Capítulo trece	Centros educativos	131
Capítulo catorce	Fuerzas de seguridad	135

Parte V   Cuándo y cómo: crisis específicas   139

Capítulo quince	Accidentes	141
Capítulo dieciséis	Ira	143

Capítulo diecisiete	Intimidación	145
Capítulo dieciocho	Hacer trampa	149
Capítulo diecinueve	Cortarse y conducta autolesiva	153
Capítulo veinte	Muerte	157
Capítulo veintiuno	Divorcio	161
Capítulo veintidós	Abandonar los estudios	167
Capítulo veintitrés	Desórdenes alimenticios	169
Capítulo veinticuatro	Iniciación de novatos	175
Capítulo veinticinco	Incesto	181
Capítulo veintiséis	Intervenciones	187
Capítulo veintisiete	Trastorno de estrés postraumático	193
Capítulo veintiocho	Embarazo	195
Capítulo veintinueve	Violación	199
Capítulo treinta	Abuso sexual	203
Capítulo treinta y uno	Confusión de identidad sexual	213
Capítulo treinta y dos	Enfermedades de transmisión sexual (ETS)	221
Capítulo treinta y tres	Abuso y adicción de sustancias	223
Capítulo treinta y cuatro	Suicidio	233
Capítulo treinta y cinco	Terror	243
Capítulo treinta y seis	Problemas con la ley	247
Parte VI	Apéndices	253
Capítulo treinta y siete	Hoja de trabajo de plan de acción	255
Capítulo treinta y ocho	Números para reportar abuso de menores	257
Capítulo treinta y nueve	Mapa emocional	259
Capítulo cuarenta	Primeros auxilios para una sobredosis	263
Capítulo cuarenta y uno	¿En qué parte del mundo te encuentras?	265
Capítulo cuarenta y dos	Glosario de términos de servicios de protección de menores	271
Capítulo cuarenta y tres	Formulario de entrevista de admisión	293
Notas		295

Parte I

Capítulo uno
LA VIDA MÁS ALLÁ DE COLUMBINE

Rich Van Pelt (RVP): *Tú probablemente no vives en ningún lugar cerca de Columbine; quizás ni siquiera sepas dónde queda, lo cual está bien, no es exactamente el centro del universo ni nada por el estilo. Se encuentra en Littleton, Colorado, en la orilla suroeste del área metropolitana de Denver. El 20 de abril de 1999 —y durante aproximadamente un mes después—, Columbine parecía ser el centro del universo, al juzgar por la atención noticiera que tenía. En ese día, dos estudiantes entraron a la escuela «armados hasta los pies» y comenzaron a dispararle a la demás gente; mataron a doce estudiantes, un maestro, y a sí mismos en una hazaña sangrienta.*

Hasta el día que colapsó el «World Trade Center», en septiembre del 2001, no creo que haya existido ninguna otra escena más fotografiada que esa. Al igual que el terror del 9/11, la cobertura de Columbine fue toda desde afuera; una crisis vista desde todos los ángulos, excepto uno en donde la gente se encontrara batallando entre la vida y la muerte.

Jim Hancock (JH): Pregúntale a una docena de líderes juveniles sobre la vida mas allá de Columbine, y escucharás puntos de inflexión, llamadas a media noche, y rumores de avivamiento; sobre encubrimientos en el cumplimiento de la ley, control de armas, y Michael Moore; sobre chicos raros, inadaptados sociales, atletas y abusadores; sobre un terror notable más que todo por su demografía, (los jóvenes que dispararon y las victimas eran, en su mayoría, de áreas suburbanas y relativamente afluentes).

Si le preguntas a algún líder juvenil del lado sur de Chicago que se haya reunido con su grupo esa noche de la masacre acerca de los que pasó, te diría que los líderes de su iglesia siguieron las noticias durante toda la tarde y llegaron temprano para poder orar y estar preparados para lidiar con el trauma una vez que los jóvenes comenzaran a llegar. Te diría que lo más impresionante fue encontrar tan poca emoción de cualquier índole: no hubo enojo, ni miedo, ni siquiera compasión. Los jóvenes estaban jugando como si fuera cualquier otro jueves. Él apenas lo podía creer.

Lo que emerge del grupo, mientras los líderes tratan de entablar una conversación con respecto al tiroteo, les sorprende aun más: ¿Cuál es el gran alboroto?, preguntan sus jóvenes. Nos sentimos mal por esa gente y por todo lo que pasó; pero nosotros tenemos tiroteos en nuestras comunidades todo el tiempo.

«A mi me dispararon», dice un niño, mientras levanta su camisa enseñando su cicatriz.

«A mi hermano lo mataron», afirma una niña.

Y uno a uno, los adultos fueron aprendiendo que cada niño en esa habitación estaba familiarizado con la violencia y la muerte brutal a un nivel que ningún líder había conocido hasta ese día. Ese líder juvenil te diría que se sintió mal por las familias en Columbine y por los jóvenes y las familias en su propia iglesia, cuya pérdida pasó inadvertida durante tantos años porque eran... ¿Qué? ¿Menos concentrados? ¿Menos afluentes? ¿Su piel era más oscura? (Él no incluiría esa última pregunta, pero yo seguramente sí).

Así que esta es una versión de la vida mas allá de Columbine; una en donde sería bueno lamentar la pérdida de extraños si tan solo tuviéramos la reserva emocional. Pero muchos vivimos bien mas allá de Columbine, y con todo respeto, tenemos nuestras crisis.

Pregúntale a algún líder juvenil que haya tenido algún estudiante en Columbine, y quizás escuches sobre personas que vinieron de afuera que escudriñaban Littleton con tal de sacar alguna ganancia de esa miseria; sobre cámaras, micrófonos y escrutinio implacable; sobre visitas rápidas de cristianos oportunistas que se dedican a sembrar miedo y a recaudar fondos, y que llegaron para hablar, más que nada, de sí mismos.

Años después, el enojo y la tristeza sobre aquellas cosas está bajo la superficie para algunas personas, mezcladas con imágenes y memorias que creen que algunos no podrían comprender: agachándose detrás de un vehículo reforzado de la policía y escuchando los disparos dentro de la escuela. Seis, siete, ocho, nueve ambulancias con sus sirenas gritando en un callejón sin salida. Cada una cargada con estudiantes heridos; veintitrés en total. Un bombero que lavaba la sangre que estaba en la acera de una casa que fue utilizada como área de selección de pacientes (triage). Caminar entre una niebla. Enterrar a niños de grupos de jóvenes. Trabajar hasta el cansancio. Sentirse culpables por un placer ordinario disfrutado por la primera vez desde la tragedia.

RVP: *He aquí una historia que tal vez no haya escuchado. Cuando se desató el infierno en esa escuela secundaria —antes, durante y después que las personas de afuera entraran y salieran—, hubo una red de trabajadores juveniles que estaban cuidando silenciosamente de los jóvenes de Littleton y de las comunidades que entretejen los alrededores: Highlands Ranch, Southglenn, Greenwood Village, Cherry Hills, Englewood, Sheridan, Bow Mar, Ken Caryl y Columbine.*

Siempre ha sido una cuestión relacional —esta red se formalizó solo hasta que le dimos un nombre: «The Southwestern Connection» (La Conexión Suroeste)— solo para poder tener un nombre por el cual llamarla. No había sitio de Internet. No había agenda. Solo relaciones con personas que entendían a otras en el flujo y reflujo del ministerio con jóvenes y familias. Los líderes juveniles en La Conexión Suroeste provienen de todas partes del mapa teológico y eclesiástico: bautistas, presbiterianos, episcopales, de iglesias bíblica, católicos, independientes e interdenominacionales. Llegaron para conocerse entre ellos mismos como colegas en el ministerio en una docena o más de escuelas secundarias y, probablemente, en el doble de escuelas medias. Eso es lo que siempre nos atrajo: nuestro amor por los jóvenes. Y un espacio compartido: el código postal 80123, más o menos.

Con una proximidad física, diversidad teológica, identidad compartida como líderes juveniles y el apoyo que florece cuando nos reunimos, estas personas extraordinarias se ayudaron unas a otras a salir adelante del terror, encontrándose unas con otras aquí y allá en medio de la locura, tomando fuerzas de la horrible y bendita comprensión de que esto en realidad estaba ocurriendo y que no estábamos solos.

En el proceso, aprendimos que las relaciones lo son todo en una crisis. No fueron las extravagancias públicas las que ayudaron sino una persona escuchando a otra. Fue salir con algunos jóvenes. «Supongo que las reuniones públicas grandes ayudaron», dijo un amigo mío, dando a entender que la mayoría no ayudaron en nada. «Es decir, estaban bien producidas y todo, pero lo que en realidad ayudó fue el contacto con las personas».

Su esposa toma un tono más suave con respecto a las reuniones de un perfil más alto: «Algunas de las reuniones grandes les dio a grupos de cuatro y cinco jóvenes la oportunidad de enfocar su atención en el otro y poder compartir juntos sus experiencias». Regresamos a las relaciones.

Aprendimos que dos jóvenes (o líderes juveniles) necesitaban tratamientos diferentes. Algunos querían atención, otros, anonimato. Algunos tenían miedo de salir de Littleton; otros no veían las horas para salir de allí. Algunos ocultaban de dónde venían, sin importar si iban al otro lado del pueblo o al otro lado del país; mientras que otros básicamente compraron la camiseta del lugar.

Aprendimos a no evadir el dolor, a hacer preguntas directas y específicas sobre las experiencias de cada persona durante esas horribles horas. Y aprendimos a valorar esas conversaciones antes que fuera demasiado tarde.

Aprendimos a no darles a los jóvenes respuestas que sabían que eran «cortinas de humo».

Aprendimos el valor de admitir una confusión honesta sobre Dios mezclada con un abandono de confianza propia.

Aprendimos sobre la gracia de parte de colaboradores, padres de familia, y especialmente jóvenes de otras escuelas, cuyas crisis eran menos concentradas y menos bulliciosas, puestas a un lado cuando comenzó el tiroteo.

Aprendimos que no necesitábamos saberlo todo (como si alguien lo supiera todo); necesitábamos conocer a personas que pudieran intervenir por nosotros y pudieran traer la ayuda adecuada en el momento justo.

Aprendimos que no se acabará la próxima semana o el próximo año.

Aprendimos a ser cautelosos con alguien de afuera con un plan, a no sospechar de ellos, solamente ser cautelosos.

Aprendimos que el avivamiento del cual habíamos escuchado no sucedió después de todo. Lo que sucedió fue profundidad.

Aprendimos a confiar en Dios cuando temíamos que los jóvenes de Columbine no iban a regresar a los grupos de jóvenes.

Aprendimos que no lo podíamos hacer todo (pero no antes de cansarnos y enfermarnos en el intento). Aprendimos a hacer algo sencillo como reunirnos con unos cuantos jóvenes a tomar *un refresco y conversar; porque Dios usa las conexiones sencillas, sin fricciones, para generar suficiente energía para seguir adelante.*

Y, poco a poco, vivimos de una manera no tan tímida hacia la otra historia de la vida más allá de Columbine, donde la mayor parte de las cosas regresaron a la normalidad, aun si algunas otras nunca vuelven a ser iguales. Y todo está bien porque Dios está presente de todas formas.

JH: Escribimos este libro para las personas que están dispuetas a estar con adolescentes cuando nadie más lo está, en el caos y quebrantamiento de la vida que conocemos. Escribimos para los líderes juveniles que están dispuestos a entregarse a sí mismos en la crisis de una jovencita y permanecer con ella hasta que encuentre su balance de nuevo.

Este libro es muy práctico y entendible; refleja nuestras vidas. Más que todo escribimos como una voz; pero encontrarás en algunas ocasiones, como lo hicimos antes, que el texto refleja la identidad de Rich o la mía con las siglas de nuestros nombres: (JH y RVP).

Juntos vivimos casi todas las cosas que están escritas en estas páginas, y podemos responder por lo que decimos aquí por conocimiento personal (excepto experiencias directas con algún desastre natural grande y ruidoso, de las cuales esperamos poder seguir evitando de forma indefinida). Dicho esto, somos los primeros en admitir que no sabemos mucho en comparación a todo lo que hay para saber de las crisis. Así que incluimos muchas citas de fuentes que consideramos creíbles. Encontrarás notas al final del libro y apéndices que son actualizados ocasionalmente en nuestro sitio en Internet: www.youthspecialties.com/store/crisis.

RVP: *Estamos contentos que estés tomando el reto de este libro. Esperamos que lo encuentres no solo estimulante sino intensamente útil en tu trabajo con adolescentes y sus familias. Haznos saber cómo utilizas este libro y cómo podríamos mejorarlo en ediciones futuras.*

Rich Van Pelt & Jin Hancock

Capítulo dos
ENTENDER LA CRISIS

Era una noche caliente y húmeda para finalizar una larga y dura semana de trabajo. Lo único que separaba al líder juvenil de su tan esperado fin de semana era una programación para cientos de adolescentes de escuela media.

Mientras observaba —un poco apartado por la fatiga— un ambiente inundado por tonos de voz estridentes, sonido de sandalias por todo el salón, un aire sudado y esa fuerte mezcla de testosterona/progesterona que se le atribuye a una masa de adolescentes, él simplemente sonreía. Cualquier otra cosa pudo ser verdad en ese momento, él amaba a esos jóvenes y estaba elevando sus ánimos para la ocasión.

Mientras salen al aire libre, logra dirigir una frenética pero segura actividad de capturar la bandera. Cansarlos y gastar sus energías. «Arrearlos» de regreso para una lección bíblica que probaba ser retadora (nada de qué sorprenderse), pero con una mezcla competente de persistencia y fuerza pura de voluntad, logró establecer nuevamente el orden, en su mayoría.

El comodín de esa noche era un joven llamado Stevie, que estaba determinado a capturar la atención. Eventualmente logró lo que quería con una distracción ruidosa que «descarriló el tren» de líder juvenil fuera de sus líneas de la lección, y junto con eso se fue su paciencia. «¡Tú! —gritó el líder juvenil— ¡Afuera!». Un silencio de preocupación se asentó por todo el salón. Stevie levantó la mirada para encontrar que todos lo estaban viendo. «Y no te molestes por regresar hasta que sepas cómo comportarte», concluyó.

Stevie se puso de pie, y surcó su camino entre risas burlonas, sonrisas y ojos que lo acusaban; hacia el fondo del salón, buscando la puerta exterior. El líder juvenil intentó seguir con la lección donde la había interrumpido, pero cualquiera pudo darse cuenta que la atención cambió de lo que estaba diciendo a lo que acababa de ocurrir.

> **RVP:** *Estaba en el salón esa noche. Era un estudiante de la universidad en mi segundo año como voluntario en el grupo de jóvenes de mi iglesia local. Ese pastor era mi modelo a seguir. Él, después de todo, asistió al seminario donde estudió hebreo, griego, hermenéutica, homilética, y todo un gran listado de «supermercado» de títulos y nombres que apenas y puedo pronunciar. Y yo era «solamente un voluntario». Pero sentado allí, y pensando en esto, un nudo creció en mi estomago. De alguna forma, la manera en las que se dieron las cosas con Stevie no me parecieron correctas.*
>
> *No supe si quedarme sentado donde estaba o ir a hablar con él. Intenté imaginar lo que mi mentor hubiera hecho en mi lugar. Conocía su corazón. Así que me levanté y me escapé en su búsqueda. Lo encontré sentado en las gradas de la iglesia, acurrucado y llorando. Me senté junto a él y traté de comunicarle mi preocupación, sin darle la razón por lo que había hecho.*
>
> *Él lloró tan duro que era casi imposible entenderle, pero aquí está la historia detrás de la historia. Los eventos de la semana ahogaron a Stevie como un tsunami: su mamá y su papá anunciaron separarse, lo cual él temía que fuera un divorcio en un futuro. De ser así, tendría que vivir con su padre que estaba por tomar un empleo en otro estado. Las implicaciones eran alarmantes. Él estaba perdiendo a su familia, a sus amigos, su hogar, su vecindario —todo lo que le era familiar—, y tenía que empezar todo otra vez desde cero.*

La conducta de Stevie, durante la reunión, fue una expresión no muy sutil de su dolor profundo y fresco. Era un indicio, para cualquiera que lo conociera, que él estaba en *crisis*. El problema era que las personas que mejor lo conocían —sus padres—, también estaban en medio de una situación igual.

En términos terapéuticos, una crisis es un período de *desequilibrio* que abruma los mecanismos *homeostáticos* de una persona. Más sencillamente, una crisis hace que una persona pierda el equilibrio emocional, espiritual, cognitivo y quizás también físico.

Gary Collins decía que una crisis era «cualquier situación o serie de circunstancias que amenazan el bienestar de una persona e interfiere con su rutina del diario vivir»[1]. En otras palabras, una crisis es una experiencia definida por uno mismo. Piénsalo por un momento, verás que no puede ser de otra forma. Al igual que cualquier otra experiencia dolorosa, una crisis es aguantada por la persona misma. Una mujer califica los dolores de parto con un diez, pero otra mujer con un seis. ¿Cuál es la correcta? Bueno, para la primera se compara con los momentos más dolorosos de su vida, por lo cual es un diez. La segunda mujer con un dolor mucho menos intenso de acuerdo a sus experiencias. Ambas tienen la razón, porque todos experimentamos el dolor de forma individual; no hay una escala absoluta u objetiva para medirlo.

Es por eso que las crisis son tan difíciles de predecir. Puede llegar a la vida de una persona por cualquier cosa; donde *cualquier cosa* significa: «Cualquier situación o serie de circunstancias que amenazan el bienestar de una persona...».

Dicho eso, las circunstancias que una vez abrumaron a una persona, pueden ser tolerables en un futuro porque la persona ha cambiado.

Nadie vota con respecto a las crisis de otras personas. Causamos un gran daño si ignoramos una crisis, porque no se elevaría al mismo nivel para nosotros. Los amores adolescentes brotan a nuestras mentes. Piensa lo que quieras, pero el amor de esa etapa es muy real para el joven. Los adultos que no toman en serio esas experiencias no solo no tienen cortesía, también están poniendo en peligro el bienestar de alguien al que aman por tomar su pena muy a la ligera.

Por supuesto, tampoco no hay razón para prestar penas ajenas. No es nuestra responsabilidad predecir, negar, definir ni validar las crisis de las demás personas. Es nuestra responsabilidad ponerles atención y ayudar a las personas que están, por definición propia, en una crisis.

Si esto trae a nuestras mentes alguna persona cuya vida esté definida por atravesar una crisis tras otra, al punto que dudas sobre su noción de lo que es en realidad una crisis, es bastante justo. Esta es, parcialmente, una razón por la que escribimos este libro: ayudar a los líderes juveniles a discernir lo que en realidad está en juego en las vidas de los jóvenes, y que actúen apropiadamente para ayudarlos a sobrevivir y a crecer con fuerza como adultos.

No es que sea fácil. Cuántos líderes juveniles no perdieron la paciencia (o la valentía) y se preguntaron: *¿por qué me metí en este* lío? *¿En qué estaba pensando?* Si tú ayudas a una persona que está en crisis, hay una buena posibilidad de que experimentes una amplia gama de emociones. Con suerte, no las tendrás todas al mismo tiempo:

- Compasión. *¡Esto es terrible! ¿Qué puedo hacer para ayudar?*
- Temor. *Si no me involucro, esta persona puede morir. Pero no tengo ningún entrenamiento; ¿qué pasa si causo más daño que beneficios?*
- Resentimiento. *¿Acaso cree que es el único que pasó por esto? ¿Acaso no puede ver lo peor que se puede volver esto?*
- Impaciencia. *¿Cuánto tiempo más tendremos que arrastrar esto? ¿Por qué es que ella no hace nada por cambiar su situación? ¡Es una simple decisión! ¿Cuándo la va a tomar?*
- Atrapado. *¿En que me metí? ¿Acaso esta persona va a depender de mí por el resto de su vida?*
- Culpa. *Soy tan falso. Si en realidad me importa esta persona, ¿por qué tengo tanto resentimiento?*
- Ira. *¿Cuándo va a dejar de comportarse como bebé y va a solucionar esto? ¿Cuánto tiempo cree ella que va a pasar aprovechándose de mí? ¿A quién cree que está engañando?*

No tiene sentido el negar estos sentimientos. Mejor sé honesto contigo mismo y compártelos confidencialmente con alguien que te apoye. Algunas emociones dicen más sobre nuestra inexperiencia en la psicodinámica de las crisis que nuestra capacidad emocional para aguantarlas. Escucharnos a nosotros admitir esto puede ser un chequeo de la realidad que nos dirá si podemos impulsarnos hacia y seguir adelante, o si debiéramos referir la crisis a alguien que esté en mejor forma para ayudar en ese momento.

Si una respuesta emocional débil, por parte de alguien, que está ayudando durante una crisis no necesariamente indica una condición permanente, se puede decir lo mismo de alguien al que esté tratando de ayudar. Una crisis les causa cosas raras a las personas, haciéndoles pensar, sentir y comportarse en formas que son fuera del carácter del que en realidad son. Todos los que pasamos alguna vez por una crisis, sabemos esto. El resto aprenderá pronto.

Encontrarás tres tipos de crisis mientras trabajas con adolescentes:
- *Agudas.* Son puntiagudas, dolorosas e inmediatas.
- *Crónicas.* Son duraderas, recurrentes y persistentes.
- *De adaptación.* Son temporales, transitorias y de acuerdo a una situación.

Los primeros dos términos —aguda y crónica— son prestados directamente de términos médicos para diagnósticos y tratamientos.

Una crisis *aguda* es urgente y suficientemente severa como para necesitar de intervención inmediata. Presenta la posibilidad de peligros físicos o emocionales serios. Incluyen episodios suicidas, sobredosis de drogas, crisis de embarazos, agresiones físicas y sexuales y la pérdida de un ser querido o un amigo.

Una crisis *crónica* surge de un dolor en curso, persistente y acumulado. Emergen como patrones de comportamiento que demandan de una atención y un cuidado: condiciones a largo plazo, físicas, emocionales y abuso sexual; negligencia paternal; y el peligro que corren los niños a menudo ceden a conductas que a su vez pueden convertirse en crónicas: obsesión o compulsión sexual, abuso de alcohol y otras drogas, desórdenes alimenticios, peleas y cortaduras son crisis crónicas con consecuencias peligrosas, si se dejan si atender.

Algunas crisis crónicas aparecen con una raíz bioquímica, por ejemplo el Desorden de Hiperactividad y Déficit de Atención (DHDA) y la depresión clínica. Estos son diagnósticos médicos y no una corazonada de un líder juvenil. Es muy improbable que un líder juvenil sea el primero en evidenciar un DHDA (usualmente es un padre de familia o un maestro de escuela que pasa horas con el niño durante el día, todos los días). Pero no es inusual que un líder juvenil detecte brotes tempranos de una depresión clínica (a diferencia de solamente sentirse deprimido).

Finalmente, algunas crisis son de *adaptación* que simplemente reflejan la dificultad que hay para ajustarse a las demandas del crecimiento o el ajustarse a cambios rápidos. Incluyen mentir, violar la confianza, crisis de comunicación, desafío a estándares y valores razonables y comportamiento impulsivo. Además, tienden a ser no letales, pero pueden causar mucho estrés en las relaciones hasta el punto de romperlas, y puede generar alianzas no saludables con otros jóvenes que están exteriorizando sus crisis.

CÓMO AFECTAN LAS CRISIS A LAS PERSONAS

Hay un innumerable listado de factores personales, relacionales y ambientales que influyen en la forma en que los individuos experimentan una crisis. Así que no es una pequeña exageración afirmar que dos no pueden tener la misma experiencia. En consecuencia, algunas psicodinámicas son comunes en la mayoría de las crisis; estas definitivamente se presentan así:

- Toman a las personas por sorpresa.
- Abruman.
- Despiertan otros problemas que están sin resolver.
- Reducen a las personas a la inacción.
- Distorsionan nuestra forma de pensar, sentir y actuar.
- Pintan un paisaje» sombrío del futuro.

TOMAN A LAS PERSONAS POR SORPRESA

¿Qué podría preparar a una chica adolescente para una violación en una cita... la programación de mayor audiencia en la televisión por cable? ¿Cuántas familias tienen por lo menos un plan mínimo de emergencia en caso que un desastre destruyera su hogar? Muéstranos algún padre que esté listo para escuchar que su hijo fue arrestado por posesión y tráfico de narcóticos. Nunca estamos del todo listos para algunas cosas; es por esto que se les llaman *crisis*.

JH: Tuve un aviso hace veinte años de que mi padre moriría de una insuficiencia cardiaca congestiva. Eso no hizo nada para prepararme para las noticias de su muerte «repentina»: «El tío Willard encontró a tu padre muerto en su apartamento hoy». ¿Cómo te preparas para recibir esa llamada?

RVP: *Cuando mi padre fue diagnosticado con cáncer de pulmón, el pronóstico no era bueno. Este avanzo rápidamente, y él murió a los pocos meses de haber sido diagnosticado, sin muchos de los sufrimientos que acompañan esa enfermedad. Nunca olvidaré el último día de su vida. Sus pulmones estaban llenos de fluidos; al final murió sofocado. Nuestra familia se reunió alrededor de su cama y oramos para que Dios lo librara de cualquier otro sufrimiento y que misericordiosamente lo llevara a su morada eterna. Después de seis agotadoras horas, papá dio su último suspiro, y fue evidente que nuestra oración fue con-*

> testada. Aun así —aun después de haber orado para que Dios lo llevara a su presencia y que tuviera alivio de su sufrimiento—, cuando murió, todavía nos encontramos en un estado de incredulidad. Por mucho que creamos estar listos para enfrentar una crisis, parece ser que nunca lo estamos.

Los adolescentes son conocidos por creer que las cosas malas les ocurren solamente a las personas malas, o por lo menos a *otras* personas. Ellos olvidan —o quizás los adultos olvidamos decirles— lo que dijo Jesús sobre los buenos, los malos y los ordinarios. Haciendo referencia de las personas que murieron cuando les cayó una torre encima, él preguntó: «Piensan ... que esos eran mas pecadores que todos los demás?»[2]. No lo eran. Jesús dijo que su Padre hace que «salga el sol sobre malos y buenos, y que llueva sobre justos e injustos»[3].

A decir verdad, las personas son tomadas por sorpresa, desprevenidas y quizás indispuestas a enfrentar la vida como es y no como la tienen.

LAS CRISIS ABRUMAN

Cuando una joven de quince años de edad descubre que esta embarazada, hay una muy buena posibilidad de que una forma clara de pensar la eluda por un momento. La negación, el miedo, el enojo, la duda, el remordimiento, la confusión, la vergüenza, el aislamiento son bastantes cosas para aclarar.

Si una madre pierde el último poco de confianza que tenía en su hijo, la siguiente cosa que está a punto de perder es la perspectiva. Enojo, miedo vergüenza, remordimiento y resentimiento pueden estar conspirando para declarar un estado de ley marcial en el hogar.

El comienzo de una crisis puede causar un «corto circuito» en las habilidades mentales y emocionales. Una determinante, altamente motivada, autoemprendedora personalidad «tipo A», puede encontrarse con que la tarea más normal y ordinaria se cae de su comprensión «hípercompetente».

> **RVP:** Estaba asombrado de encontrarme incapacitado por la *depresión situacional* a causa de una crisis en el trabajo. Aquí estaba, ganándome la vida viajando, pero era incapaz de poder empacar para un viaje de una noche. Afortunadamente, la crisis pasó, y un poco después, también la depresión. Pero fue un recuerdo sobrio de que soy humano.

JH: Solo quiero hacer constar que no creo en un bloqueo mental como escritor. Pero, durante un período de crisis en mi familia, me era casi imposible concentrarme para escribir este libro. A este punto tan temprano del manuscrito es difícil decir si logré salir o no...

LAS CRISIS DESPIERTAN OTROS PROBLEMAS QUE ESTÁN SIN RESOLVER

Cuando una crisis golpea, otros problemas salen del fondo de esa cueva emocional refunfuñando, vienen gruñones y exigiendo comida. De repente, una docena de voces se unen al aullido de esta crisis inmediata. Con razón las personas que están en esa situación murmullan: «Esto es más de lo que puedo manejar».

Consideremos un estudiante de la secundaria que pierde su empleo de medio tiempo tres semanas antes de la graduación de su escuela. Mientras hablas con él, verás que además de estar preocupado por pagar el evento, también le preocupa completar una tarea de inglés a tiempo y encontrar una tienda que venda los *trucks* correctos para el monopatín que compró por Internet con la tarjeta de crédito; que por cierto, apenas y tenia «permiso» de usar.

Después de decidir que en realidad no importa si sabes o no lo que es un *truck* para monopatín, tú respuesta natural hacia este chico sería: «Espera un momento: ¿qué tienen en común encontrar un trabajo con escribir un ensayo de inglés y con encontrar esos como-se-llamen para un monopatín, los cuales probablemente terminaras devolviendo de cualquier ma-nera?».

Si no tienes cuidado, probablemente te inclinarás a descartar la preocupación entera, porque se te olvidó cómo es la vida para un estudiante de secundaria. Si le proyectas tus propios valores, perspectivas y experiencias, vas fracasar en responder a sus necesidades genuinas (con las cuales, por supuesto, no estás relacionado en nada). Es fácil perder de vista que, al pie de un reto financiero inmediato, él también está tratando de arreglar otros tres problemas que están marginalmente conectados uno con otro. Por supuesto que está desconcertado. Ya que en la adolescencia, a menudo, se sufre un desequilibrio de este tipo, la pregunta no es: «¿Por qué tanto alboroto?», sino: «¿Qué puedo hacer para ayudarte a solucionar esto?».

LAS CRISIS REDUCEN A LAS PERSONAS A LA INACCIÓN

Las crisis detienen a las personas en su caminar, algunas veces dejándolas estancadas en ese punto por un tiempo indefinido. Nadie aparte de Supermán puede hacer que el reloj retroceda, que es lo que se requeriría para poder alterar las circunstancias que llevan hacia una crisis. Mucha gente invierte demasiadas energías deseando que las cosas fueran distintas; tanta que ya no les queda la suficiente para tomar el siguiente paso (aun cuando están convencidos que ese siguiente paso los sacaría de ese hoyo negro en el que están). Piensa en la señorita Havesham, en la obra de Dickens: *Grandes expectativas*, que estaba atrapada en el cuarto oscuro, deseando un final diferente.

Cuando hay un sentimiento de desesperación combinado con un corto circuito en capacidades normales —especialmente si le agregas sustancias adictivas y comportamientos a la mezcla—, es suficiente para hacer que la persona más proactiva llegue a un alto emocional devastador. Todos conocen a alguien que a sus quince (u once) años parece estar estancado; su crecimiento emocional está congelado en el tiempo. Es impresionante ver que el origen de ese estancamiento es por causa de una crisis pasada sin resolver.

LAS CRISIS DISTORSIONAN NUESTRA FORMA DE PENSAR, SENTIR Y ACTUAR

Debemos anticiparnos al hecho que los jóvenes y familias con las que trabajamos durante una crisis pueden no ser «ellos mismos».

Las dependencias químicas son un excelente punto en este caso. Cuando los jóvenes empiezan a abusar del alcohol o alguna droga, están propensos a experimentar cambios de personalidad o de comportamiento. La droga de su elección de pronto se convierte en la ocupación primordial de su vida; y harán lo que sea por volver a experimentar la sensación que les da. Mientras están bajo el control de ese «antojo», el comportamiento que antes no era una opción ahora parece ser viable.

Un adulto que está preocupado por la muerte de algún ser querido es vulnerable a tomar decisiones financieras poco sabias, puesto que su pensamiento está siendo nublado por el dolor.

RVP: Luchaba con la forma de morir americana mientras sacudía mi cabeza ante la locura de derrochar miles de dólares en el suelo con el cuerpo de un ser querido. Pero después mi padre murió, y mi racionalidad se fue por la ventana.

A veces, los líderes juveniles deben intentar proteger a la gente de sí mismos, motivando a los jóvenes y a las familias a retrasar cualquier decisión importante por un tiempo mientras lamentan una pérdida, un corazón roto o una tragedia. Sanar toma tiempo, pero no solamente tiempo. Es una analogía cruda, pero puede ayudarnos a relacionar una crisis con un hueso roto. Para que haya una curación apropiada, este necesita ser inmovilizado en el punto donde se rompió durante el tiempo suficiente para que la herida se cure.

Para un adolescente en crisis, el rebote de un romance, una mudanza de casa, salirse de un equipo, o la decisión repentina de dejar la escuela o de unirse a las fuerzas militares, llevarán consigo el potencial de extender, más que resolver, una crisis. No estamos diciendo que huir de un ambiente toxico no sea la mejor decisión para evitar crisis futuras. Es solamente para hacer notar que un crecimiento sostenido necesita de un tiempo sostenido y una atención especifica para permitir que las vulnerabilidades emocionales de una crisis disminuyan, permitiendo una forma más racional y responsable para tomar decisiones a un largo plazo.

LAS CRISIS PINTAN UN PAISAJE SOMBRÍO DEL FUTURO

Las personas que se encuentran en una crisis cuestionan si algún día las cosas van mejorar. Lo dudan. La angustia emocional abruma el juicio de una persona. Se sienten desamparados, desahuciados y desafortunados; las tres «d».

- Desamparado. *Esto es mucho; ya no puedo con esto.*
- Desahuciado. *No hay salida; este dolor nunca se va a acabar.*
- Desafortunado. *No tengo suerte; y esto es todo lo que tengo.*

En el control de las tres «d» es difícil de adoptar la sabiduría de «esto también pasará». Poder identificar las diferentes opciones colapsa bajo la pesada convicción de que una solución no aparecerá. La desesperanza que refleja en la voz y en el semblante de la persona que está falta de afecto, de emociones. Esto también se nota en la frente y la postura y en la forma en que respira.

Entender una crisis implica poder detectar las causas y los efectos de las experiencias que hacen que las personas pierdan el equilibrio. Quiere decir que hay que llegar a dominar las habilidades de escuchar y hablar para dar una perspectiva distinta; seguida por esperanza; seguida después por un movimiento concreto y directo para volver a establecer un equilibrio. Entender una crisis implica ponerle atención a nuestras experiencias de una manera que nos permita expresar empatía por las personas que no están mejor que nosotros, un poco peor, o están en una posición completamente distinta a la nuestra.

Capítulo tres
OPORTUNIDAD **PELIGROSA**

RVP: Una vez escuché a un líder juvenil veterano decir: «¡Me fascinan las crisis!». Y me hizo cuestionar si tal vez le serviría un poco de consejería o tal vez, por lo menos, un tiempo de compensación, porque claramente este hombre perdió su perspectiva.

JH: Pero en serio, ¿quién no disfruta una buena crisis de vez en cuando? Bueno... yo una vez. Me hicieron una invitación para sentarme en la plataforma en la consola de mezclas para un concierto de U2. Esa noche había reunión de jóvenes, así que iba a conseguir a alguien que me cubriera esa noche, sabiendo que ningún otro iba a escatimar mi oportunidad, ¿verdad? Pero aun así, decidí no decirle a nadie; imaginé que sería una mejor historia para contar después del evento y no antes.

Unos cuantos días antes del concierto, uno de los líderes colegas fue descubierto en medio de una mentira que se convirtió en un escándalo en el grupo de líderes. Rápidamente disminuimos la crisis, y como parte saludable del remordimiento que sentía, me dijo que quería aclarar las cosas con el resto del grupo el domingo en la noche. «Está bien», dije, dando un trago amargo. «Te ayudaré a hacer eso». Así que llame al amigo que me había invitado al concierto esa noche, y le dije: «Gracias por la invitación, pero algo surgió con mi grupo de jóvenes y creo que es mejor que me quede. Será mi pérdida».

Bueno, ese comentario fue modesto. Es domingo en la noche, y el joven se acobardó. No solamente no aclaró las cosas con el grupo sino que ni siquiera llegó a la reunión. ¡Pude haber estado sentado en la consola de mezclas en el concierto de U2! ¿Qué puedo decir? Y no podía tan siquiera mencionarlo.

He sufrido esta humillación solo, todos estos años. Me siento bien al poder, por fin, compartir este dolor con mis colegas.

Está bien, en realidad se siente como un lloriqueo mío, así que lamento haberlo mencionado. Todo lo que quiero decir es que *no me gustan* las crisis.

Todos somos personas ocupadas. Todos hacemos malabares con el trabajo, la familia y el ministerio tratando de servir a varios amos, tratando de descifrar quién se decepcionaría menos cuando no nos damos abasto para cubrirlo todo. Simplemente, no hay un buen tiempo para recibir una crisis. Definitivamente, no podríamos hacerle tiempo para esta semana ni para la próxima. Mejor vuelve a intentar a principios del mes que viene; vamos a ver qué se puede hacer. Seguro, como si eso funcionara.

No tengo nada contra el equilibrio, pero parece completamente posible que una preocupación con el buen manejo del tiempo y los límites bien establecidos en el ministerio podrían evitar que estemos allí, cuando las personas estén en una crisis. Y si no estamos allí, no podremos ayudar. Así que si estamos convencidos que Dios nos está llamando para ser de ayuda... probablemente este sea un buen punto de partida. Si sirve de algo, estamos bastante seguros de que el buen samaritano aguanto más que un leve inconveniente. Esto es parte por la cual se convirtió en el buen samaritano.

Siendo justos, algunos de nosotros evitamos situaciones de crisis, porque tenemos miedo de no estar bien entrenados ni tener la experiencia suficiente para ayudar efectivamente. Somos solamente líderes juveniles, ¿verdad? Seguro, muchos de nosotros tenemos un diploma como ministros juveniles, algunos quizá hasta vengan de un seminario (y no hay nada como un diploma especializado que dé la impresión de que sabemos lo que estamos haciendo). Pero eso no se traduce a nada más que sentirnos mal equipados para responder a las necesidades reales de personas reales, durante sus crisis, hasta que ya lo hayamos hecho un par de veces.

Bueno, por supuesto. Porque saberlo no es hacerlo, ¿verdad? Y hacerlo es la única manera para obtener la experiencia que se necesita para lograr que un líder juvenil sienta que puede llegar a hacer algo bueno.

RVP: *Y después está eso del llamado de Dios y la capacidad de Dios que nos hace pasar de un consejero marginalmente calificado a una herramienta genuina. Como Madeline L'Engle dijo:*

> «*En un sentido muy real, ninguno de nosotros está calificado, pero parece que Dios continuamente escoge a los más descalificados para hacer su obra, para llevar su gloria. Si fuéramos calificados, tendríamos la tendencia a pensar que hicimos el trabajo nosotros mismos. Pero si somos forzados a reconocer y aceptar nuestra falta de calificación, entonces no corremos el peligro de confundir la obra ni la gloria de Dios con la nuestra*»[1].

A un amigo nuestro le fue dada la tarea hace poco de ayudar a su iglesia y a la comunidad de la escuela secundaria a responder por la terrible perdida de tres estudiantes que murieron en un accidente automovilístico. ¿Cómo te preparas para eso? Si Dios no se muestra en medio de ese dolor, el certificado que cuelgue de tu pared no tendrá mucha importancia en ese momento. Puede ser desalentador. Especialmente si un líder juvenil tiene sus propios problemas sin resolver, ¿y quién no los tiene?

RVP: *Serví como capellán con la división de Servicios Juveniles en el Departamento Correccional de Colorado por más de una década. Mi «grupo de jóvenes» estaba comprendido con muchachos y muchachas que estaban encerrados por cualquier crimen imaginable, y algunos inimaginables. En un punto me pidieron que condujera un servicio en memoria de un joven que murió trágicamente después de huir de la cárcel. El día antes del servicio, estaba despidiéndome de un miembro del personal que le tenía aprecio a ese joven. «Te veo mañana en el servicio», le dije.*

Inmediatamente me respondió: «¡Ah no, no me verás!».

Me sorprendió mucho su respuesta, y le pregunté que qué quería decir con eso. Me dijo que no podía manejar la muerte del joven. Él era muy competente en su trabajo, pero sus temores personales y su incapacidad para seguir adelante lo estaban paralizando para actuar, cuando en realidad era necesitado por los demás internos.

Suficientes líderes juveniles entienden este dilema. Muerte, enfermedad, depresión, abuso de sustancias e identidad sexual son zonas prohibidas para muchas personas, especialmente la zona de identidad sexual. Muchos líderes juveniles se resisten ante la idea de ayudar a un joven que está atravesando algún problema de identidad sexual. En más de mil formas se ve con claridad que no están disponibles para ese trabajo en particular.

Lástima. Se pasan a otro lado, dejando a la gente que muera sola, porque no resolvieron por completo sus problemas sexuales. En sus cabezas, los líderes juveniles saben que las personas que luchan con identidad sexual están sujetas a la gracia de Dios tanto como cualquier otra persona, pero no se trata de lo que está adentro de la cabeza de un líder juvenil. ¿O acaso lo es? Bajo unas reglas de juego tan estrictas, ¿cómo van a responder cuando un joven resulte positivo en una prueba de VIH (independientemente de si lo contrajo sexualmente o por alguna otra vía)? ¿Puede el cuidado pastoral ser neutralizado tan fácilmente por la inmadurez y el miedo a la vulnerabilidad? Claro que puede.

Seguir a Cristo mientras entra al mundo del joven y del vulnerable a veces también nos hace vulnerables a nosotros. El autor Doug Stevens logra señalarlo muy bien al decir:

> «El ministerio juvenil no puede ser a larga distancia. Tenemos que entrar al mundo del adolescente, así como Cristo entró al nuestro. Estamos siendo enviados a su "territorio". Debemos estar accesibles a ellos al posicionarnos intencionalmente en medio de su subcultura. De la misma manera como Jesús se mudó lo suficientemente cerca de las personas como para poder tocar y ser tocado, así también somos llamados a ministrar a los jóvenes de cerca. Es sobrio pensar que la persona que está lo suficientemente cerca como para ser tocado también está lo suficientemente cerca para ser vulnerable, ser lastimado, ser abusado o incluso ser crucificado»[2].

El trabajo con los jóvenes en general —y en particular el cuidado durante una crisis— nos lleva a lugares a los que nunca imaginamos llegar, solo para ayudar a una persona, para ayudarlos con un problema del que preferiríamos no saber nada al respecto.

RVP: Viajo por el mundo entero entrenando líderes juveniles, pastores, terapeutas, directores de escuelas, consejeros, maestros, compañeros consejeros —y cualquier otro que este dispuesto a escuchar— sobre prevención e intervención de crisis. Y normalmente empiezo un taller pidiéndoles a los participantes que digan qué es lo primero que surge a sus mentes cuando escuchan la palabra crisis. En mi tercera década por este camino, ya casi puedo predecir las respuestas: emergencia, ayuda, desastre, temor, policía, peligro, apuro y terrorismo.

Todos están de acuerdo que una crisis evoca imágenes físicas, espirituales, emocionales y daño relacional. Pocos, si no es que ninguno, asocia de manera inmediata una crisis con una oportunidad. Pero podrían. Todavía no he tenido la oportunidad de enseñar en China, pero aprendí que los caracteres simplificados para la palabra crisis son la combinación de los caracteres que significan «peligro» y «oportunidad» (危机).

¿Acaso los chinos pueden ver algo que el resto del mundo necesita aprender? ¿Acaso el peligro y la oportunidad vienen envueltos juntos en forma de crisis?

Considera 2 Corintios 1:3-7:

> «Alabado sea el Dios y Padre de nuestro Señor Jesucristo, Padre misericordioso y Dios de toda consolación, quien nos consuela en todas nuestras tribulaciones para que con el mismo consuelo que de Dios hemos recibido, también nosotros podamos consolar a todos los que sufren. Pues así como participamos abundantemente en los sufrimientos de Cristo, así también por medio de él tenemos abundante consuelo. Si sufrimos, es para que ustedes tengan consuelo y salvación; y si somos consolados, es para que ustedes tengan el consuelo que los ayude a soportar con paciencia los mismos sufrimientos que nosotros padecemos. Firme es la esperanza que tenemos en cuanto a ustedes, porque sabemos que así como participan de nuestros sufrimientos, así también participan de nuestro consuelo».

El prolífico Earl Palmer dice que la palabra griega que normalmente traducen como «consuelo» es traducida mejor como «ir al lado». En otras palabras, la práctica ministerial —y el cuidado de las crisis— ejercida por Dios mismo es «ir al lado». Aquí están otra vez los versos tres y cuatro en la traducción de Palmer:

«Alabado sea el Dios y Padre de nuestro Señor Jesucristo, Padre misericordioso y Dios de todo "ir al lado", quien "viene al lado" en todas nuestras tribulaciones para que con el mismo "ir al lado" que de Dios hemos recibido, también nosotros podamos "ir al lado" a todos los que sufren».

Si podemos aplicar el cargo de Pablo con Corintios a nuestras situaciones, estamos viendo una instrucción bastante clara de «ir al lado» de las personas que están en problemas. ¡Es allí donde se encuentra la oportunidad! En canalizar el «ir al lado» de Cristo a través de nuestro «ir al lado». Pablo vio la oportunidad inherente en la crisis. De alguna forma, en un milagro de presencia, Dios se muestra cuando nosotros aparecemos con lo que aprendimos en otras ocasiones en las que Dios se apareció por nosotros (¡aja!). Y donde Dios aparece, nuevas esperanzas y nueva vida se levantan de las cenizas.

Tras décadas de caminar con jóvenes y familias a través de los terrenos más difíciles de la vida, creemos que una intervención en una crisis es mucho más que una simple interrupción en nuestras agendas ocupadas. Una crisis viene impregnada de peligro, pero se infunde con una oportunidad de crecimiento.

Así que, en realidad, al igual que los líderes juveniles que aman las crisis (o que por lo menos les dan la bienvenida), cuya estabilidad fue cuestionada por Van Pelt, unos párrafos más arriba, tratamos de abrazar las crisis como un medio por el cual opera la gracia de Dios en este planeta que está quebrantado. Por favor, no nos malinterpretes. No es que nos deleitemos de una forma mórbida al ver a las personas sufrir. Al contrario, Pablo nos recuerda que, en realidad, para poder ir al lado de los que sufren, necesitamos una voluntad de sufrir con ellos. Podemos ir al lado de las personas que se duelen solo porque Jesús llega al lado nuestro mientras nos dolemos. Nosotros estamos haciendo por otros lo que nos gustaría que ellos hicieran por nosotros, si la situación lo ameritara. *Solamente estamos dando de lo que recibimos de Dios mientras él llega a nuestro lado.*

EXAMINAR NUESTRAS MOTIVACIONES

No hay fin para la cantidad de oportunidades que un líder juvenil tiene para ir al lado de las personas que se duelen. Debemos tener cuidado con la motivación. Del otro lado de la moneda del miedo que tenemos en acercarnos a personas en crisis, se encuentra el impulso pseudoheroico de ser necesitados, la referencia de uno mismo y el «¡Todo el mundo quieto que aquí estoy!». Es impresionante cómo podemos ser inocentes o ingenuos, pero hay más de una razón por la cual respondemos a una crisis.

CURIOSIDAD MORBOSA

¿Alguna vez disminuiste la velocidad de tu auto para ver la escena de un accidente de tránsito o te descubriste persiguiendo a un camión de bomberos que va a toda velocidad? ¿Tenías la intención de ayudar o solamente tenías ganas de averiguar qué estaba pasando? Algunas veces, los líderes juveniles se involucran con las personas más que todo por la curiosidad mórbida.

GANANCIA PERSONAL

Algunas personas se capitalizan con las crisis de otros con tal de hacerse de un reconocimiento o algún otro beneficio. El clásico de Jessica Mitford, *The American Way of Death* [La forma americana de la muerte], expuso a directores de funerales tomando por presas a los familiares de los difuntos con tal de venderles paquetes fúnebres caros.

JH: El líder juvenil que me remplazó en una iglesia fue acusado (de una forma creíble, pensé) de acosar sexualmente a dos jovencitas de su grupo. Otros tres miembros del personal de esa iglesia estuvieron involucrados en un triangulo sexual. Mi propio padre confesó con gran vergüenza haber usado su posición como pastor y consejero para seducir a mujeres en crisis.

Crees que eso no puede suceder tan cerca de casa, pero puede pasar: personas causando caos al hacer lo correcto por las razones equivocadas.

CHISME

El autor de Santiago se refiere a la lengua como una pequeña parte del cuerpo capaz de causar grandes daños (cf. Santiago 3:5). Algunas veces, los líderes juveniles usan las crisis como una fuente fresca de chisme. Eso no es lo que se ofrecieron a hacer, pero el poder que viene con el chisme es muy tentador.

RVP: *Escuchando la historia de un joven entre sesiones durante un retiro, me convencí que en realidad le ayudaría mucho una consejería profesional. Así que le sugerí que ambos platicáramos con su líder juvenil como una ayuda de seguimiento cuando regresáramos a nuestras casas. La reacción del joven fue inmediata e inquietante: «¡No le dirás nada!». Cuando le pregunté por qué, me dijo: «Porque hace un año un amigo le dijo que él luchaba con la masturbación compulsiva, y después él se lo comentó al equipo de líderes, y no pasó mucho tiempo para que todos los jóvenes supieran al respecto. Así que, no, no quiero que él sepa».*

Lo que sea que ese líder juvenil pensó haber estado ganando al contar las historias, lo perdió junto con la confianza de quién sabe cuantos jóvenes.

Los años adolescentes siempre son aguas turbulentas, y navegarlas definitivamente no es fácil. Es por eso que es muy importante que líderes juveniles cuidadosos vayan a un lado de los jóvenes y sus familias. Cada vez que examines los motivos para ayudar a un joven en medio de una crisis, contesta estas seis preguntas sin miedo y con confianza:

1. ¿Qué espero ganar al involucrarme en esta crisis?
2. ¿Hay alguna razón obvia por la cual no debería de involucrarme en esta crisis?
3. ¿Hay alguna razón por la cual no pueda honrar esta confianza?
4. ¿Aumentarán mis sentimientos de valor propio si esta persona tiene éxito?
5. Si esta persona fracasa, ¿pensaré menos de mí mismo?
6. ¿Estoy dispuesto a hacerme a un lado si aparece alguien con mejores habilidades para resolver esta crisis?

Parte II
INTERVENCIÓN

Si eres uno de los que está de pie en el suelo cuando se caiga el cielo, eso te convierte en la persona que deberá responder y deberá seguir respondiendo hasta que alguien mejor equipado aparezca. No tienes que hacerlo a la perfección. Ni si quiera tienes que hacerlo bien. Solo tienes que hacer tu mejor esfuerzo.

La experiencia nos dice que si aprendes lo que está en esta sección, «tu mejor esfuerzo» será bastante bueno.

Capítulo cuatro
TRIAGE

Gracias a la sindicación de *M*A*S*H* se garantizó una audiencia más o menos eterna, por lo menos mientras que los jóvenes de escuela se queden atrapados en casa enfermos y sin videojuegos ni acceso a Internet. (Está bien, será una audiencia que se hace cada vez mas pequeña, pero con más de doscientos cincuenta episodios, hay más que suficiente para poder ver antes de que se desaparezca).

En aquel entonces, *M*A*S*H* estableció un nuevo suelo en la televisión al mezclar el humor y la tragedia humana en un potente cóctel que atrajo a cien millones de televidentes a su transmisión final.

El programa estaba basado en una novela y película que trataba sobre los hospitales quirúrgicos móviles militares (unidades MASH, por sus siglas en inglés) que fueron lanzados durante la campaña militar en Corea, a principios de los años cincuenta. Estas unidades eran proveedoras de cuidado primario a los soldados seriamente heridos en combate.

Semana tras semana, en el programa de televisión, la alta y clara voz de Radar O'Reilly cortaba cualquier ruido que se estuviera llevando, anunciando la llegada de un herido. Doctores y enfermeras corrían hacia la zona de aterrizaje mientras los helicópteros iban llegando con las bajas de guerra. Cada herido era examinado en su llegada para determinar el nivel apropiado de intervención médica que debería recibir: algunos entraban de inmediato a cirugía para operar sus heridas de vida o muerte; otros, con heridas menos serias, eran remitidos a un área de espera mientras les tocaba su turno; el resto era entonces declarado muerto o simplemente desahuciado. Ese proceso tan severo es conocido como triage (se pronuncia tri-ash), que viene de la palabra en francés que significa «clasificar». Triage, en una u otra forma, es el primer paso para la intervención de crisis.

El psiquiatra Kart Menninger, fundador de la famosa clínica Menninger, les pidió a estudiantes que identificaran el elemento más importante en un proceso de tratamiento. Recibió muchas respuestas, pero ninguna era la que buscaba. La respuesta que buscaba era diagnosis. Henri Nouwen, afirmó: «La primera y más importante tarea que tiene una persona que cura es hacer un diagnóstico correcto. Mejor dicho, el diagnóstico es el principio»[1].

Si trabajas con jóvenes por algún tiempo, te familiarizarás con la llegada de un herido. En tal punto, sin importar qué tanta diversión estés teniendo con tu grupo, tendrás que buscar una «zona de aterrizaje» para poder examinar los daños y para tratar de descifrar cuál será el siguiente paso.

Decimos tratar —porque el triage no puede ser tan sencillo como parece— de reconocer una herida de bala o una quebradura. Hay una buena posibilidad que la jovencita, sus padres o sus amigas ya hayan tratado de hacer algún tipo de consejería con base en experiencias propias, que simplemente retrasan el momento en el que te involucras hasta el punto en que el problema alcanza proporciones inmanejables.

RVP: Paso mucho tiempo en aviones. Tengo que admitir que admiro a esos viajeros que maximizan la oportunidad de estar sentados al lado de un extraño para evangelizarlos. Pero sí soy honesto, también tengo que admitir que soy el tipo de viajero que ora para que el asiento que está junto a mí vaya vacío. Para cuando subo al avión, estoy cansado y no aguanto las ganas de poder tomar una siesta. Lo último que quiero hacer es empezar una conversación con alguien al que, probablemente, nunca volveré a ver en mi vida.

Eso fue lo que me permitió darme cuenta que la mujer sentada junto a mí me daba todo tipo de indicaciones de que sus cosas no estaban bien en su alma, o en cualquier otra parte. Así que estaba yendo en contra de mí cuando pregunté: «¿Se encuentra bien?».

Sin ninguna presentación, ni algún tipo de conversación trivial, la mujer me dice que su hija intentó suicidarse en su escuela y que estaba viajando de regreso para estar con ella en el hospital. Parte de lo que hacía de esto una experiencia terrible y traumática era que la pobre señora no tenia idea de lo insoportable que era la vida para su hija. Me decía que era más fácil cuando eran más niños, porque se les podía leer más fácilmente las situaciones por las que estaban pasando. No había muchas cosas con las que los niños se salieran con la suya y, cuando ellos exigían saber cómo lo había sabido, solamente les contestaba: «Un pajarito me lo contó».

Una vez, después de un día entero de hacer dulces y galletas para navidad, ella los mandó a que se alistaran para irse a dormir, mientras terminaba de lavar los platos. Los niños no se habían percatado del gran espejo que estaba frente a la cocina que daba una vista clara del comedor, que era donde estaban guardadas las galletas, y donde vivía la familia de periquitos.

Ella observó muy entretenida mientras su hijo de siete años entraba al comedor de puntillas, envolvía la jaula de periquitos con una manta y convocaba a sus hermanitas a unirse a su hazaña. Los niños se llenaron las bolsas hasta quedar satisfechos con el botín que se estaban llevando para la noche. Las niñas se fueron al cuarto, pero el niño se quedó un rato más solamente mientras le quitaba la manta a la jaula de los periquitos.

Imagínense la sorpresa cuando, minutos más tarde, mamá los llama para que devuelvan el botín. Cuando las hermanitas voltean a ver a su hermano, con ojos acusadores, él alzó sus manos y gritó: «Lo juro, ¡cubrí la jaula de los pájaros!».

Ahora, mi compañera de asiento estaba dirigiéndose hacia lo que probablemente era la conversación mas difícil de su vida. Y esta vez, ambas sabían que no fue ningún pajarito el que contó el secreto de la hija.

Alguien estimó que la mayoría de los padres de jóvenes que abusan del consumo de drogas tienen una corazonada dos años antes de actuar y hacer algo al respecto. ¡Dos años! Y no son solamente los padres. Nosotros dos experimentamos situaciones donde sentimos que algo estaba mal con un joven o con su familia, pero por una u otra razón nunca hicimos nada por indagar sobre la situación. Mientras más envejecemos, más aprendemos a confiar en nuestros sentimientos e intuiciones y, por lo menos, exploramos para ver si existe alguna razón viable para preocuparse.

Es distinto con el triage. Es el primer paso que un líder juvenil toma cuando sabe que hay algo de qué preocuparse. La hija de uno de los miembros de la junta directiva admitió comer y vomitar su comida. Un estudiante de secundaria, por error, se subió las mangas, dejando al descubierto lo que parecían ser cicatrices de cortaduras autoinfligidas en su muñeca. Un padre de familia llamó para hablar sobre la mejor amiga de su hija, que les dio indicios a sus compañeras de querer terminar con su vida. El hijo de un pastor fue arrestado por mutilar un gato mientras su padre estaba fuera de la cuidad y alguien lo estaba «cuidando». Estas no son situaciones para decir: «Ah, me pregunto si hay algún problema». Hay uno. La primera tarea es determinar qué tan grande es el riesgo para que puedas determinar cuál es el mejor proceso a seguir.

CREA UN LUGAR SEGURO

Juan llama de la escuela. Quiere pasar a verte y hablar. Su voz se escucha muy frágil, así que le preguntas si todo está bien. «No —te dice—, pero no quiero hablar de eso por teléfono».

Tu preferencia sería reunirte con él inmediatamente. «¿Estás seguro que eso es lo que quieres?», le preguntas.

«Sí —dice él—. Te veré después de la escuela. Así tendrá que ser». No suena como si su vida estuviera bien. Mientras tanto, apartas el tiempo y oras por su bienestar.

Llega a verte un cuarto después de las tres con su novia, Sarah, a la que no conoces muy bien. Les das la bienvenida, ofreces que se sienten, y haces la pregunta obvia: «Así que... ¿qué está sucediendo?».

Apenas se escucha la voz de Juan, que responde: «Ella está embarazada». Sarah comienza a llorar.

Tu reacción inmediata es ira, pero la ocultas. Has advertido a Juan acerca de su «noviazgo misionero». Su madre es una de tus voluntarios; esto romperá su corazón. Cálmate, piensas. Haz una pregunta. Puedes «matar» a Juan más tarde. «Cuéntame de eso», dices calmadamente.

Lo que escuchas destierra tu ira en un santiamén, o al menos la retira de Juan. El embarazo de Sarah resultó de un abuso incestuoso de su padrastro. En lugar de traer vergüenza a su familia, Sarah cree que debería terminar con la vida del bebé. Juan la trajo a ti para que la ayudes. Y así, con gran alivio, haces una oración silenciosa de agradecimiento por decidir escuchar antes de hablar.

Ayudar a personas como Juan y Sarah requieren la creación de un lugar seguro al:

- Obtener los hechos.
- Tomar el tiempo para escuchar sus historias.
- Construir confianza.
- Permitir la expresión de los sentimientos.
- Evaluar el nivel inmediato de riesgo.
- Cuestionar cuán apropiado es tu involucramiento.

OBTENER LOS HECHOS

Puedes responder en el vacío, pero probablemente no logres nada. El triage comienza con la obtención de información básica para tomar las decisiones iniciales acerca de cómo proceder. Eso significa pedir los hechos, por supuesto. También significa entender las percepciones de cada una de las personas acerca de los hechos.

Las personas tienen dificultades para presentar los hechos con completa objetividad, porque nadie experimenta la vida objetivamente, y menos cuando las emociones y los patrones de pensamiento están distorsionados por una crisis. Una experiencia filtrada por las percepciones de dos individuos puede hacerte pensar si incluso están hablando del mismo evento.

JH: Mi esposa y yo una vez nos pusimos de acuerdo para reunirnos en el lobby de un hotel, en el centro de la ciudad de Denver. Llegué a tiempo y esperé. Luego esperé más. Esto era en los días en que las llamadas por celular eran bastante caras y no existían los mensajes de texto. Aun no teníamos la costumbre de llamarnos diez veces al día. Pero después de media hora, comencé a preocuparme y la llamé a su celular:

—¿Dónde estás? —le pregunté.

—Estoy en el lobby —me dijo—. Esperando. ¿Dónde estás?

—Estoy en el lobby —respondí, viendo a todos lados—. Justo al lado de la estatua del caballo.

—Estoy en el lobby y no hay ningún caballo —dijo ella—. ¿En qué hotel estás?

—En el Adam's Mark —le respondí. Yo sabía en qué hotel habíamos acordado encontrarnos—. ¿En qué hotel estás tú?

—Estoy parada justo al lado del mostrador de recepción en el Adam's Mark, y tú no estás aquí —me dijo.

Entonces, cuando se me ocurrió que, aunque no podía pensar una razón para tal cosa, era mejor que revisara si habían dos lobbies en el Adam's Mark. Los había. Un empleado me lo confirmó, como si todo el mundo lo supiera. Dos lobbies en lados opuestos de la calle. Ambos estábamos esperando como lo prometimos, sin ninguna esperanza de vernos de hecho.

A veces solamente tienes que seguir preguntando hasta que encuentres la pregunta correcta.

RVP: *Algunas veces le digo a un joven: «Creo entender lo que crees que sucedió. Si por alguna razón fuera a preguntarle a tu mamá y tu papá acerca de esto, ¿qué crees que dirían?». En más de una ocasión fui sorprendido al escuchar al mismo joven dar un relato totalmente diferente del evento al imaginarse cómo se vería a través de los ojos de sus padres.*

«¿Qué crees que ellos dirían?», es una pregunta importante de triage, pero se mantiene en el nivel de la especulación. El joven puede tener una noción distorsionada de lo que sus padres creen y sienten. Podría, por ejemplo, basar su evaluación en el tono de voz que percibió de su madre. Un tono de voz; eso es un poco como leer la mente, ¿verdad? Es por esto que es muy importante adquirir más de una perspectiva, si es posible. Eso, generalmente, no puede suceder en los estados iniciales de la conversación, y la confidencialidad puede hacer que sea difícil lograrlo alguna vez. Pero vale la pena persistir, si las circunstancias lo permiten.

Cuando los conflictos revuelan alrededor de las expectativas de los padres u otras complicaciones en la casa, no hay mucho que puedas hacer para proveer asistencia sin involucrar a los demás miembros de la familia. Puede haber momentos en los que simplemente no puedes ganar acceso a la familia, pero no te rindas tan rápidamente. Cuando un chico en crisis dice: «Mi papá nunca te hablaría; él *odia* a los cristianos», no le tomes su palabra completamente. Él está en crisis. Sus pensamientos y sus emociones pueden estar distorsionados. Si resiste tus intentos de obtener tanta información y perspectivas como sea posible, esto puede indicar un problema más profundo, o al menos uno diferente que el que piensas que estás resolviendo. Obtén los hechos. Los hechos son la materia prima para resolver el problema.

TOMA TIEMPO PARA ESCUCHAR SUS HISTORIAS

Saltar a conclusiones no solamente es injusto, también es peligroso si lleva a un joven que ya está en riesgo a salir por tu puerta sin haber recibido ayuda. No existen atajos para escuchar la historia, la historia completa. Y el escuchar toma tiempo.

No es una mala idea utilizar un cuaderno para registrar los detalles. Asumiendo que estás tan ocupado como la mayoría de líderes juveniles, será más fácil olvidar cosas específicas o peor, confundir la situación de un joven con la de otro. (Para más sugerencias acerca de guardar registros, mira la parte «Documentación» del capítulo nueve). Algunos jóvenes pueden desanimarse por procedimientos que se parecen a los de un «psico-loco». Puedes disminuir la incomodidad acerca de lo que estás escribiendo con una simple explicación: «Si no te molesta, me gustaría anotar algunas cosas mientras hablamos. Para tu beneficio, quiero recordar tantos detalles como sea posible».

Aquí hay una lista de frases que te ayudarán para empezar la conversación:

- Dime de qué te gustaría hablar.
- Dime dónde comienza tu historia.
- ¿Quién más está involucrado en esta historia?
- ¿Cómo están ellos involucrados?
- ¿Qué has hecho para lidiar con eso hasta ahora?
- ¿Quién te está apoyando a través de esto?
- Si tú fueras tus amigos, ¿estarías preocupado por ti?
  - Cuéntame más de esto.
- Consideraste lastimarte o lastimar a alguien más?
- ¿Estás bajo el cuidado de un doctor o de un consejero?
  - Cuándo fue tu última visita?
  - Qué tanto te está ayudando eso? (califícalo en una escala de uno a diez)
  - Cuéntame más de esto.
- ¿Estás bajo medicamento?
- ¿Te estás automedicando?
  - Cuéntame más de esto.

Un joven podría tantear las aguas para ver si realmente estás interesado y eres capaz de ayudar. Este examen podría venir en forma de *presentar un problema* que tiene poco que ver con el asunto central, aunque, siendo justos, quizás el joven aún no ha identificado el problema central. Así que, sin perder de vista lo que parece *ser* el asunto, mueve la conversación hacia lo más profundo, una capa a la vez, hasta que el joven se sienta lo suficientemente cómodo (o suficientemente consciente) para decir la historia detrás de la historia.

Una forma de ir más allá de lo que es obvio en la presentación del problema es hacer una pregunta de seguimiento: «¿Y cómo está todo lo demás?». Es notable qué tan a menudo esto puede llevar a una descripción del problema «real» que está detrás del presente.

En las situaciones donde el presente problema es algo como estoy deprimido, me siento solo, estoy confundido, siempre estoy cansado, no puedo concentrarme, me siento triste, siempre me enojo, no puedo dormir, ya no me importa más, no puedo comer, no puedo dejar de comer, pregunta: «¿Cuándo fue la última vez que esto no fue un problema? Cuéntame más de esto».

CONSTRUYE CONFIANZA

Quizás escuchaste la historia acerca del soldado que, antes de regresar a casa del combate, llamó a su familia para ver si podía traer a un amigo para una larga visita. La reacción inicial de ellos fue positiva, hasta que proveyó más detalles.

«Mi amigo fue alcanzado por una granada que le arrancó uno de sus brazos». Aunque vaciló, la madre del soldado aún lo animó a traer a su amigo a casa. «También debes saber que perdió una de sus piernas en un ataque». Hubo una larga pausa en el teléfono, pero todavía lo animaron a traer a su amigo a casa. «Creo que también deben saber que está bastante desfigurado, porque un proyectil destrozó la parte izquierda de su rostro».

«Bueno, sabes —replicó su mamá—, tal vez sería bueno si vienes solo por algún tiempo y luego, cuando las cosas se estabilicen, podemos hablar acerca de tu amigo para que venga a visitarte un corto tiempo». Su mamá escuchó un clic al otro lado del teléfono.

Unas cuantas semanas después, la familia del soldado recibió una notificación diciendo que el cuerpo de su hijo fue encontrado, víctima de un aparente suicidio. Confusos y deseando estar seguros que se trataba de su hijo, el padre del soldado preguntó cómo fue determinada positiva su identidad. El oficial dijo que, puesto que el muchacho no tenía identificación, utilizaron registros dentales. «¿Por qué? —replicó el padre—. ¿No podían haber utilizado una fotografía de su expediente?».

La respuesta del oficial fue devastadora: «Desafortunadamente, señor, su hijo tuvo lesiones severas en combate, perdió su brazo derecho, un proyectil le dañó el rostro, y perdió su pierna izquierda. Su rostro estaba tan desfigurado que una fotografía habría sido de muy poca ayuda».

El soldado no estaba preguntando si podía traer un amigo a casa. Él quería saber cómo sería recibido cuando fuera de regreso.

Los adolescentes y las familias muchas veces sienten temor de que si realmente supiéramos la verdad acerca de ellos, ya no querríamos saber nada de sus vidas, que es lo que muchas veces sucede.

Pregunta a los padres que están apartados de la comunidad cristiana por qué su hijo encabeza la directiva gay en su universidad. Pregúntale al joven que confesó su dificultad para resistir la marihuana y lo convirtieron en un ejemplo de mundanalidad en la escuela cristiana. Pregúntale al padre abusivo que tiene temor de pedir ayuda por qué tiene miedo a ser rechazado por su pastor.

Qué contraste con el modelo de Jesús durante su encuentro con la mujer en el pozo.[2] Ella tenía dos faltas en su contra:

1. Como samaritana, *era intocable*, desde el punto de vista de los judíos.
2. Tenía la reputación de ser una mujer fácil.

Ella trató de presentarse con un aire de respeto, pero Jesús la conocía mejor. Él sabía su pasado. Él la amaba así como era. Jesús aprendió eso de su Padre. David cantó las alabanzas de un Dios que está cercano a los quebrantados de corazón, que salva a los de espíritu abatido.[3]

Así de alto es el estándar que se nos presenta al conocer las historias de los quebrantados de corazón y espíritu abatido. Que Dios nos ayude a proveer un lugar segura donde ellos también puedan encontrar esperanza y sanidad.

PERMITE LA EXPRESIÓN DE LOS SENTIMIENTOS

Los adolescentes más jóvenes, especialmente los varones, tienen dificultad para articular sus sentimientos. No es inusual escuchar una amplia gama de emociones, incluso conflictivas —especialmente en los asuntos de la familia y la sexualidad—, abarcando amor intenso y odio para la misma persona. Estas emociones están nítidamente en conflicto (*¿estoy loco?, ¿cómo puedo sentir estas cosas acerca de él?*), y son tan claramente reales. Deben ser enfrentadas, expresadas, y desempacadas para que la sanidad suceda.

Un consejero de crisis puede complicar el proceso al estar de acuerdo demasiado pronto o evaluando prematuramente la expresión emocional. Imagina ser el consejero que escucha a Sarah hablar acerca de ser una víctima de su padrastro. Después de revelar algunos de los detalles de los abusos, ella exclama en lágrimas: «Lo odio tanto. ¡Ojalá pudiera matarlo!».

En un intento de ser empático y sensible a su profundo dolor, un consejero inocente podría responder: «Y me gustaría ayudarte». Esa respuesta podría ser una reacción honesta. Desafortunadamente, podría sofocar la expresión de otras emociones como: «Pero lo amo demasiado para lastimarlo, y tengo miedo de que se meta en problemas».

Las emociones en conflicto son difíciles de sentir, y aun más de admitir y expresar, y no pueden ser exploradas hasta que son identificadas. Parte de nuestro trabajo como consejeros es invitar a la expresión sincera de las emociones complicadas, luego quitarnos del camino mientras las complicaciones emergen, sin que nuestra evaluación les ponga una marca. (Recuerda: el escuchar profundamente toma tiempo). El desahogo emocional y espiritual, que puede acompañar a una honesta verbalización de un conflicto sentido tan profundamente, puede ser terapéutico en sí y por sí mismo.

Preguntas abiertas que guían pueden facilitar un proceso más profundo. Para ayudar a la persona a ir más adentro, di cosas como:

- ¿Y qué sentiste en ese momento?
- Habla acerca de tus otros sentimientos.
- ¿Qué pensaste que él o ella estaba tratando de hacer?
- ¿Sentiste ganas de hacer algo por eso?
- ¿Qué más quisieras que supiera?

Por supuesto, encontrar las palabras para expresar sentimientos no es fácil para las personas que no tienen un mapa emocional confiable. Puedes utilizar el mapa emocional del capítulo cuarenta para ayudar a las personas a ubicarse en un territorio no conocido. Utilízalo como usarías un mapa de la ciudad para localizar a alguien: ¿estás cerca de esta esquina o por aquella calle? Solamente aquí estás haciendo una experiencia de mapeo emocional: ¿te sentiste más decepcionado o desanimado? ¿Más cerca al temor o al pánico? Entre más clara es la descripción emocional, más cerca estarás de encontrar correctamente el paso siguiente.

EVALÚA EL NIVEL INMEDIATO DE RIESGO

Crear un lugar seguro incluye:

1. No llevar las cosas fuera de proporción al evaluar demasiado alto el factor de riesgo dadas las circunstancias.
2. Demostrar que tomas en serio al individuo al evaluar el nivel de riesgo.

Acabas de pasar media hora escuchando la confesión de Jeff. Lo atraparon haciendo trampa en un examen parcial en el último año de sus estudios de secundaria. Ya fue aceptado en una universidad prestigiosa, pero el perder este curso significaría no caminar con su clase en la graduación. Una vez que las noticias de su trampa se divulguen, también enfrentará la pérdida de la beca de la fraternidad de su abuelo. El desconcierto se convierte en vergüenza, seguido de lágrimas. Jeff murmura que estaría mejor si estuviera muerto; al menos así no deshonraría a su familia. Nunca lo viste tan decepcionado, y tu temor es que pueda estar de hecho pensando en suicidarse. Pasando por alto la incongruencia de su propuesta suicida, dices: «Sabes, Jeff, si estuviera en tu situación y me sintiera tan mal como te sientes ahora, creo que pensaría en al menos quitarme la vida. ¿Es esto algo con lo que estas jugando?».

Al iniciar la pregunta, comunicas dos cosas importantes a Jeff:

1. Reconoces cuán mal se siente.
2. No tienes temor de hablar al respecto con él.

Si él admite que está considerando hacerlo, necesitarás más información para determinar si debes tomar pasos inmediatos para proteger su vida. Aquí hay un simple acróstico para ayudarte a determinar si alguien está en riesgo de suicidarse.

DLAP
D – DETALLES ESPECÍFICOS
- ¿Existe un plan?
- ¿Qué tan bien piensa en su plan?
- ¿Tiene una hora determinada? ¿Un lugar? ¿Un método?
- En una escala de uno a diez (donde uno es: nunca me quitaría la vida, y diez: tan pronto como tenga una oportunidad, voy a hacerlo), ¿dónde se ubicaría él? Quizás no pienses que una persona que está pensando quitarse la vida te diga la verdad; pero si está comenzado a pensar que no tiene nada que perder, existe una alta probabilidad que te lo diga.

L – LETALIDAD DEL MÉTODO

- ¿Indica el método un claro deseo de morir? (Armas y saltar al vacío son frecuentemente más letales que tomar pastillas, por ejemplo).
- ¿Podría ser este un grito de ayuda?

A – ACCESO AL MÉTODO
- Si el método incluye armas, venenos u otras medidas letales, ¿están esos medios ya disponibles?

P – PROXIMIDAD A RECURSOS DE AYUDA
- ¿Involucra el plan un lugar donde podría ser difícil tener acceso a él?
- ¿Indica el plan que podría desear ser interrumpido?
- ¿Puede nombrar a alguien que quisiera que lo detuviera si tratara de quitarse la vida? Una persona que tiene dificultad de nombrar a otra está en alto riesgo. Él podría estar equivocado en su evaluación, pero si cree que es verdad, podría actuar como si fuera así. Si identifica a alguien que cree que intervendría, eso te dice a quién involucrar en vigilar un posible suicidio.

Utiliza el bosquejo DLAP para formar una serie de preguntas que sean tanto directas como relacionalmente cálidas. Sus respuestas te ayudarán a evaluar la aparente seriedad del intento, que a su vez te ayudará a limitar tus opciones y tomar la acción apropiada. (Véase capítulo treinta y cuatro para más información acerca de la prevención de suicidio).

Si las respuestas de Jeff a tus preguntas acerca de los pensamientos e intenciones suicidas te convencen que no es suicida, le comunicas aún que tomas su dolor en serio y que no tienes miedo de entrar al mismo con él y buscar la sanidad.

- No falles en aprovechar el momento como una oportunidad para prevención.
- Arregla una conversación al día siguiente; nunca es dañino tener una cálida conversación.
- Considera si necesitas ayudarlo a hablar con sus padres o referirlo a un especialista de salud mental. Quizás no sea necesario, pero considera los beneficios.
- Llegaste hasta aquí, así que solamente dices: «¿Me prometes, Jeff, que si las cosas alguna vez se ponen tan mal que

quisieras morir, vendrás a verme?». Ahora conoce al menos a una persona que no quiere que él muera. A veces eso es todo lo que se necesita.

CUESTIONA QUÉ TAN APROPIADO ES TU INVOLUCRAMIENTO

Ahora mismo puedes estar diciendo: «¡Vaya! Esto no estaba en mi contrato cuando me ofrecí a lavar carros para levantar fondos». No está del todo mal. De hecho, «¿Por qué yo, Dios?», es una buena pregunta; porque nos recuerda quiénes somos y quiénes no cuando se trata de ayudar a las personas. Honestamente, a veces nos involucramos porque nadie más está disponible; porque Dios nos coloca en el lugar correcto en el tiempo correcto con la promesa de hacernos las personas correctas para el trabajo, al menos esta vez. Quien haya dicho: «Dios no nos usa porque somos capaces; Dios nos capacita cuando nos usa», tenía el dedo apuntando a la realidad. Ese es un buen recordatorio para aquellos de nosotros que no tenemos una preparación clínica para al menos hacernos sentir preparados para una intervención en crisis. Existen momentos en los que somos invitados a una situación de crisis con personas que nos importan simplemente porque creen que nos importan; eso puede significar más para su supervivencia que la experiencia clínica.

Con eso dicho, parte del proceso de triage involucra determinar quién está mejor calificado para extender cuidado. (Piensa en el mayor Winchester, el cirujano torácico especialista en *M*A*S*H*. Él podía ser una persona difícil, pero para tratar a algunos pacientes, era mejor elección que Hawkeye). Solo porque somos invitados a involucrarnos, eso no significa necesariamente que debemos estar allí a largo plazo. Una vez que el equilibrio básico se restablece, los consejeros efectivos siempre preguntan: *¿soy la persona correcta para mover esta intervención hacia delante? ¿Puedo llevarlos a donde necesitan ir? ¿Tengo las habilidades necesarias para ayudarlos a largo plazo?*

No es para trabajar demasiado, pero si alguien que tiene mejores habilidades o experiencia está disponible, necesitamos albergar la posibilidad de traerlo a la conversación. Ayudar a las personas a tener lo que necesitan es más importante que ser aquel que porta las buenas nuevas; si dudamos de esto, tenemos otro problema con que lidiar.

Capítulo cinco
HACER **CONEXIONES**

Robert Venigna conocía algo acerca de las personas en crisis. Él era, después de todo, un consejero. Pero no fue sino hasta que enfrentó una crisis por sí que empezó a observar las diferencias entre aquellos cuyas vidas son desperdiciadas por la crisis, y aquellos que no solo sobreviven sino también consiguen prosperar, luego de la etapa del trauma. En *A Gift of Hope, How We Survive Our Tragedies* [Un regalo de esperanza: cómo sobrevivimos nuestras tragedias], él identifica características compartidas por sobrevivientes. Tal vez la observación más relevante, al menos para nuestro contexto, es: «Casi sin excepción, aquellos que sobreviven a una tragedia le dan crédito a una persona que estuvo a su lado y les dio un sentido de esperanza»[1].

Piénsalo: *una persona…*

QUIÉNES SOMOS ES MÁS IMPORTANTE QUE A QUIÉNES CONOCEMOS

RVP: La corte le ordenó a mi amigo Todd hacer una cita con un psicólogo. Él era solo un inocente elemento dentro del amargo divorcio de sus padres, y la corte iba a decidir quién sería el padre con la custodia. De ahí la solicitud de la evaluación psicológica. Él era increíblemente aprehensivo. Pidió a su grupo de discipulado que orara por su temor a la consejería y al estereotipo del psicólogo. Yo era el adulto facilitador del grupo pequeño de Todd, y me sentí tranquilo al preguntar después cómo habían salido las cosas, luego de su reunión inicial.

«Fue un desastre», dijo Todd. Su peor pesadilla se había convertido en realidad, incluyendo la pregunta inicial del doctor. «Así que, Todd, dime realmente ¿cómo te sientes?». «Yo quería decirle: "¡Me das escalofríos y quiero irme de aquí lo antes posible!"». Se rehusó a volver para una sesión de seguimiento.

El doctor era un psicólogo graduado. No había duda sobre su preparación profesional, no había razón para creer que él no sabía qué hacer, solamente que no hizo lo correcto. Si vamos a ser de ayuda, especialmente para los jóvenes, tenemos que hacernos adeptos al concepto de hacer conexiones persona a persona.

Los psicoterapistas hablan acerca de la importancia de la *alianza terapéutica*. Michael Craig Miller, editor general del *Harvard Mental Health Letter (Comunicado de salud mental de Harvard)*, escribió:

«La alianza terapéutica, también llamada la alianza trabajadora, es esencial para una psicoterapia exitosa. Por supuesto, el sentido común dicta que cualquier consulta debe involucrar un fuerte compañerismo que permita que dos personas hagan un trabajo serio. Pero hay más que solo eso. Muchos profesionales creen que, en la psicoterapia, la calidad de la alianza es más importante que cualquier otro aspecto del tratamiento»[2].

A menos que encontremos una conexión personal, no habrá mucho que podamos hacer para ayudar a una persona en crisis. Por el contrario, hacer una conexión genuina requiere un largo camino para lograr vencer el déficit del entrenamiento formal. En el día menos esperado, «quiénes somos» como ayudantes en la crisis puede ser más importantes de «lo que sabemos».

LA ANATOMÍA DEL CONSEJERO

Los jóvenes en crisis raramente se acercan a adultos en quienes simplemente *esperan* que tal vez les den importancia a sus problemas. Ellos van tras hombres y mujeres que *demuestran* que son accesibles y están dispuestos a ayudar, pase lo que pase. Así es como ese tipo de personas se ven:

HUMOR

El área del escenario fue preparada para el servicio funerario de un joven de la marina, asesinado durante ejercicios de entrenamiento para combate. Una carpa abierta a un lado cubría el área con más o menos una docena de sillas plegables, reservadas para la familia inmediata. La familia empezó a llegar y la abuela (una mujer desafortunadamente grande) fue ubicada en el centro y hasta adelante.

Hacia el final del servicio, el capellán señaló a la guardia de honor que iniciará el saludo acostumbrado de las veintiuna armas. La abuela estaba tan asustada por el sonido de la primera ronda de disparos que literalmente se levantó de su asiento. La silla, se debe aclarar, no tenía la estructura para su combinación particular de masa y velocidad. Así que, cuando la abuela cayó, la silla colapsó debajo de ella, estrellándola en el suelo. Horrorizado, su nieto de seis años de edad, gritó: «¡Dios mío! ¡Le dispararon a la abuela!». No quedó una persona sin llorar, y por primera vez en varios días no eran lágrimas de dolor o pésame. ¡Incluso la abuela reía incontrolablemente!

Obviamente no hay nada gracioso en la pérdida de un ser querido, nada cómico acerca de una enfermedad terminal, abuso sexual o embarazo en crisis. Reírse de las personas o de la fuente de su dolor es y será siempre de mal gusto. Pero, a veces, en medio de los momentos más difíciles de la vida, suceden cosas graciosas. Y hay algo muy terapéutico en una buena risa de corazón en el momento apropiado. De hecho, cuando realmente reímos (el tipo de risa que te deja los ojos llorosos y la nariz húmeda), nuestros cerebros liberan endorfinas que se unen a los mismos receptores que la morfina. La risa santa es un analgésico. Proverbios 17:22 dice: «Gran remedio es el corazón alegre, pero el ánimo decaído seca los huesos».

JH: A petición de ellos, Rich y yo fuimos anfitriones de una reunión privada de los líderes juveniles del área de Littleton, cinco días después de la masacre en la escuela secundaria de Columbine. La reunión era cerrada (sin medios de comunicación, ni gente de fuera), porque los líderes juveniles estaban exhaustos de intervenciones en una crisis sin fin. Littleton estaba lleno de reporteros y de gente de afuera de la ciudad, presumiblemente bien intencionada, que estaban empezando a ministrar dentro de la comunidad, lo quisieran o no.

Mi trabajo era ayudar a crear un lugar seguro para que los líderes juveniles compartieran historias acerca de cómo Dios estaba mostrándose en medio del miedo y el dolor. El trabajo de

Rich era llevar el mensaje de este capítulo. Cuando él empezó diciendo que una característica de la gente que ayuda es el humor, hubo una silenciosa pausa, un breve suspenso, antes de aquello, que me pareció como una suave ola de gracia entre la gente reunida. Se sintió como si el cuarto completo se relajara un poco. Los hombros tensionados se aflojaron un poco, y las personas tomaron el primer suspiro sin restricciones en días.

Rich no trató de ser divertido, solamente abrió la puerta a la posibilidad de que esta gente querida pudiera volver a sonreír pronto. Y reímos juntos, tal vez no a carcajadas, pero natural y generosamente, como personas viviendo en la piedad de Dios.

EMPATÍA

Un letrero en la oficina de la enfermera, en un campamento, decía: «Empatía es sentir tu dolor en mi corazón». No está mal. La gente joven en crisis se acerca a personas que dan la sensación de *comprender* o están dispuestos a *intentar comprender* lo que están atravesando. No nos haría daño recordar nuestras experiencias de la adolescencia (bueno, tal vez dolería un poco, pero ese es el punto). Recordar nos ayuda a identificarnos con los conflictos de los jóvenes a los que servimos.

Dicho lo anterior, hay una gran diferencia entre empatía y la arrogancia de decir: «Sé exactamente lo que estás sintiendo. Cuando yo tenía tu edad...». El adulto que tiene empatía, se calla la boca y toma el tiempo para escuchar, mientras un joven cuenta su historia. La empatía es el corazón de la comprensión. En el libro *Living Through Personal Crisis* [Vivir a través de las crisis personales], Ann Kaiser Stearns observa que la persona con empatía:

- No se escandaliza fácilmente sino acepta los sentimientos humanos como sentimientos humanos.
- No se avergüenza por las lágrimas.
- No brinda a menudo consejos no deseados.
- Es cálida y apropiadamente afectuosa.
- Te recuerda de tus fortalezas cuando olvidaste que las tienes.
- Reconoce que el crecimiento es un proceso.
- Confía en que eres capaz de atravesar los tiempos difíciles.
- Te trata como un adulto capaz de tomar buenas decisiones.
- Reconoce que también es un ser humano y comparte esa humanidad.

- Puede volverse impaciente a veces, o enojado, pero nuca ataca tu carácter cuando te lo está diciendo.
- No le teme a preguntarte directamente acerca de tus sentimientos de derrota.
- Respeta tu valor y sentido de determinación.
- Entiende que el duelo no es una enfermedad.
- Pasa por tiempos problemáticos y puede decírtelo sin hacerse sentir el centro de la conversación.
- Quizás no se sienta cómodo con un sentimiento que estás expresando, como odio, o un deseo sexual en particular, pero intenta comprender lo que ese sentimiento significa para ti.
- Te dice honestamente cuando es incapaz de estar contigo por necesidades o asuntos personales.
- Permanece fiel a los compromisos y promesas.[3]

DISPONIBILIDAD

RVP: *Mi hermana Ruthann estaba en labor de parto en Pittsburg, y yo estaba esperando en Denver a que el teléfono sonara con noticias de su alumbramiento. Me imaginaba una y otra vez lo que mi cuñado diría cuando llamara: «¡Hola Rich, soy Dan! ¡Ya eres tío!».*

La llamada de Dan no fue ni remotamente cerca de algo tan alegre. «Ruthie está bien —dijo—, pero el bebé murió durante el parto».

Todos estaban consternados. Mi primera reacción fue llamar a la agencia de viajes para conseguir el primer vuelo a Pittsburg. Viendo hacia atrás, desearía haberme dejado guiar por ese primer instinto. Años después, mi hermana confesó que, a pesar de lo mucho que apreciaba mis llamadas, tarjetas y flores, lo que realmente quería era que su hermano mayor estuviera a su lado en ese tiempo increíblemente difícil. Una cosa es decir que algo nos importa, pero nuestra presencia lo grita tan fuertemente que es difícil que no sea notorio.

Súbete al auto y ve a ver al chico al hospital. Toma el tren o ve a visitar al joven que está siempre en su casa encerrado. Invita a la joven embarazada a salir a pasear contigo un rato cuando sientas que se siente extraña saliendo con las adolescentes en el centro comercial o, incluso peor, cuando se siente incómoda en su propia casa. A veces el solo hecho de estar ahí hace toda la diferencia.

ENFOQUE EMOCIONAL

La presencia física demuestra nuestro interés, pero no es suficiente por sí misma. Debemos estar *emocionalmente* presentes también. Todos sabemos que es completamente posible estar físicamente presente, pero carecer de enfoque emocional. Luego de que su padre aceptó el reto de ser un mejor oyente, una jovencita de secundaria reportó que, al llegar a su casa, encontró a su papá en la sala leyendo el periódico y viendo televisión. Mientras ella pasó detrás del comedor, él murmuró: «Entonces, ¿cómo estuvo tu día, cariño?». No es que ella no apreciara el gesto, pero dijo: «Si mi papá realmente quisiera saber cómo estuvo mi día, ¿porqué no apagó la TV, bajó el periódico, me vio a los ojos y luego me preguntaba?».

Está bien, tal vez ella no apreció el gesto. Llegó a especular que tal vez él no era capaz de hacer dos cosas al mismo tiempo —ver televisión y leer el periódico—, y que eso no permitía que realmente le escuchara también. Ella tenía muy poco (realmente *ningún*) interés en ser un objeto en la tarea de un taller designado a hacer sentir mejor a su padre respecto a sus habilidades como tal. No a menos de que él realmente estuviera personalmente comprometido. Ella quería saber, por su postura, que él estaba genuinamente interesado en su día.

A Mike Yaconelli le gustaba decir que el don espiritual de los adolescentes es «la detección de farsas». Tanto como ellos anhelan conexiones auténticas, los jóvenes resienten (y rechazan) las técnicas de manipulación. Tú no puedes salirte con la tuya con falsos intereses solo para poder salir del paso. No por mucho tiempo.

APERTURA

Accesibilidad no es lo mismo que apertura. Conocemos a muchos líderes juveniles que se enorgullecen de ser accesibles a los adolescentes. Podrían incluso decir que están *disponibles*, pero no lo están. Ellos pasan mucho tiempo en el colegio y saliendo socialmente sin aprender casi nada acerca de las heridas profundas, miedos y los tiempos difíciles que los jóvenes enfrentan. Estas personas están físicamente accesibles, pero emocionalmente inalcanzables. Los líderes juveniles que son alcanzables:

- Valoran la importancia de cada persona y comunican esos sentimientos a través de sus palabras y acciones.
- Nunca avergüenzan adrede a nadie frente a otros.

- Evitan decir o incluso escuchar chistes racistas, contra sexos o etnias.
- Nunca retan la identidad sexual de un joven, pero sí con aquellos que lo hacen.
- Evitan actividades competitivas que excluyen a personas que carecen de habilidades físicas.
- Pueden ser confiables para guardar un secreto.

LLENO DE RECURSOS

Las personas en crisis pueden sentirse como pasajeros en un tren fuera de control en una noche sin luna. Se aferran a su querida vida mientras el tren toma velocidad en la aterradora noche. Cada salto y curva les recuerda cuán profunda y fuera de control se sienten en este punto. Pasado este punto, los pasajeros piensan que van a morir; así que ellos siguen fríamente, deseando que eso acabe lo antes posible.

En una buena película de acción y aventura, este es el momento en que el héroe aparece, como un dios, desde afuera, transmitiendo nueva esperanza. «Resistan —dice él—, ¡yo voy a ayudarles a salir de aquí con vida!». Esto es lo que las personas quieren que nosotros seamos, y ya que no estamos al borde de la crisis, proveemos una perspectiva más clara y una capacidad mayor de identificar soluciones que aquellos atrapados en medio de la misma.

> *RVP: Un líder juvenil al que ayudaba a través de un momento difícil, dijo: «Cielos, haciendo esto por tanto tiempo, probablemente no hay nada con lo que no hallas lidiado». Reí en silencio y respondí que, justo cuando creía haberlo escuchado todo, algo nuevo aparecía. Pero mi amigo no estaba muy alejado de la verdad. Mi experiencia al ayudar a estudiantes y familias en crisis me hace inusualmente lleno de recursos. No estoy presumiendo, solamente digo que no me volví menos efectivo con el tiempo (a pesar de los veteranos que me recuerdan que la segunda palabra en líder juvenil es: bueno, puedes leerlo por ti mismo).*

La moraleja es: *no te detengas ahora, ¡realmente estas empezando a llegar a un lugar!*

ENTRENAMIENTO

Solamente porque quien *eres* puede ser más importante que lo que *sabes*, eso no significa que lo que sabes no es importante.

Imagina que acabas de llegar corriendo al hospital. Un donante de órganos está disponible y tu larga espera de trasplante de hígado está a punto de ocurrir. Yaces en el cuarto de preparación para cirugía pensando en la operación, tu nivel de ansiedad se eleva con la noticia que tu médico de cabecera está en un viaje de pesca totalmente inalcanzable, en algún lugar de Alaska. El jefe de personal del hospital arregló que otro cirujano realice el procedimiento.

En un intento de hacerte sentir a gusto, un enfermero empieza a platicarte acerca del reemplazo del doctor. Te dice cuán buena persona es, incluso gracioso. «No estoy bromeando —dice el enfermero— de todos los cirujanos con los que he trabajado, este tiene tan buen modo... La gente se siente tan cómoda... ¡Y es muy gracioso! ¿Mencioné eso? Usted estará inconsciente, por supuesto, pero el resto de nosotros estaremos dando risotadas durante el procedimiento. Hmmm, veo que su presión sanguínea está variando, ¿acaso no está escuchando lo que le digo?».

Aquí es cuando interrumpes: «¡Mire! Lo único que quiero escuchar de usted es cuán afortunado soy de tener a este cirujano porque es el mejor en su campo. Que sea gracioso es bueno, tendremos una cena si sobrevivo. Pero lo que necesito escuchar es que voy a atravesar esto lleno de colorido ¡y con un nuevo hígado! ¿Es eso mucho pedir?».

Los padres tienen el derecho a esperar que sus hijos estén a salvo bajo nuestro cuidado. Si estamos genuinamente comprometidos a ir hombro a hombro con los padres para criar jóvenes adultos competentes, simplemente debemos hacer todo lo que podamos para prepararnos para la tarea.

Las oportunidades para el desarrollo profesional están disponibles y listas para los líderes juveniles que ven el ministerio algo de tiempo completo. Y para aquellos de nosotros que trabajamos con los jóvenes después de terminar nuestro día laboral, el número y calidad de experiencias de aprendizaje mejoran cada año. Universidades cristianas y seminarios ofrecen programas preuniversitarios y universitarios en ministerio juvenil, ministerio familiar, consejería y campos relacionados. Organizaciones y ministerios para jóvenes, como nuestros amigos de Especialidades Juveniles, son anfitriones de convenciones nacionales y eventos locales de entrenamiento para líderes juveniles novatos y veteranos. Universidades, colegios, organizaciones, hospitales y asociaciones sin fines de lucro patrocinan talleres útiles y programas certificados.

Si quieres tener credibilidad y ser recompensado en maneras que exceden el estereotipo «estilo joven», que es «tan bueno con los jóvenes», conviértete en un diligente estudioso de los jóvenes, agudiza tus habilidades y profundiza tu entendimiento de lo que ayuda a que los jóvenes y sus familias tengan éxito.

ESPÍRITU DE SERVICIO

RVP: *Tomé a un grupo de estudiantes para trabajar en Centro Siloé, un orfanato fundado por Tony Campolo en Haití, el país más pobre en el hemisferio occidental, conocido como una nación del cuarto mundo por su falta de recursos para sostenerse a sí.*

El equipo de trabajo del orfanato determinó que nuestro grupo sería más útil si pasábamos la semana limpiando y desinfectando el lugar. No era un trabajo placentero, pero fuimos para ser útiles. Los estándares de vida en Haití son extremadamente diferentes a los que los adolescentes estadounidenses están acostumbrados. Las paredes de cemento y pisos del orfanato fueron endurecidos por lo que parecían ser años de mugre. La temperatura rondaba en los veintisiete y treinta y dos grados centígrados y la humedad seguramente era del noventa por ciento o más. Pero nuestro grupo pidió ser útil, no estar en comodidad.

Cuando la restauración del orfanato estaba completa, uno de los estudiantes de secundaria admitió sentirse aliviado de que no les hubiesen pedido limpiar los sanitarios. Los receptáculos en cuestión eran tan crudos como una típica letrina en el bosque, pero solamente el hecho de tener un baño dentro de las instalaciones, en esa parte de Haití, era relativamente cómodo. Los cuarenta niños que vivían en el orfanato, más otros cuatrocientos que asistían a la escuela durante el día, agradecidamente usaban las instalaciones del baño constantemente. Nadie tenía que meter la cabeza por la puerta para saber lo que había ahí.

Así que, cuando Chris expresó su alivio, mi reacción inmediata fue asegurarle que yo nunca hubiera pedido al grupo hacer algo tan desagradable. Sin embargo, él se quedó callado por un momento, y luego respondió: «Pero, ¿sabes? Te apuesto que si Jesús estuviera aquí, por ahí es por donde hubiera empezado». Tal vez, por primera vez, Chris y algunos de los demás del grupo entendimos qué es lo que realmente significa ser un siervo. Los adolescentes de Estados Unidos hicieron un excelente trabajo esa semana, pero a veces me pregunto si no les robé una oportunidad aun más grande para servir.

UNO ES SUFICIENTE

La intervención en una crisis es raramente glamorosa. Las personas que están así pueden necesitar ayuda para lidiar con las tareas del día a día que se vuelven abrumadoras bajo el peso de las circunstancias insostenibles. Un siervo, preguntó: «¿Qué se necesita hacer? ¿Cómo puedo ayudar?». Los amigos que organizan comidas para una familia que sufrió la pérdida de un ser querido sirven en una necesidad intensamente práctica. Un grupo de jóvenes que corta el césped, y hace limpieza para una familia cuyo hijo está batallando con una enfermedad terminal, concede un servicio simple pero significativo. Un líder juvenil que no posee habilidades clínicas para ayudar a una jovencita a recuperarse del abuso sexual hace la diferencia llevándola a la terapia.

Si en este punto estás pensando que *todo esto parece más difícil de lo que se veía de lejos,* por favor, relájate. Las buenas noticias es que las relaciones realmente importan, más que cualquier otra cosa. Las intervenciones en crisis, y especialmente las estrategas de prevención en el capítulo diez, no están remotamente ligadas a la técnica experta como a la *alianza terapéutica*; la conexión genuina que marca el contexto para sobrevivir y superarse más allá de la crisis. Recuerda lo que Robert Venigna descubrió:

«Casi sin excepción, aquellos que sobreviven a una tragedia le dan crédito a *una persona* que estuvo a su lado, y les dio un sentido de esperanza»[4].

Puede ser que no tengas aún todo armado. Revisando las cualidades de los consejeros en tiempos de crisis que son efectivos —humor, empatía disponibilidad, enfoque emocional, lleno de recursos, apertura, entrenamiento y espíritu de servicio—, es posible que sientas que posees solo un par de estos atributos, incluso no los tengas como quisieras. Seguro, hay lugar para el crecimiento, pero no subestimes lo que aportas a la mesa en este preciso momento. Te agradan los jóvenes; les agradas a los jóvenes. Puedes estar a su lado, apoyarles y darles un sentido de esperanza. Si quieres saber qué tan pocas personas dan tan solo lo básico de importancia, pídele a un adolescente que describa a los adultos en su vida.

Así que, en nombre de los jóvenes de todas partes, gracias por hacer lo que puedes. Sigue así; crecerás en el camino.[5]

Capítulo seis
ESCUCHAR **PROFUNDAMENTE**

Estamos rodeados por personas que necesitan ayuda. Su rango de necesidades va desde la simple afirmación de un encuentro humano, hasta un profundo problema emocional y espiritual con consecuencias de vida o muerte. Nuestra capacidad de ayudar se inicia con actos intencionales de prestar atención. Esto significa observar, tomar tiempo para hacer preguntas, y escuchar hasta que entendamos lo que la persona realmente está diciendo.

Dada la proporción de oídos-persona en el mundo, escuchar es un regalo sorprendentemente poco activo entre la gente que afirma preocuparse por los demás. Al escribir esto, aún no hay ningún dato confiable de cuánto tiempo los padres y los adolescentes pasan en conversaciones significativas; pero el sentido común *no dice mucho, ni remotamente suficiente.* Escuchar requiere tiempo. Un buen oyente paga el precio. Y muchas familias simplemente no quieren o no pueden pagarlo.

RVP: *Fui profesor adjunto del Ministerio al Joven y la Familia, en el seminario de Denver, por más de una década. Un día, pedí a la clase que hablara acerca de la persona de mayor influencia en sus vidas y por qué era tan importante. En medio de la descripción de su padre, una estudiante paró de hablar, reunió sus pensamientos, me vio directo a los ojos, y dijo: «Lo siento Rich, pero me estás poniendo muy nerviosa».*

Obviamente estaba desconcertado y preocupado que algo de mi comportamiento la hiciera sentir incómoda. Así que me disculpé.

«¡Ah no! ¡No es tu culpa! Es solo que no estoy acostumbrada a que alguien me escuche de verdad».

Algunos jóvenes nunca tienen la experiencia de ser realmente escuchados por un adulto, alguien que toma el tiempo, energía y enfoque que se requiere para realmente entender. El psiquiatra M. Scout Peck, describió esto:

> «La forma principal que toma el trabajo de amar es la atención. Cuando amamos a otra persona, le damos nuestra atención; estamos atentos a su crecimiento. Cuando nos amamos, nos fijamos en nuestro crecimiento. Cuando estamos atentos a alguien, cuidamos a esa persona. La acción de ocuparse de alguien requiere que pongamos a un lado nuestras preocupaciones existentes... y activamente cambiemos nuestra conciencia. La atención es un acto de voluntad, o trabajo, contra la inercia de nuestras mentes»[1].

JH: A Rich constantemente *le piden* que lidere talleres acerca de «Hablar de manera que los jóvenes escuchen». Me pregunto si el tema más importante a dominar no debiera ser «Escuchar de manera que los jóvenes hablen».

CÓMO HACERLO

Aquí hay cinco elementos clave para escuchar profundamente:

DESEMPACA TU PROPIA MALETA

Un veterano líder juvenil dijo que los líderes de jóvenes debieran verse a sí como «misioneros entre los salvajes en la selva». Esta metáfora es una muestra desesperanzadora de la vieja escuela, pero si puedes ver más allá de la arrogancia, es instructiva.

Para ser efectivos, los misioneros deben aprender a conocer:

- La «selva».
- Los «salvajes».
- El «misionero».

Un trabajador transcultural efectivo aprende todo lo que puede acerca de las personas y de la cultura con la que compartirá su servicio. Aprehende todo mientras se conoce a sí, incluyendo un examen profundo de las experiencias culturales y suposiciones que trajo consigo de aquella cultura.

Si tienes diecinueve años de edad y trabajas con estudiantes que son apenas unos años menores que tú, los dos primeros requisitos son relativamente fáciles. El rango de factores de desarrollo y de la subcultura será relativamente familiar, a menos que estés sirviendo en un contexto que es extremadamente desconocido (por ejemplo, si creciste en el centro de la ciudad, y estás trabajando con una comunidad rural). Cuanto más adulto eres, más trabajo toma mantenerte en contacto con las personas y su contexto (los «salvajes» y la «jungla»). La buena noticia es que si permaneces en la jungla y vives entre los salvajes, no será tan difícil.

El tercer requisito —conocer al misionero— es una tarea más compleja, más a largo plazo. Una manera de aprender acerca de ti mismo, como misionero, es ver lo que hay en tu mochila. Lo que mantienes contigo dice mucho acerca de quién crees, qué eres y lo que crees que estás haciendo.

El acceso a lo que hay en tu equipaje en cualquier momento afecta el estilo y esencia de tu ministerio, especialmente tu capacidad como oyente. Desempaca tu equipaje y mira cómo el contenido moldea tus habilidades de escuchar.

• *Historia de la vida*

Quién eres, como resultado de un cúmulo de experiencias en la vida, puede mejorar o inhibir tu capacidad de escuchar. Si creciste en un sistema familiar de alcoholismo y nunca obtuviste ayuda para manejar los problemas de abandono y rencor, podrías encontrarte emocionalmente abrumado cuando alguien te pida que escuches una historia que suena bastante similar a la tuya. Por el otro lado, si eres un sobreviviente de abuso sexual durante la niñez y recibiste ayuda para manejar la multitud de problemas que implican la recuperación de ese trauma, probablemente serás un oyente con empatía para cualquier persona con una historia de abuso.

• *Edad*

No tiene caso pretender que eres menor o mayor de lo que realmente eres. Es solamente una distracción que te ocasiona tener que prestarte más atención, y muy poca a la persona a la que aceptaste atender.

• *Idioma*

Tu comodidad con respecto al vocabulario y sus usos marca una diferencia en cuanto a cuántas preguntas (especialmente preguntas de seguimiento) deberás hacer para hacerte entender.

• *Sexo*

La socialización de los chicos y las chicas en cualquier cultura influencia el modo en el que los hombres y las mujeres aprenden a escuchar los mensajes hablados y leer la comunicación no verbal.

• *Educación*

Si estudiaste psicopatología y teología, escucharás de manera diferente a como lo harías si solo hubieras estudiado psicopatología.

• *Ambiente físico*

Aun si tienes la tendencia de ser un oyente que pone atención, un salón que es ruidoso, caliente, frío o que está lleno, puede hacer difícil el ambiente para hacerlo bien. Si te distraes fácilmente, es de especial importancia que controles apropiadamente el ambiente para poder escuchar.

• *Condición personal*

Vale la pena tomar en cuenta factores como fatiga, enfermedad, problemas personales sin resolver, para poder estar enfocado en escuchar.

• *Sentimientos personales*

No estés en negación con respecto a esto: los sentimientos positivos o negativos acerca de la persona a quien estás escuchando afectarán la calidad de tu manera de escuchar.

ESCUCHAR CON ACEPTACIÓN

RVP: *Tengo una amiga que debe ser una de las oyentes más dotadas naturalmente en el planeta. Nunca estudió comportamiento humano o tomó clases universitarias de psicología o consejería; pero conozco pocas personas con la capacidad de Lindy para ayudar a otros a moverse tan rápidamente en una conversación de corazón a corazón.*

Tengo el privilegio de estar del lado receptor de su habilidad como oyente. También la veo usar su habilidad de escuchar a otros en un esfuerzo de mejorar mis propias habilidades. Pero debo admitir que, luego de una cuidadosa observación, concluí que su habilidad es más una función de quien ella es y no de lo que ella hace. Lindy ama y se preocupa por las personas. Los acepta como son. Debido a que lo que hace como oyente fluye tan naturalmente de quien es como persona, la gente se siente aceptada y suficientemente segura para compartirle quiénes son en verdad.

Los adolescentes necesitan adultos que los acepten tal como son. Los líderes juveniles desataron en el mundo una plaga de jóvenes con esquizofrenia espiritual al enseñarles a jugar juegos religiosos. En lugar de celebrar la maravilla de la individualidad de cada persona —tremenda y maravillosamente creada a la imagen de Dios—, somos responsables de crear pequeños «cristianos perfectos» que actúen como tales alrededor de nosotros, temerosos de que si sabemos quiénes son de verdad, cómo se sienten, lo que creen y anhelan, los rechazaremos.

La gente normal se sentía segura alrededor de Jesús. Él los trataba como personas, no como proyectos. El autor Jim Petersen, dijo: «Si estamos interesados en las personas solo por lo que podemos llegar a alcanzar con ellos, entonces perdimos el propósito. Cuando pensamos así, no estamos amando a otros como nuestro Padre Celestial lo hace. Él ama sin restricciones»[2].

Proverbios 20:5, dice. «Los pensamientos humanos son aguas profundas; el que es inteligente los capta fácilmente». Las personas que son golpeadas por la vida, desesperadamente necesitan amigos y consejeros que escuchen lo que están pensando y sintiendo sin ser juzgados.

JH: El *juez* en mí solía darle mucha importancia a por qué la gente se equivocaba. ¿Sería poco razonamiento? ¿Compulsión? ¿Irresponsabilidad? ¿Inmadurez? ¿Debilidad? ¿Será que eran víctimas o perpetradores? A lo largo de los años, he llegado a entender que los detalles de cómo la gente cae no hace mucha diferencia en el resultado de sus vidas. ¿Ella saltó o la empujaron? ¿Acaso importa? Ella está lastimada. ¿Ahora, qué?

No cabe duda que las personas quebrantadas —sin importar cómo llegaron a estar así— necesitan ayuda para evaluar sus condiciones, asignando las responsabilidades donde corresponden y trabajando hacia un estilo de vida que minimice la probabilidad de saltar o volver a ser empujada. Pero no es bueno hacer esa evaluación hasta que sean levantadas de la acera *esta* vez. Ahora es cuando podemos ayudar a suspender los juicios y empezar a ofrecer aceptación.

ESCUCHAR A TODA LA PERSONA CON TODA TU PERSONA

Los jóvenes son expertos en notar el desinterés; al menos creen que lo son. Es por eso que los oyentes eficientes se esfuerzan para proyectar un tono de voz que invita, un contacto visual que conecta y una postura física relajada y atenta; todo esto enfocado a revelar más que a ocultar la historia detrás de su historia. Tu tarea es escuchar a la persona entera del estudiante con toda tu persona.

Escuchar efectivamente empieza con los oídos. Alguien con una gran comprensión de lo obvio, dijo: «El hecho de que Dios nos diera *dos* oídos y *una* lengua debería ser nuestra primera pista». Lo mismo puede decirse sobre los dos ojos para tomar en cuenta la profundidad de la persona ante nosotros (aun con una sola lengua para decir lo que estamos viendo). ¿Qué pasaría si accedemos a un proporción general de distancia de dos a uno, donde vemos y escuchamos dos veces más que lo que hablamos? Esto asume que podemos aprender a existir sin el constante sonido de nuestras voces.

¿Por qué se nos hace tan fácil perder la concentración cuando estamos escuchando a otros? La mayoría de personas procesan la información a razón de trescientas a quinientas palabras por minuto (la cantidad generalmente disminuye con la edad). Pero la mayoría de las personas hablan un promedio de cien a doscientas palabras por minuto, lo cual significa que hay un serio exceso de capacidad del lado del que escucha en la transmisión. Y con el exceso de la capacidad, viene la tendencia a soñar despiertos, preocuparse, planear, hacer garabatos y, si no somos cuidadosos, a perder el hilo de lo que la otra persona está diciendo. El solo hecho de estar conscientes de este fenómeno, puede ayudarnos a ser más atentos.

Más allá de estar consciente del reto, yace la física de escuchar profundamente:
- Usa los ojos tanto como los oídos, observa las señales no verbales así como haces contacto visual
- Vocaliza palabras que no interrumpan, da ánimo y pide más

información (Aja, claro, cuéntame más sobre eso. Ah, dime que crees que significa eso...)
- Inclinarse hacia la persona de vez en cuando para comunicar presencia intencional

Este puede ser un trabajo duro. Scott Peck, dijo: «Escuchar bien es un ejercicio de atención, y por necesidad es un trabajo difícil. Es así porque no se dan cuenta o porque no están dispuestos a hacer el trabajo; mucha gente no es buena escuchando»[3].

La gente a veces dice una cosa con sus labios y una muy diferente con sus ojos. Incluso en la comunicación oral, mucho se sugiere más allá de las palabras a través de la velocidad, entonación, modulación, respiración, vacilación, desviación de la mirada, zapateo, estar inquieto, mecerse, contacto del ojo, mover los pies, mecerse, apretar la mandíbula, sollozar, cruzar las piernas o los brazos, estar flojo, caerse, mover rápidamente los ojos, o mirar fijamente al espacio. Olvídese de las cien o doscientas palabras por minuto. Una persona en aflicción puede hablar muy rápido —o muy lento— o no decir nada. Hay mucha verdad en el viejo adagio: *cuanto más profundo el dolor, menos lengua tiene.*

Rolly Martinson tenía una chica en su grupo de la secundaria que empezaba a mostrar señales de depresión y aislamiento, pero se rehusaba a admitir su lucha. Rolly cree que una de las maneras más buenas de aprender sobre los jóvenes es visitar sus casas. Así que él y su esposa trabajaron para conseguir una invitación a cenar en la casa de la joven. Después de la comida, le pidieron un recorrido por la casa. Ella los llevó por todas partes, excepto su habitación. Eso parecía bastante extraño. Así que Rolly le pidió que completara la gira mostrándoles su habitación. Notoriamente incómoda, ella los llevó a una puerta que necesitaba una llave. Dentro, encontraron un espacio decorado y amueblado para un bebé. Rolly, dijo: «¡Ah! Debiste malinterpretarnos... nosotros queríamos ver *tu* cuarto». «Este es mi cuarto», dijo ella.

La preocupación honesta de Rolly fue tal que la muchacha contó su historia. Cuando ella dio la noticia de que estaba embarazada, sus padres le exigieron que se practicara un aborto. La llevaron fuera esa misma noche a una ciudad cercana, y el procedimiento se realizó el día siguiente. Ambos padres eran líderes en la comunidad cristiana y le advirtieron que ella mancharía el nombre de la familia si decía a alguien lo que había pasado. Dos días después, ella volvió al colegio con una constancia médica pidiendo que su ausencia fuera excusada debido a una gripe.

La habitación de la chica reflejaba su deseo de mantener al niño vivo. Rolly caminó un «kilómetro extra» escuchando más allá de sus palabras para llegar a la historia detrás de la historia. Su anhelo de ver más allá de la versión desinfectada de la vida de esta joven fue el principio de una sanidad real para ella.

ESCUCHA LA HISTORIA DETRÁS DE LA HISTORIA

Escucha el lamento del corazón de un joven en este poema anónimo.

Por favor, oye lo que no estoy diciendo,
No te dejes engañar por mí.
No te engañes por la cara que tengo,
Porque llevo una máscara, llevo mil máscaras,
Máscaras que tengo miedo de quitar,
Pero no soy ninguna de ellas.

Pretender es un arte que es como una segunda
naturaleza para mí.
Pero no te engañes.
Yo te doy la impresión de que estoy seguro,
Que todo está soleado y sereno conmigo,
Tanto por dentro como por fuera,
La confianza es mi nombre y la frialdad es mi juego,
Que el agua está calmada, y estoy en control
Y que yo no necesito de nadie.

¡No me creas, por favor!
Mi superficie puede ser lisa,
Pero mi superficie es mi máscara.
Mi máscara cambia y siempre oculta
Las mentiras del verdadero yo
En confusión y temeroso,
En soledad.
Yo hablo ociosamente contigo con tonos suaves
y conversación superficial.
Yo te digo todo lo que realmente no es nada,
De lo que está llorando dentro de mí.
Así, cuando estoy en mi rutina,
Por favor, no te engañes por lo que estoy diciendo,

Y lo que me gustaría poder decir,
Pero que no puedo decir.

Solo tú me puedes llamar a la vida
Cada vez que eres amable y gentil y motivador.
Cada vez que tratas de entender, porque realmente te importa,
A mi corazón le empiezan a crecer alas,
Alas muy pequeñas, alas muy débiles, pero alas.
Con tu sensibilidad y simpatía
Y tus poderes de entendimiento,
Me puedes dar aliento de vida, quiero que lo sepas.
Quiero que sepas cuán importante eres para mí,
Cómo puedes ser tú el creador de la persona que soy si decides serlo.

Por favor, decide serlo.
No pases a un lado de mí.
No será fácil para ti.
Mi largo convencimiento de inutilidad construyó paredes fuertes.
Mientras más te acerques a mí, más oculto me esconderé.
Lucho contra lo que estoy pidiendo.
Pero me dijeron que el amor es más fuerte que las paredes fuertes.
En esto yace mi esperanza,
Mi única esperanza.
Quién soy yo, te puedes preguntar.
Soy alguien que tú conoces muy bien,
Soy un miembro herido en tu familia,
Soy la persona sentada a tu lado en esta habitación,
Soy cada persona que conoces en la calle.
Por favor, no creas en mi máscara.
Por favor, ven detrás de esta a vislumbrar el verdadero yo.
Por favor, habla conmigo, comparte un poco sobre ti conmigo.
Al menos reconóceme.
Por favor.
Porque a ti te importa.[4]

Un oyente hábil aprende a usar preguntas para aclarar lo que fue dicho y la repetición para confirmar que ambas partes están teniendo la misma conversación. Como oyentes profundos, llevamos la responsabilidad de permanecer conectados hasta que lo que fue dicho y lo que se escuchó sea lo mismo.

El autor Paul Swets ofrece un modelo útil que llama «ACE (Asistir, Clarificar y Evaluar)[5]» para mejorar nuestras habilidades para escuchar:

• *Asistir*

Asistimos a las personas prestando atención con enfoque. Asistir implica la disciplina de escuchar con todo lo que somos para tomar y procesar lo que dicen, cómo lo dicen, lo que deciden no decir, y lo que encuentran doloroso decir.

• *Clarificar*

Nuestro desafío es oír lo que se está diciendo, ni más ni menos, y ninguna otra cosa que lo que se dice. Eso requiere aclarar declaraciones y preguntas del oyente. La frase clásica de consejería: «Lo que estoy escuchando que dices es...», es justo un esfuerzo por entender bien. U oímos lo que se dijo o no; la única manera de estar seguros es preguntando. Habiendo dicho eso, es posible emplear mal la frase. El gurú del aprendizaje, Stephen Glenn, solía bromear: «Si escucho que me dices: "Lo que estoy escuchando que dices es..." una vez más, lo que diré luego será: "Adiós"».

• *Evaluar*

Este es el paso de acción. ¿Cómo debería responder a lo que escucho? Swets dice que tenemos varias opciones:

- Pedir más información.
- Permanecer silencioso.
- Expresar nuestros sentimientos.
- Declarar nuestras opiniones.

Cualquiera que escojamos, el punto es seguir escuchando hasta que hayamos entendido.

ESCUCHE CON LA AYUDA DE DIOS

RVP: Me crié como un presbiteriano fundamental, sospechando mucho de aquellos que decían escuchar la voz de Dios. Pero debo admitirlo, un examen cuidadoso de la Palabra de Dios, en armonía con algunas experiencias personales, me llevaron a revaluar mi posición.

Mis labores como capellán en una institución a largo plazo para delincuentes juveniles incluían organizar y dirigir estudios bíblicos en pequeños grupos, en varias unidades. (Aún opino que los centros federales, estatales o privados para delincuentes juveniles ofrecen a los líderes juveniles oportunidades increíbles de hacer ministerio en uno de los campos misioneros más descuidados de nuestra nación, y con unos de los jóvenes con más necesidades).

Finalizando mi tiempo con el departamento correccional; empecé a viajar un poco. Dictaba charlas acerca de los adolescentes en crisis. Una noche, conduje hacia la cárcel para informarle a los chicos que no tendríamos el estudio bíblico esa semana, porque estaría fuera del área. Cuando llegué a la unidad, el supervisor de turno me encontró en la puerta y me pidió que le acompañara a una reunión en la sala de personal. Bob explicó que Steve (que estaba asistiendo a mi estudio bíblico) fue encontrado como homicida y suicida, por lo que lo mantendrían en su habitación bajo observación de suicidio hasta que la unidad psiquiátrica llegara para una evaluación clínica. Bob le dijo al personal que implementara procedimientos de vigilancia suicida e insistió en que nadie más que él tuviera autorización para entrar a la habitación de Steve. Yo estaba devastado, porque estaba interesado en ver si había algo que pudiera hacer para consolarlo o para brindarle esperanza. Pero como miembro del personal, tenía que respetar los límites que Bob había establecido.

Pasé algunos minutos con otros de los chicos de la unidad. Cuando llegó la hora de marcharme, le pedí a Bob que me dejara llegar a la puerta. Ahí fue cuando Dios me habló. Eso es lo mejor que puedo decir. Estoy seguro que no escuché una voz audible, pero no podría dudar que fue Dios el que me dirigió a ir al cuarto de Steve. La misma persona que, minutos antes, había sido tan clara en decir que nadie podía entrar al cuarto de Steve, estaba permitiéndome llegar a la puerta. Le dije: «Bob, creo que necesito ir al cuarto de Steve».

«Nunca he sido capaz de detener a un hombre de Dios», respondió Bob, cerrando y luego poniendo llave en la puerta. Bob abrió la puerta de Steve, me dejó entrar, y escuché el seguro de la puerta detrás de mí.

Steve estaba viendo a través de su ventana y ni siquiera volteó a ver quién había entrado. No tenía idea de lo que debía hacer. Todo lo que podía pensar era en la advertencia de Bob de que Steve era suicida y homicida. Eso significaba que Steve no era el único en riesgo en ese momento.

Vi una nota escrita a mano en la cama de Steve, lo cual asumí era una carta de su novia. La levanté con la esperanza de que me daría algo de información para romper el hielo. Lo que leí fue su carta de suicidio. Bueno, ahí estaba la introducción.

«Así que, ¿cómo lo vas a hacer?», le pregunté.

Él se volteó, me vio, y dijo: «Te voy a mostrar». El cruzó la habitación hacia su armario, buscó debajo hasta el fondo y sacó un cuchillo de carnicero que había tomado de la cocina principal. No sirvió de mucho el inventario de cuchillos de nuestro sistema de seguridad en la cocina.

Todo lo que pude decir en ese momento, fue: «Steve, eso me rompe el corazón, porque te quiero».

Él se lanzó hacia mí, dejando caer el cuchillo deliberadamente. Abrió sus brazos alrededor de mí, sollozando y esperando lo que parecía ser una eternidad. Cuando empezó a recobrar la compostura, me vio a los ojos, y dijo: «No puedo recordar la última vez que alguien me dijo que me amaba».

Luego le conté cómo fue que iba de camino fuera de la cárcel cuando Dios me detuvo y redireccionó mis pasos, solo para que pudiera venir a su habitación y pudiera decirle no solo que lo amaba sino también que era amado por el Dios del universo. Al escuchar eso, empezó a sollozar de nuevo. Fue el inicio de una sanidad increíble en su vida.

Hebreos 13:20–21, dice:

> «El Dios que da la paz levantó de entre los muertos al gran Pastor de las ovejas, a nuestro Señor Jesús, por la sangre del pacto eterno. Que él los capacite en todo lo bueno para hacer su voluntad. Y que, por medio de Jesucristo, Dios cumpla en nosotros lo que le agrada. A él sea la gloria por los siglos de los siglos. Amén».

Realmente estamos equipados con «todo lo que es bueno» por hacer la voluntad de Dios. El Dios que nos llama a «ir junto a» aquellos en algún dolor con el mismo «acompañamiento» que recibimos de Dios, nos equipará y trabajará en nosotros lo que le agrada. No somos llamamos porque seamos calificados, somos calificados cuando somos llamados.

Capítulo siete
PLAN DE **ACCIÓN**

No te asustas precisamente al tener noticias de la madre de Carl. Ella dice que él estuvo faltando a la iglesia, cosa que ya sabes, y faltando a la práctica de básquetbol de la iglesia, cosa que también ya sabes. No sabías que sus calificaciones estaban inexplicablemente en caída libre, o sobre las peleas frecuentes y en aumento con sus padres por cualquier cosa y por todo. La señora Stevens está convencida que son las drogas. Su esposo lo aduce a una fase (cosa que no recibes en lo particular como un concepto, pero en este momento estás principalmente escuchando). La señora Stevens, dice: «Es tiempo de amor firme». El Sr. Stevens, dice: «Dale un espacio al muchacho». La señora Stevens parece aliviada cuando ofreces pasar un tiempo con Carl.

Carl, sin embargo, no está tan encantado. Llega nervioso y a la defensiva. Le aseguras que no eres un agente secreto de sus padres. Carl cruza sus brazos y murmura: «Lo que sea». Le preguntas si quiere hablar sobre lo que tiene a sus padres tan acongojados. Él solo agita su cabeza.

Hay un silencio largo, torpe, inquieto cuando entonces dices: «Estoy preocupado por ti. Si algo anda mal, me gustaría ayudarte a corregirlo».

Un minuto en el silencio, el talón derecho de Carl se mueve y sabes que estás consiguiendo algo... Otro minuto pasa y la mandíbula de él empieza a trabajar; se inclina hacia adelante, pone los antebrazos en sus rodillas, y la mirada fija al suelo. Medio minuto después, dice, casi inaudiblemente: «Lo odio».

Permites que las palabras queden en el aire entre ustedes. Finalmente dices también en vos baja: «Cuéntame sobre eso».

La mandíbula queda fija, y solo unas gotas de lágrimas caen al suelo entre los pies de Carl. «Si ella supiera cómo es él realmente, lo dejaría. Quizás yo simplemente debo decirle. Solo tengo miedo que ella lo perdone, y no sé si podría soportarlo».

Una vez que Carl decide hablar, la historia es corta y al grano.

Un día, después de la práctica de básquetbol, Carl notó el automóvil de su papá estacionado fuera del negocio familiar y pensó que solo había pasado a saludar. Pasaron algunas horas, así que usó su llave para entrar por la puerta trasera. Su padre no escuchó que entrara o saliera; él estaba previamente ocupado, besándose con una mujer que Carl nunca habían visto antes.

Carl se escabulló fuera, casi sin poder respirar. Arrastró su llave a lo largo del automóvil de su padre, acanalando la pintura del frente hasta atrás, mientras pasaba al lado; la única evidencia que había estado allí esa noche.

Carl estaba seguro que el corazón de su madre se rompería si supiera sobre eso. Él también temió confrontar a su padre. Así que decidió intentar olvidarse de todo; una estrategia que admite ahora no estaba funcionando muy bien.

Tu trabajo está claro. Carl está viviendo en modo de supervivencia. El enojo hacia su padre se quedará estancado, con lamentos, y diciendo: «Si tan solo...».

La decisión de Carl de ser honesto te da un lugar para empezar. Si él hubiera escogido permanecer callado, inventando excusas para su conducta o simplemente negando que hubiera algún problema, el camino a la solución sería mucho más complicado. Con tu ayuda, Carl podrá identificar cómo su conducta está convirtiendo una cosa mala en algo peor, sin producir cualquier esperanza de una solución. Antes que esta conversación acabe, Carl estará de acuerdo en que es imposible seguir fingiendo que todo anda bien.

Tú lo guiarás en una lluvia de ideas sobre varios planes de acción, y finalmente Carl aceptará tu ofrecimiento de ayudarle a confrontar a su papá. Nada de eso es bonito; pero es el primer paso en un camino redentor.

EL PRÓXIMO PASO

En un buen día, la intervención de una crisis abre puertas a la resolución permanente. A veces, eso no será posible.

El diagnóstico de una enfermedad terminal no brinda todas las soluciones. Lo mejor que un consejero puede hacer es trabajar para disminuir el impacto, desarrollando las estrategias para vivir con una enfermedad terminal, por ejemplo. Eso no es algo sin valor. Para las personas que creen en la redención, la esperanza en el cielo es un asunto importante, es una oportunidad claramente dirigida de enmendar las cosas hechas y las cosas que quedaron sin hacer.

En las crisis más normales (menos terminales), tu papel como asistente es ayudar a las personas a determinar qué curso de acción *pueden tomar*; porque ellos son los que deben actuar en su propio nombre. De lo contrario, solo habrás pospuesto el problema durante otro día. Si tomas las decisiones, no habrás ayudado a las personas a aprender a lidiar con situaciones similares en el futuro.

Eso es *rescatar* en lugar de *caminar juntos*. Hay pocos casos cuando una persona debe ser persuadida para dejar el control temporalmente, porque está peligrosamente fuera de control, pero esas son circunstancias excepcionales.

Desarrollar un plan de acción juntos hace agujeros en la oscuridad. Permite la entrada de suficiente luz; así la persona en crisis puede ver una manera de salir. El que ayuda en la crisis facilita el proceso, pero insiste en que las personas decidan su propio curso de acción. Ellos, después de todo, deberán vivir con las decisiones.

Así que, una vez que la crisis inmediata se neutraliza, el próximo paso es identificar y ordenar los problemas y opciones que tienen que ser dirigidos para formar un plan factible. El siguiente esquema es útil para determinar un plan de acción. (Se reimprime en el capítulo treinta y siete).

HOJA DE TRABAJO PARA EL PLAN DE ACCIÓN:

I. ¿Cuál es el problema identificado (más allá del problema presentando)?

II. ¿Cuáles son los posibles resultados (tanto negativos y positivos)?
   A) ¿Cuál es el resultado más deseable?
   B) ¿Qué pasos generales se requieren para acercarse a ese resultado? (Regresa a los pasos más específicos después).
      I. Son los participantes activos y cuál es su papel en el resultado?
      II. ¿Quiénes son los participantes pasivos y cuál es su papel?

(¿Y qué puede esperarse de cada uno?)

III. ¿Cuáles son los recursos y obstáculos para alcanzar la meta?

IV. ¿Quiénes más deben involucrarse en la solución?
    A) ¿Familiares?
    B) ¿Referencias profesionales?
        1. ¿Médico?
        2. ¿Psiquiatra y/o psicólogo?
        3. ¿Trabajador social?
        4. ¿Fuerzas de seguridad?
        5. ¿Abogado?
        6. ¿Pastor?
        7. ¿Personal docente?
        8. ¿El patrón o jefe?
        9. ¿Los amigos?

I. ¿Qué pasos específicos deben tomarse?
    A) ¿En qué orden?
    B) ¿Quién debe tomar responsabilidad por cada paso?
    C) ¿Quién debe proporcionar apoyo?

I. ¿Cuál es el cronograma?
II. ¿Qué otros recursos se requieren?
    A) ¿Dinero?
    B) ¿Transporte?
    C) ¿Alojamiento temporal?
    D) ¿Comida?
    E) ¿Otros?

I. ¿Quién proporcionará apoyo continuo y regeneración?

En *People in crisis:* Understanding and Helping [Personas en crisis: entender y ayudar], Lee Ana Hoff provee un modelo útil para evaluar la efectividad potencial de un plan de acción. Un plan bueno debe ser:

- Orientado al problema.
- Apropiado al nivel funcional de la persona y necesidades de dependencia.
- Consistente con la cultura y estilo de vida de la persona.
- Incluyente con el círculo social y los allegados.

- Realista, concreto y con un tiempo limitado.
- Dinámico y renegociable.
- Que incluya un seguimiento.[1]

• Orientado al problema

Un buen plan se enfoca y se limita al problema identificado. El consejero de crisis efectivo reconoce sus limitaciones y rechaza comprometerse en terapia a largo plazo. También ayuda a una persona a diseñar un plan para restaurar su equilibrio, no para complacer un psicoanálisis aficionado. Por consiguiente, el plan es específico y limitado.

• Apropiado al nivel funcional de la persona y necesidades de dependencia

Las personas funcionan en una variedad de niveles emocionales, intelectuales, físicos y espirituales que pueden no existir en equilibrio (por ejemplo, una persona puede ser físicamente madura, pero emocionalmente inmadura, o intelectualmente sofisticada, pero espiritualmente ingenua). Líderes juveniles, padres y maestros a veces se olvidan de lo que es ser un adolescente. Un plan de crisis exitoso es marcado por un conocimiento del nivel funcional de los que harán el trabajo. Esperar lo mejor de las personas nunca debe ser traducido en esperar más de lo que ellos pueda dar; eso solo frustra a todos involucrados.

• Consistente con la cultura y estilo de vida de la persona

El líder juvenil eficaz es un estudiante de la cultura juvenil, al menos de aquellas a las que tiene proximidad física. Pocos de los que trabajan con jóvenes se sienten tan cómodos en la casa de un joven como lo estarían en la escuela secundaria de ese mismo estudiante o en medio del campus escolar. Como resultado, muchos líderes encuentran difícil trabajar con las familias en crisis y entender su dinámica.

Existe un conocimiento emergente que el ministerio juvenil efectivo, y sobre todo el trabajo de crisis, busca comprometer a los estudiantes y su familia, sea como sea que esos hogares luzcan. El ministerio juvenil contextualizado es espiritualmente sensible a los desafíos de trabajar con sistemas familiares que son étnica, racial y socioeconómicamente diversos. Todas las opciones deben ser consideradas al desarrollar un plan de acción, aunque la mayoría se desechará con causa.

El sistema de creencias religiosas y los valores del consejero ciertamente influirán, pero no debe dictaminar el proceso de planificar las acciones a tomar en una crisis. (Esto quiere decir que es posible que no obtengas lo que esperas). Debido a que el consejero se opone al control de natalidad en adolescentes, no debe ignorar su viabilidad cuando se están evaluando las opciones en el plan de acción para un adolescente sexualmente activo. Aunque pueda ser doloroso considerarlo, el control de natalidad puede ser el camino más responsable a corto plazo para un joven que no comparte el marco moral del consejero. Si no puedes vivir con eso, reconócelo pronto y retírate con gracia.

• *Incluyente con el círculo social y los allegados*

Los planes de acción efectivos entienden la necesidad que tenemos de apoyo y ánimo por parte de aquellos que nos importan. Esto es especialmente sensible para los jóvenes que creen que a nadie le importa si viven o mueren. Una carta dirigida a Ann Landers ilustra bien esto.

«Querida Ann Landers:

La semana pasada fui a un funeral. Fue extremadamente triste. Una niña de trece años se suicidó. «Sally» medía uno con sesenta metros, era delgada, pequeña, rubia y buscaba desesperadamente un sentido de pertenencia. Intentó ser porrista y no lo consiguió. De hecho, fracasó en el intento de ingresar a cada club en los que se inscribió. La niña se veía tan infeliz que mi corazón se dolía por ella. Hace unas semanas, Sally ganó en una rifa. El premio era un certificado de una pizzería que le daba derecho a invitar a cenar a catorce personas. Ella devolvió el premio, porque dijo que no tenía esa cantidad de amigos. En el funeral, me senté a observar a los compañeros de su escuela llegar en manadas. Conté más de cien de ellos en los cuarenta y cinco minutos que estuve ahí. Luego me enteré que más de cien habían llegado y firmado el libro de pésame»[2].

La persona que dijo: «Los amigos son la vitalidad de la adolescencia», estaba en lo correcto. Cuando los tiempos son difíciles y nos preguntamos cómo seguir adelante, ¿quién no aprecia las palabras de ánimo y la presencia física de las personas a quienes llamamos *amigos*? Un buen plan encuentra la manera de agrupar tropas alrededor de la persona que sufre, de manera apropiada y auténtica.

Así, un plan efectivo también reconoce que el círculo social de la persona puede ser un factor que contribuye —incluso que precipita— a la crisis. Un joven que lucha con la dependencia de drogas tendrá dificultad para dejar el hábito mientras se siga relacionando con amigos que son consumidores también.

• *Realista, concreto y con un tiempo limitado*

¿Cómo puede ser bueno un plan que no está basado en la realidad? Hacer que un plan se vea bien por escrito no garantizará su éxito. ¿Por qué construir falsas esperanzas y levantar expectativas que no podrán ser realizadas? Por eso es importante considerar las posibilidades y las limitaciones del plan para que la meta establecida sea realizable en un tiempo razonable.

Estar de acuerdo con un cronograma es una manera efectiva de motivar a la gente a actuar. Un plan que no tiene fechas a las cuales atenerse es más una noción que un plan. Un cronograma garantiza que ambas partes estén dando cuenta de su participación mutuamente.

Asegúrate que el plan es concreto, es decir, específico y fácilmente entendible. Si, por ejemplo, la familia menciona «aprender a cooperar» como una de sus metas, ayúdales a traducir lo confuso de «aprender a cooperar» en algo concreto, medible, como «aprender a escuchar respetuosamente uno a otros», y «aprender a encontrar soluciones en las que todos ganen algo cuando estamos en desacuerdo».

• *Dinámico y renegociable*

La vida no es estática. Así como la gente y las situaciones cambian, el plan de acción puede llegar a necesitar una actualización o reemplazo con un nuevo cronograma. Pongamos una cara feliz en esto: a veces las personas «lo logran» más rápido de lo que se creía posible. Si esto ocurre, ayúdales a adelantarse en el plan, siempre y cuando todos estén seguros de que es un progreso legítimo y no un truco.

• *Que incluya un seguimiento*

El seguimiento es importante por varias razones. Si ayudas a las personas a tomar un problema para desarrollar un plan de acción responsable, es importante evaluar el proceso, alinear las debilidades; celebrarán el éxito. Puedes comunicar un compromiso continuo a la relación al incluir visitas de seguimiento en el plan.

TRABAJAR EL PLAN

La efectividad de cualquier plan de acción es medida de acuerdo a las personas que son alcanzadas por las metas trazadas. La falta de implementación de un plan es solo una colección de buenas ideas. Si la meta final de la intervención de las crisis es la resolución de la crisis inmediata o una disminución del impacto de la misma, la efectividad del plan puede ser evaluada por el grado en que se mueven cada uno de los involucrados hacia estos fines.

Es frustrante hacer el trabajo duro de ayudar a las personas a construir un plan solo para verlos sabotear la estrategia o fallar en el simple intento. Aquí se presentan algunas de las más comunes razones por las que la gente falla en hacer un seguimiento:

FALTA DE CAPACIDAD

Las crisis abruman a las personas haciendo un corto circuito en las capacidades normales de su funcionamiento. La gente puede tener muy buenas intenciones, pero se encuentran emocional o psicológicamente incapacitados; en cuyo caso tu trabajo es ayudarles a incrementar la capacidad, en lugar de abandonar el plan.

MIEDO A LO DESCONOCIDO

Algunos padres se sienten como rehenes en sus propias casas, cautivos de un hijo o hija adolescente que, de alguna manera, logró tener el control de la casa. Generalmente es el miedo y no su pequeño príncipe o princesa lo que mantiene a esta gente como rehenes. Su temor principal yace en no saber el resultado: si deben ponerse firmes y darle al hijo a escoger entre vivir como un miembro totalmente funcional dentro de la familia o buscar un nuevo lugar donde vivir. Este es un escenario aterrador para muchos padres, porque implica un futuro incierto con el hijo que ellos aman.

Algunas personas continúan haciendo lo mejor que pueden de una cosa horrible, porque le temen a una mayor pérdida de control si ellos hacen algo.

Lo mismo ocurre en el caso de un niño abusado que es lo suficientemente mayor como para saber lo que sucede y decirle a alguien que le pueda ayudar, pero se mantiene en silencio porque no sabe qué puede pasar si habla. «En boca cerrada no entran moscas», dice ese triste refrán. En estos casos, puedes ser el que anime —el que ponga el corazón de ánimo— a la persona cuyo corazón está mayormente lleno de temor.

DESEO DE CAMBIO

Jesús una vez preguntó a un hombre: «¿Quieres sanarte?»[3] Es difícil imaginar por qué alguien tan inteligente como Jesús podía hacer una pregunta tan transparentemente ridícula. O tal vez sabía que las personas a veces prefieren la enfermedad a la posibilidad (con su consecuente responsabilidad) de estar sanos.

No profundices mucho en esto, pero escucha las pistas tenues del lenguaje como aquellas que dan las personas que hablan de la tragedia en primera persona posesiva: mi violación, mi accidente. La mayoría de líderes juveniles pueden identificar al menos un joven que tendrá una buena crisis más o menos cada seis semanas. Los jóvenes que aprenden a fabricar crisis como una manera de obtener atención, no le ven mucha gracia a una solución genuina.

PERTENENCIA

Los jóvenes que participan en el diseño de su propio plan de acción serán más propensos a comprometerse y darle seguimiento, y habrá menos probabilidad de que saboteen el plan. Mientras mayor sea la inversión personal que tengan en el proceso, mayor será la probabilidad de que trabajen para hacer que este tenga éxito.

FALTA DE RECURSOS

Implementar un plan de acción requiere atención especial a los costos financieros, disponibilidad de recursos de ayuda y restricciones de tiempo. Realiza tu trabajo en este sentido temprano y a menudo, manteniendo tu red de crisis al día.

DISCONFORMIDAD PERSONAL

Hay situaciones en las cuales un plan de acción requiere que las personas se muevan muy afuera de su zona de comodidad. Pide a las personas que evalúen los costos de antemano, mientras el plan se está escribiendo. Luego, solicítales que mantengan su palabra; apoya y celebra sus esfuerzos en seguir adelante.

PARTE III
EL CUADRO MÁS **GRANDE**

Repite después de nosotros: *no se trata de mí, no se trata de mí, no se trata de mí.*

El impulso de controlar una crisis es comprensible y guiado equivocadamente. Al ver el cuadro más grande, hay leyes que gobiernan la conducta de los consejeros de crisis. Es más, hay consideraciones éticas para comprometerse con las personas en crisis.

Más allá de todo esto está lo siguiente: ser la persona indicada para empezar una intervención no te hace necesariamente la indicada para seguir en esta hasta el fin. Necesitarás estar ahí al final, pero es posible que no te puedas hacer cargo de todo. Por favor, no pienses que puedes controlar el camino de recuperación de la crisis.

Un plan de acción efectivo intercambia la responsabilidad y los créditos a las personas en crisis. A lo largo del camino, es posible que necesites cambiar la carga de intervención hacia alguien mejor preparado en terapias individuales y familiares.

No es nada personal, no eres consejero; eres un líder juvenil.

Dilo de nuevo: *no se trata de mí, no se trata de mí, no se trata de mí.*

Capítulo ocho
REFERIR

El referir es un componente crucial en cualquier modelo de intervención de crisis. Solo en caso de que esto sea nuevo para ti, dejémoslo claro: no conocemos a nadie que sea capaz de *saberlo todo, amarlo todo y sanarlo todo*. Los consejeros de crisis que trabajan, efectivamente se dan cuenta de esto tarde o temprano. Incluso los líderes juveniles experimentados que han estado involucrados con jóvenes y sus familias por décadas, encuentran situaciones que requieren más profundidad o entendimiento de lo que su entrenamiento y experiencia puede proveer; o puede que se necesiten las mismas habilidades, solo que realizadas por otra persona. Respira profundo y repite después de nosotros: *no se trata de mí, no se trata de mí, no se trata de mí*.

Tomar la decisión de referir a un joven, un padre o una familia a otro consejero no es admitir una debilidad. Es una señal de fortaleza, una declaración de que estás comprometido a ayudar a las personas a encontrar la ayuda que necesitan (y la ayuda que pueden recibir), cualquiera que sea la fuente de donde provenga.

Para ser efectivo, una referencia debe ser *responsable, puntual, apropiada y sensible a consideraciones financieras o de otro tipo.*

EL REFERIR DEBE SER RESPONSABLE

Una referencia es el resultado de que el consejero se de cuenta que otra persona o agencia está mejor posicionada para manejar el problema identificado (o ayudar a identificar cuál puede ser el problema). Los jóvenes pueden sentirse abandonados cuando los recomiendas a una referencia, así que haz todos los esfuerzos posibles para asegurarles que estarás ahí para ellos, aun cuando creas que alguien más está mejor posicionado para ayudar en la presente situación; no estás restando, *estás sumando*.

JH: Una referencia responsable requiere una red de crisis de terapeutas, especialistas, agencias y programas de buena reputación a lo cuales puedas dirigir a los jóvenes y sus familias; y cuando sea apropiado, ellos puedan devolver el favor. Tomé referencias de una variedad de personas; no tantas que hayan venido a probar mi grupo de jóvenes, como los que vienen a conocerme y agregarse a mi red de apoyo. Es definitivamente una calle de doble vía si queremos que así lo sea.

Mientras construyes tu red de crisis, no asumas nada. Un grado académico (M.A., M.S.W., M.D., Ph.D., etc.) frente al nombre de alguien es prometedor, pero solo garantiza que esa persona aprobó los exámenes y atravesado los espacios necesarios, implica preparación general sin prometer ser competente. Una certificación profesional y una licencia para práctica médica obviamente sugieren conformidad a ciertos estándares de conocimiento y cumplimiento de las regulaciones, sin asegurar las cualidades necesarias para ayudar.

Pregúntale a una docena de personas a dónde irían por una crisis médica, dependencia de drogas o alcohol, desórdenes alimenticios, consejería familiar o individual, abuso sexual, violencia doméstica, problemas de conducta sexual y desorden de estrés postraumático (agrega a esta lista cuanto quieras). Hay posibilidades de que los nombres se repitan en la lista varias veces. Una vez que hayas organizado la lista, escribe media página a cada una de estas personas explicándoles quién eres y lo que estás haciendo (creando una red de crisis), y pregúntales si puedes concertar una breve cita para presentarte y visitarles por unos minutos para conocer su práctica y cómo prefieren tomar las referencias que vienen de fuera de su campo.

Cuando se reúnan, no trates de ser quien no eres. Haz preguntas y escucha cuidadosamente. Responde las preguntas breve y honestamente. No estás ahí para contarles la historia de tu vida, estás para aprender y empezar la construcción de tu red.

Rápidamente sentirás cuándo alguien está de acuerdo en reunirse contigo. Pregúntate:

- ¿Parecía esta persona saber de lo que estaba hablando?

- ¿Parecía que a ella le importan los adolescentes?
- ¿Ella se conectó conmigo con franquesa o trató de intimidarme o engañarme?
- ¿Me sentiría cómodo presentándola a alguien que me quiere y cree en mí?

Al final de esta reflexión, tendrás una muy buena idea acerca de si debes o no llamarla en tu equipo.

Es posible que te preguntes si los terapeutas y profesionales estarán de acuerdo en reunirse contigo; sí lo estarán. La mayoría de ellos son genuinos ayudantes de personas. Casi todos dependen de referencia en un grado u otro para pagar la renta, así que es para su propio beneficio que tomarán media hora para conocerte y describir sus métodos de tratamiento, perspectiva de fe, estructura de pago, y procedimientos de referencia y aceptación.

Está bien preguntar acerca de la perspectiva de fe de un terapeuta, pero no te desalientes si la respuesta no suena como lo que esperarías de un pastor o líder juvenil. Algunos terapeutas no aceptan hablar acerca de su fe con los clientes, porque el problema que se enfrenta no es acerca de ellos, y ciertamente no es acerca de su teología personal. (Ellos tienen más tendencia a hacer las preguntas, en lugar de declarar una postura acerca de la fe de un cliente). Lo importante para aprender en tu reunión de introducción es si la persona parece que va a menospreciar o no la fe de alguien que le refieras.

Los consejeros que no necesitan referencias como negocio son personas que trabajan en organizaciones sin fines de lucro o con financiamiento del gobierno. Puede que te sorprendas de las alianzas que puedes cultivar con estas personas en la comunidad. Los líderes juveniles que perduran en crisis masivas reportan el valor de las relaciones con líderes juveniles que ellos ya conocían cuando pasaron por el peor momento. Luego de la masacre en la secundaria de Columbine, un líder juvenil dijo: «Nunca hemos estado de acuerdo en todos los aspectos teológicos, pero nos hemos estado reuniendo porque sabemos que todos estamos de acuerdo en amar y cuidar de estos chicos». El día después del tiroteo, nos reunimos por algunos minutos para tomar nuestros rumbos y organizarnos un poco. Fue asombroso caminar en el cuarto ese día y abrazarnos unos a otros. Ese no fue un tiempo de leer las etiquetas de los nombres de las personas y preguntar: «¿A qué te dedicas?». Había un sentido de pertenencia en la medida en que las cosas fueron pasando. No había competencia. Ni la hay hasta este día.

No tienes que hacer todo esto en una semana, pero hazlo poco a poco hasta que tu lista de recursos para intervención incluya estos elementos:

- Servicios de consejería: psiquiatras, psicólogos y terapeutas familiares.
- Hospitales psiquiátricos o unidades especiales para adolescentes.
- Líneas telefónicas para crisis (incluye números de llamadas gratis en el país).
- Centro de control por envenenamiento.
- Unidad de cuidados especiales del hospital general.
- Programas y grupos de apoyo para el abuso de drogas y alcohol.
- Grupos de apoyo y unidades contra el estrés de adolescentes.
- Programas de tratamiento y grupos de apoyo para problemas de desórdenes alimenticios.
- Centros de salud comunitaria y salud mental.
- Programas de crisis de embarazos.
- Departamento de policía (unidad de menores).
- Unidades de emergencia en los hospitales.
- Servicios legales y de mediación familiar.
- Consejeros estudiantiles y administrativos.
- Trabajadores sociales psiquiátricos.
- Consejeros de programas de abuso de drogas y alcohol.
- Departamento de servicios sociales/protección infantil.
- Departamento de salud mental, servicios comunitarios.
- Centros de ayuda en crisis.
- Alcohólicos anónimos.
- Narcóticos anónimos.
- Grupos de apoyo afines a la iglesia.
- Programas antiabuso.

Es útil compilar la siguiente información básica acerca de cada programa:

- Nombre del programa o persona.
- Dirección.
- Número de teléfono (Número de emergencia veinticuatro horas).
- Servicios que ofrece.

- Requisitos de admisión.
- Procedimiento de referencia.
- Costos.
- Nombre o contacto específico.

No pongas muchos detalles en esto, pero construir una red de crisis antes que la necesites es como hacer un respaldo de los archivos de tu computadora; nadie desea no haberlo hecho.

Otra cosa importante acerca de la referencia responsable: no hay muchas personas que estén dispuestas a cambiar de parecer solo porque trabajas para una organización cristiana. Tal como todos los demás, las iglesias y las organizaciones sin fines de lucro son vulnerables a las acciones legales. Es lamentable mencionar esto en medio de una crisis, pero es importante notar que puedes llegar a enfrentar algún nivel de responsabilidad si refieres a un estudiante o familia a una persona o agencia específica que luego se descubra que fue negligente. Así que, cuando hagas referencias, trata de sugerir a más de un terapeuta o programa de donde las personas o familias puedan elegir.

Cuando eso no es posible (y si vives en un pueblo pequeño, casi nunca será posible), es probablemente más sabio describir tu recomendación como el mejor recurso que conoces localmente, en lugar de decir que son «¡los mejores del país, y si no es cierto, me como mi sombrero!». Se siente tonto el solo decirlo en el contexto de intervenciones de vida o muerte, pero es lo que se tiene en ese momento, así que hay que hacerlo. (Para más consideraciones legales, lee el capítulo nueve)

EL REFERIR DEBE SER A TIEMPO

Considera hacer una referencia:

- Tan pronto como sientas que una situación está más allá de tus capacidades.
- Tan pronto como creas que un tratamiento especializado puede ser garantizado.
- Tan pronto como creas que la persona a la que estás ayudando puede ser peligrosa para sí o para otros.

Teniendo en cuenta todo lo anterior, es importante recordar la dificultad que tienen los adolescentes en formar lazos de confianza con los adultos, especialmente con los adultos que usan uniformes de clínicas. Cuando decidas hacer una referencia, toma un cuidado especial para hacer que la transferencia sea lo menos notoria posible, incluyendo el esfuerzo de hacer una presentación cara a cara por ti.

En ocasiones, trabajarás con algún joven que abiertamente se rehúse a una referencia. Ese tipo de resistencia puede ser a menudo basado en un miedo fundamental: «Si necesito ver a un terapeuta, ¡seguramente es porque estoy loco!». La imagen de un cliente tendido en el diván, contándole sus problemas a un terapeuta que está aburrido y también un poco loco, es suficiente para que los adolescentes estén al borde del abismo.

Los adolescentes, como la mayoría de nosotros, no quieren que nadie se meta con su cabeza. Aquí radica la importancia de saber todo cuanto sea posible acerca de aquellos a quienes haces las referencias. Así podrás hacer las presentaciones de manera que parezca que estás invitando a un amigo a conocer a otro amigo que crees que puede ayudar más que tú en este momento. (Recuerda: suma, no resta).

A veces, los jóvenes se resisten o se sienten avergonzados, y la única manera en que puedes hacerlos acceder a que vean a alguien más es ofreciéndote a acompañarlos. Ambos tuvimos experiencias ayudando a víctimas masculinas de contacto sexual indebido que están con una firme oposición a contarle a sus padres o la policía, hasta que accedimos a acompañarles y apoyarles a lo largo de la experiencia. Van Pelt dice que así fue como llegó a entender lo que el apóstol Pablo quería decir cuando hablaba acerca de llorar con los que lloran.

Debes estar consciente que los padres o tutores no siempre apoyarán tus esfuerzos de ver que su hijo o hija reciba atención profesional. Lo sentimos, pero es ingenuo pensar que todos los adultos buscarán el mejor interés para sus hijos. En *People of the Lie* [Personas de la mentira], Scott Peck habla acerca de los padres malvados; aquellos que usan y abusan de los niños para sus propios propósitos siniestros.[1] Algunos padres se resisten a la ayuda que provenga de afuera, porque temen a la exposición personal. Un consejero puede descubrir que los hijos tienen problemas concernientes al abuso por parte de sus padres.

Si enfrentas una resistencia sostenida por parte de un padre, y tienes una preocupación continua por el bienestar físico o emocional de un menor de edad, puede que necesites la intervención de un trabajador social que pueda intervenir y ordenar un tratamiento. Hablaremos más de este tema en el capítulo veintiséis.

Pero la verdad es que a la mayoría de los padres se les rompe el corazón cuando descubren que sus hijos fueron víctimas de abuso en secreto. Para la mayoría de estos, el descubrimiento hace que el falso comportamiento de su hijo tenga sentido. Están tristes, pero agradecidos por tener la esperanza de recuperar a su hijo.

EL REFERIR DEBE SER APROPIADO

Debido a que la mayor parte de los padres y tutores no sabrán qué hacer o a dónde acudir por ayuda, si tú reconoces la necesidad de ayuda más especializada o profunda, puedes proveerles un servicio invaluable al ponerlos en contacto con los recursos de ayuda correctos. Los adultos también pueden necesitar asegurarse que no los estás abandonando, que su hijo no está loco y estadísticamente fuera de control, que estás *agregando* consejeros al equipo, no sustrayendo.

El referir debe ser apropiado en términos de las circunstancias y el plan de acción. Un joven batallando con adicción a la cocaína no debe ser referido a un programa que se especializa en alcoholismo. Un terapeuta que se especializa en problemas geriátricos no es probablemente la opción correcta para ayudar a un adolescente a lidiar con desórdenes alimenticios. Si eres diligente en mantener una red de crisis al día, estarás preparado para hacer una referencia responsable y apropiada cuando llegue el momento (o al menos sabrás a quién llamar para pedir un consejo).

EL REFERIR DEBE SER SENSIBLE A ASUNTOS FINANCIEROS Y DE OTRO TIPO

RVP: Recibí una llamada de una colega del ministerio juvenil buscando un lugar para el tratamiento adecuado de un joven de su grupo. Le pregunté un poco acerca de la historia del chico y su situación actual para poder empezar de cero en una recomendación que fuera adecuada. Me pareció que un lugar fuera del estado ofrecía exactamente lo que el necesitaba, e incluía el componente de una aventura en el bosque, lo cual encajaba perfectamente con su amor por la naturaleza.

Accedí a hablar con la mamá del muchacho y compartirle lo que sabía acerca del programa. Tuvimos una excelente conversación. Mientras más le hablaba acerca del programa, más se emocionaba. Parecía que todo encajaba perfectamente.

Desafortunadamente, asumí algo. Ya que había visitado la iglesia de esta familia y tenía un buen presentimiento del nivel socioeconómico de su comunidad, asumí que no tendrían ningún problema con el seguro. Equivocado. El padre del muchacho llevaba más de un año sin trabajar, y la familia no tenía cobertura médica. Sin un seguro, el programa que les estaba recomendando les estaría costando mil dólares diarios, mucho más de lo que podrían costear. En mi ingenuo entusiasmo, tuve que dar una gran desilusión a la madre. Nuestra conversación cambió de considerar unas instalaciones para tratamiento de clase mundial a una lluvia de ideas de programas basados en la comunidad. De verdad desearía poder empezar ese caso desde el inicio otra vez.

Cuando sabes a quién necesitas referir, el primer paso es investigar acerca de los recursos económicos. No importa cuántos programas exitosos existan en tu comunidad si el costo es más de lo que una familia puede pagar. Algunos terapeutas y programas de tratamiento especializados ofrecen una escala ascendente donde el costo del tratamiento es determinado por el rango salarial, el número de hijos en el hogar, y circunstancias extenuantes (esta es la razón por la que los costos y estructuras de pago son parte de la conversación introductoria cuando estás construyendo una red de crisis, para que sepas quién está mejor posicionado para trabajar con familias sin seguro).

Muchas iglesias ofrecen servicios de consejería pastoral, y algunas tienen una escala completa de programas de consejería cristiana para responder a las necesidades de familias de la iglesia y la comunidad. Los servicios se ofrecen comúnmente de manera gratuita a los miembros de la congregación, o las tarifas son determinadas con base en la «capacidad de pago». Otras iglesias y ministerios de ayuda pueden proveer asistencia financiera para que individuos o familias en necesidad puedan recibir consejería profesional. Hay una muy buena probabilidad de que tu líder sepa acerca de estos recursos, o pueda averiguarlos.

Cualquiera que sea el caso, las familias deberían siempre tener un entendimiento claro de los costos, y hacer los arreglos necesarios para el pago antes de que inicie el tratamiento. No es tu responsabilidad negociar estos detalles, pero sí lo es aprender el costo general y las estructuras de pago del tratamiento y la capacidad de desembolso y seguro general de la familia, para que no te encuentres después con otra crisis.

Capítulo nueve
CONSIDERACIONES LEGALES Y ÉTICAS

1 de enero de 2005. Tres docenas de adolescentes son transportados a una sala de emergencia en Minot, Dakota del Norte, por lesiones sufridas durante una fiesta de Año Nuevo. Hay tres de ellos hospitalizados, los demás son atendidos y dados de alta. Los heridos representan cerca de un tercio de los jóvenes entre doce y diecinueve años que asistieron.

Las heridas son resultado de deslizarse en la nieve con trineos; de hecho, no tanto tirarse de trineos sino montarse en cajas de cartón y correr colina abajo en una rápida caída. Hay un letrero en un poste que dice NO DESLIZARSE.

La policía local dice que los trineos golpearon rocas, un poste eléctrico y chocaron entre sí.

El grupo local de una organización de alcance cristiano estaba patrocinando la fiesta, y el director explicó que algunos de los participantes bajaron por la colina equivocada. Pero dijo los padres de los lesionados son «llenos de gracia». Dice que la mayoría de padres cree que su organización busca amar y ayudar a los chicos a crecer mental, física y espiritualmente.

Bueno, tal vez no mucho físicamente.

CINCO RAZONES POR QUÉ

¿Por qué tantos líderes juveniles hacen tantas cosas tontas? ¿Por qué hay tantas brechas de seguridad acompañadas de expresiones de esperar que los padres sean «llenos de gracia» porque, después de todo, *teníamos buenas intenciones?*

IGNORANCIA

La mayoría de líderes juveniles son voluntarios, y es posible que sean comprensiblemente ingenuos acerca de las responsabilidades éticas y legales de trabajar con menores de edad. Esta gente no está construyendo ministerios; están sirviendo a los jóvenes y sus familias al patrocinar a un grupo de jóvenes; o son chaperones en una salida. Ellos nunca han escuchado el término *reportero mandatario* [1]. Ellos no leyeron un manual o asistieron a un seminario sobre responsabilidad legal, porque ni siquiera saben que existen tales cosas. Son personas con buen corazón que podrían ser excusadas por lo que no saben.

Pero no hay excusa para empleados y oficiales de organizaciones exentas de impuestos, de quienes se espera que sepan que las iglesias y organizaciones paraeclesiásticas tienen la obligación de cumplir con los mismos requisitos legales que, por ejemplo, los colegios y los campamentos. Muchos líderes juveniles contratados, juntas directivas de iglesias y líderes de organizaciones tienen un conocimiento práctico de estas responsabilidades. De hecho, en este punto, aquellos que se mantienen ignorantes lo hacen a propósito, como si lo que no saben pudiera hacerles daño.

Para que quede registro, esta es un área en la que la ignorancia no es una beatitud. Si algo va mal debido a la negligencia, los líderes juveniles y sus organizaciones son responsables, *ya sea que conozcan la ley o no.*

FINGIMIENTO PERSONAL

Algunos líderes juveniles se aferran a lo que el profesor David Elkind llama *fingimiento personal*; la insidiosa noción de que las cosas malas solo le suceden a otros[2]. A veces se requiere de una mala experiencia para motivar a estas personas a ser proactivas y tomar medidas preventivas. (Léase también *orgullo, arrogancia,* etc.)

AUTORIZACIÓN

Conocemos una buena cantidad de líderes juveniles que, regularmente y sin disculparse, rompen cada regla en el libro de responsabilidades porque creen que las reglas son excesivamente restrictivas e irreales para trabajar con adolescentes. Como consecuencia, muchas de las actividades de su grupo juvenil son demandas (e incluso catástrofes) a punto de suceder.

No estamos diciendo que pensamos que los líderes juveniles están obligados a irse por lo seguro siempre, solo que todos estamos obligados a hacer todo lo que hacemos, de la manera más segura posible, así sea jugar pelota o escalar una roca.

DESEO DE SER QUERIDOS

¿A quién no le gusta ser querido? La mayoría de líderes juveniles prefieren decir sí que decir no, prefieren ser vistos como personas geniales, en lugar de convencionales; les gustaría se conocidos por crear aventura y diversión. Esto es algo justo, a menos que eso implique valorar más el ser querido que velar por la gente a la que servimos. Si todo va bien, esto es inmadurez... Si todo va mal, podría llegar a resultar criminal.

FALTA DE VOLUNTAD PARA PAGAR EL PRECIO

Existen implicaciones fiscales adjuntas a la responsabilidad del ministerio juvenil. Algunos ministerios simplemente no están listos para pagar el costo de revisar el contexto de los voluntarios y trabajadores asalariados. Requerir un radio razonable entre jóvenes y el equipo de trabajo en los eventos requiere más planificación y puede involucrar costos más elevados. Algunos preferirán arriesgarse.

ARRIESGARSE

El problema es que atreverse es hoy en día más riesgoso que nunca. Si el abogado Carl Lansing está en lo correcto cuando afirma que «el número de demandas y otras acciones legales en contra de algunas personas de ministerios cristianos, ocasionó que este campo emerja como una de las "industrias crecientes" de más rápida expansión para los abogados»[3]. Bueno, en esta economía, ¿a quién no le interesaría una industria creciente?

Los líderes juveniles no pueden simplemente alegar ignorancia en asuntos legales o éticos. Jesús oró para que sus seguidores estuvieran *en* el mundo, pero no fueran *del* mundo.[4] Estar *en el mundo* siempre implica vivir como ciudadanos responsables.

Si eso te hace querer decir: «¡Oye, solo quiero amar a los jóvenes, por el amor de Dios!», eso es maravilloso. De verdad afirmamos el papel de cultivar una amistad entre adultos y jóvenes. También afirmamos que es esencial darse cuenta que esas amistades no están en el vacío. Cuando intencionalmente escoges ayudar a otra persona, asumes el riesgo de responsabilidad si las cosas no salen bien.

Tal vez no debiera ser así, pero lo es. La triste realidad es que algunas personas entablan demandas por malicia o capricho. Agrega a este número las acciones civiles y criminales basadas en evidencia de negligencia o malas acciones, y empezarás a ver el cuadro completo.

Jesús sabía que las personas que le seguirían serían acusadas de malicia, acusación, mala interpretación y difamación, porque así es como nuestro enemigo opera. El nombre *Satán*, de hecho, significa *acusador*. Sembrar duda en la bondad de Dios al desacreditar a su pueblo parece una victoria doble para él. Estas no son noticias nuevas. Cuando envió a los doce discípulos en un proyecto misionero, Jesús dijo: «Los envío como ovejas en medio de lobos. Por tanto, sean astutos como serpientes y sencillos como palomas. Tengan cuidado»[5]. La astucia y la sencillez se manejan juntas en la caja de herramientas del discípulo.

Los líderes juveniles son notablemente ingenuos cuando se refiere a asuntos de responsabilidad legal. El único momento en el que la mayoría de líderes juveniles piensa en asuntos legales es cuando los jóvenes llegan al retiro sin los formularios de cobertura médica (y esperando lo mejor, todavía les permitirán subir al bus de la iglesia). Pocos realmente pensamos en las implicaciones de trabajar con jóvenes en un contexto cultural en el que la mayoría de personas parecen sospechar de los líderes religiosos y su «producto». Para la mayoría de líderes juveniles, ser «astutos como serpientes» significa protegerse a sí mismos de las bromas pesadas de los jóvenes, y cultivar una conciencia funcional de cómo una equivocación menor se puede convertir en un caso federal.

El incidente del deslizamiento al inicio de este capítulo se reportó, con las citas respectivas, por la agencia de noticias AP y fue distribuida por docenas de medios masivos. ¿Fue un día sin muchas noticias? No, la historia de los deslizamientos logró penetrar entre el ciclo de noticias dominado por el tsunami de navidad que había matado a más de doscientas mil personas del sur de Asia y el este de África, el 26 de Diciembre de 2004. Las personas están poniendo atención a lo que los líderes juveniles hacen, cuando lo que los líderes hacen es innecesariamente peligroso.

Así que, ovejas entre los lobos, astutos como serpientes, inocente como palomas, ¿cómo se conjuga todo esto en nuestro desenvolvimiento diario con los jóvenes y sus familias? El panorama completo de los asuntos legales y éticos es más grande de lo que podemos abarcar. Hay libros excelentes de este tema que debieran ser una lectura requerida para quien administra o supervisa un programa de ministerio juvenil. Particularmente, nos llama la atención el libro de Jack Crabtree *Better Safe Than Sued* [Más vale a salvo que demandado].[6]

Aquí hay cuatro maneras de asegurar que estás actuando responsablemente y cubriendo las bases legales mientras respondes a las necesidades de los jóvenes y sus familias.

SE QUIEN DICES QUE ERES

Los publicistas a veces usan una técnica llamada *ambigüedad intencional* para crear una impresión que no es exactamente falsa, pero no es realmente verdad tampoco. Ellos le dan vuelta a la verdad para vender productos y servicios. Ves esto a menudo en avances de películas de cine, campañas políticas y, desafortunadamente, en evangelismo. Esto no es correcto.

Los ministerios cristianos deberían distinguirse por una reputación de ser quienes dicen ser. Esto es especialmente importante en la manera en que representamos servicios emocionales, psicológicos o mentales.

No debiera permitirse el uso indistinto del término *aconsejar*, a menos que el personal (pagado o voluntario) sea formalmente entrenado y cuente con una licencia actual (donde las licencias sean requeridas) para proveer servicios de consejería clínica. Decir que provees «consejería» o referirte a una relación de ayuda como una «relación de consejería» establece una expectativa de competencia profesional que debes evitar a menos que estés preparado para respaldarla. Las personas que se presentan como consejeros son responsables y oficialmente legales por tal representación.

Términos como *relación de ayuda, relación de disciplina, relación de mentores, consejero espiritual, entrenador, cuidado pastoral,* incluso *consejería pastoral*, representan más adecuadamente lo que la mayoría de nosotros hace. Así que, a menos que seas un consejero convencionalmente calificado —además de ser un líder juvenil— evita malos entendidos o asuntos legales al llamarte adrede algo *más que un consejero*.

SELECCIÓN, SUPERVISIÓN Y ENTRENAMIENTO DE PERSONAL

Relativamente un pequeño porcentaje de ministerios juveniles en iglesias y ministerios paraeclesiásticos explotan completamente el potencial de un proceso de aplicación formal. Muchas veces tendemos a llenar espacios vacíos con cuerpos cálidos (lo cual se refleja con lo que la mayoría de esas posiciones pagan). En este sentido, hay una creciente conciencia de la vulnerabilidad legal entre los ministerios que contratan miembros del equipo de trabajo de tiempo parcial y completo y reclutan voluntarios para trabajar con menores. Cada organización que pone a chicos en contacto con adultos debe mostrar diligencia en determinar si el adulto tiene o no un registro de comportamiento criminal hacia la juventud.

Algunos administradores temen que hacer este proceso demasiado demandante vaya a desanimar a buenas personas de aplicar. Estas personas evitan aplicaciones escritas, referencias personales, chequeos de trasfondo y clases de orientación requeridas que pueden asustar a los nuevos reclutas.

Todo lo que podemos decir es que estas medidas de precaución son un pequeño precio a pagar para proteger a los chicos de adultos depredadores que a veces buscan oportunidades de probarse a sí mismos que sus compulsiones están bajo control, a veces produciendo resultados trágicos.

Adicional a la información típica requerida en un trabajo escrito o una aplicación de voluntarios, las siguientes preguntas debieran ser formuladas a todo aquel cuyas responsabilidades incluyan el involucramiento con menores.

- ¿Fuiste convicto por una ofensa criminal? Si la respuesta es sí, por favor explica.
- ¿Estuviste convicto por abuso infantil o abuso sexual, o estuviste involucrado en alguna actividad relacionada a trato inapropiado o abuso de niños o adolescentes? Si la respuesta es sí, por favor explica.
- ¿Qué infracciones por movimiento hay en tu registro de conducir? Por favor, enuméralos y explícalos.

Un sorprendente número de ministerios requiere referencias personales, pero falla en darle un seguimiento. Diseña un formulario que ayude a los que brindan las referencias a entender el papel que estás pidiendo que los líderes juveniles llenen con relación a los estudiantes, y provee términos de confidencialidad para expresar preocupaciones o dudas. Asegúrate de proteger la naturaleza confidencial de estos formularios.

Algunos ministerios escogen hacer un chequeo formal de trasfondo en todos los presentes y futuros chicos y trabajadores juveniles. Entiende que esos chequeos deben ser aplicados uniformemente. Si decides hacer revisiones de trasfondo como un requerimiento para empleos o voluntariados, primero deberás revisar al equipo de trabajo actual para luego, consistentemente, revisar a los nuevos aspirantes. El fallar en hacer dicho procedimiento puede dar los cimientos para una demanda por discriminación.

Pero proteger a los chicos solo *inicia* con el reclutamiento y proceso de selección. Es la responsabilidad de una iglesia o ministerio juvenil proveer entrenamiento continuo y supervisión para asegurar la seguridad de los menores a su cuidado.

CONFIDENCIALIDAD

La mayoría asume que algo que se compartió en confidencia se mantendrá así. Romper la confidencialidad representa traicionar la confianza, un elemento fundamental en las relaciones humanas y un factor crítico en el ministerio pastoral.

La mayoría de hombres y mujeres involucrados con jóvenes carecen de un entrenamiento formal en consejería y tienden a ver la confidencialidad desde una posición extrema, ya sea sobre estimando o subestimando su importancia en las relaciones de ayuda.

Los líderes juveniles que no pueden resistir la urgencia de compartir información confidencial, no tendrán que preocuparse de eso por mucho tiempo. Solo se requiere una brecha en la confianza para que se dé a conocer que no se puede confiar en ti.

Por otra parte, no hagas promesas insensatas. Considera lo siguiente:

Karen no hace contacto visual cuando dice:

—¿Recuerdas cuando hablábamos acerca de familias y cómo a veces los padres tienen problemas, y luego como resultado sus hijos tienen problemas también?

—Claro —responde Sue—, vi muchos de esos casos.

—Bueno... —se forma una lágrima y rueda por la mejilla de Karen. Sue no dice nada pero le ofrece a Karen una servilleta.

—Lo siento —susurra Karen.

—Esto es realmente duro para mí. Sue, si te cuento algo, ¿prometes no decirle a nadie?

La respuesta de Sue es rápida:

—Por supuesto. Sabes que puedes confiar en mí. Lo prometo.

Karen respira profundo.

—Bueno... desde hace más o menos un año...

Karen llenará los siguientes cuarenta minutos describiendo una serie de encuentros incestuosos con su padrastro y el odio a sí misma que la llevan a tener frecuentemente pensamientos de suicidio.

Y Sue enfrentará un terrible dilema. A pesar de que Karen le asegura que el solo hecho de poder hablar es muy útil, Sue no cree que nada vaya a cambiar en casa. Es más, Sue desearía nunca haber prometido mantener el secreto de Karen, pero no puede violar su promesa. Como resultado, Sue se sentirá miserable sabiendo que Karen necesita más ayuda de la que ella le puede ofrecer.

Sue le pedirá a Karen que hable con el pastor de jóvenes, y ofrecerá acompañarla. Es una idea que Karen ni siquiera considerará. Le ocasionaría vergüenza a su madre, incluso podría ocasionar un divorcio. Karen está determinada a hacer lo que sea necesario para mantener la paz en el hogar. Pero ella no promete no hacerse daño a sí.

Consejeros bien intencionados, como Sue, enfrentan este tipo de situaciones todo el tiempo. Con entrenamiento en intervención de crisis y un entendimiento balanceado de la confidencialidad, Sue sabría que es inútil, inseguro e innecesario hacer promesas ciegas.

Imagina la conversación de Sue con Karen tomando un enfoque diferente en el momento crítico:
—Lo siento —susurra Karen.
—Esto es realmente duro para mí. Sue, si te cuento algo, ¿prometes no decirle a nadie?
Sue respira profundo, sin perder el contacto visual con Karen.
—Creo que me conoces suficiente como para saber que me intereso por ti; ¿correcto? —dice ella.
Karen mira hacia otro lugar. Sue se inclina hacia ella:
—Karen, ¿tienes alguna duda acerca de mi deseo de ayudarte con lo que sea, y hacerlo de manera de procurar siempre protegerte lo mejor que pueda?
—Supongo que no —dice Karen en tono bajo.
—Entonces, voy a pedirte que me compartas tu historia. Prometo que no hablaré de eso con nadie, excepto si creo que necesitamos más ayuda. Si ese fuera el caso, te diré lo que estoy

haciendo y por qué creo que esa persona podrá ayudarnos. Solo debo asegurarme que estás a salvo. ¿Estás de acuerdo?

Hay un largo silencio mientras Karen lo considera. Finalmente, murmura:

—Ya es lo suficientemente difícil tomar valor para decírtelo.

—Dime qué te hizo decidir contarme tu historia —dice Sue. Y la conversación empieza a encaminarse gentilmente guiada por Sue para cumplir lo que Karen tanto necesita y quiere:

- Quitarse la carga de encima.
- Encontrar ayuda para liberarse del enredo de abuso con su padrastro.
- Darle a su madre la ayuda que necesita para superar el trauma de la mala manera de actuar de su esposo.
- Conseguirle a su padrastro la ayuda que necesita para empezar a cambiar las cosas.

No será fácil, sospecha Sue, y será más de lo que ella y Karen pueden manejar por sí mismas. Viendo hacia atrás, ambas entienden por qué Sue debe frustrar el deseo inicial de Karen de confidencialidad, con tal de que el proceso de sanidad empiece.

RVP: *En ocasiones, algún joven me pregunta por qué no prometía no decir un secreto a nadie. Mi respuesta es simple y directa: «Porque puede que no sea para tu mejor beneficio, y hay ciertas situaciones en las cuales estaría rompiendo la ley al mantener esa promesa».*

JH: No puedo recordar haber sido desafiado en ese sentido. Hago voluntaria la información; digo: «Mira, no puedo mantener un secreto si realmente creo que estás en peligro. Eso no es justo para ti ni para mí. Si llegas a salir herido, y no hice nada para impedirlo, deberé vivir con eso». Hasta el momento, eso es suficiente para «romper el hielo». Y me da la oportunidad de calcular cuán serio piensa el joven que es su problema. La mayoría me trata de asegurar que no harán algo estúpido. Cuando llega ese punto, digo: «Entonces, cuéntame la historia y te prometo que haré todo lo que está en mi poder para ayudarte, o te apoyaré para que consigamos a alguien que pueda ayudarte». Limitaremos el número de personas que saben sobre esto a solamente aquellas que puedan ayudar. Esperemos que sea solo yo. ¿Suena justo?».

Asegurar que entendemos cuán difícil es decir algunas cosas y la promesa de que no trataremos sus experiencias a la ligera es lo que la mayoría de adolescentes necesitará para soltarse en las aguas de la confianza.

RELACIONES DE CONFIANZA MUTUA

Entendido lo anterior, es sabio tener una relación de confianza mutua con alguien que puede ayudarte cuando eres tú quien necesita una evaluación, cuando te sientes atrapado o necesitas ayuda para una referencia. La mayoría de terapeutas con licencia tienen un colega (a menudo con más experiencia y entrenamiento avanzado) al que regularmente visitan para consultas y supervisión profesional. Manteniendo anónimas las identidades de las personas involucradas, ellos revisan casos específicos y hablan acerca de cómo debieran proceder.

Algunas iglesias tienen terapeutas contratados que revisan los casos difíciles con líderes juveniles. Iglesias y grupos paraeclesiásticos a veces contratan terapeutas locales para servicios de consulta. El acceso a algún nivel de respaldo profesional es el mejor interés de la comunidad de la iglesia, siempre y cuando la información se mantenga de manera confidencial.

El derecho de un padre de saber qué está sucediendo en la vida de un menor requiere consideración delicada en situaciones de crisis (pensamientos o conductas suicidas u homicidas, crisis de embarazo, abuso de sustancias, etc.). Esto es especialmente complicado cuando un joven no reconoce la necesidad de involucrar a sus padres en la solución, o se rehúsa fuertemente a cooperar si están involucrados. Hay ocasiones en las que actuar en la búsqueda del mejor interés del menor representa frustrar su deseo a corto plazo de ocultar ciertas cosas de sus padres. Estas ocasiones son pocas, y no muy a menudo, pero debes estar preparado para las mismas.

Los jóvenes, generalmente, temen herir a sus padres y quieren su apoyo. Cuando este no es el caso, hay una señal de un problema más profundo (o al menos otro problema).

JH: Tengo una historia afortunada de estar en el lugar correcto en el momento correcto para ayudar a los jóvenes a revelar crisis escondidas en sus familias. La mayoría de veces, eso significa estar con alguien cuando le da una mala noticia a sus padres. Ocasionalmente, significa contar la historia en su nombre. Las situaciones en las que tuve que decir algún secreto para proteger la seguridad de un adolescente fueron pocas, extraordinarias y muy esporádicas.

Darle a los jóvenes una oportunidad de contar su propia historia nace de la convicción de que nuestro trabajo implica también ayudarles a recuperar una medida apropiada del control. Si tomamos el control de sus historias, contribuimos a mantenerlos fuera de balance.

También existen beneficios para los padres. Estar presentes cuando un joven revela su dilema al padre le da la seguridad a este último de que la historia fue filtrada a través de perspectivas de alguien más que se preocupa por el joven. Provee un filtro emocional para mantener a todos enfocados en resolver el problema, y reasegura tanto al padre como al hijo de que no están solos en el camino a resolver la crisis.

La mayoría de líderes juveniles preferirían nunca violar los deseos de los jóvenes al revelar un secreto tóxico. De hecho, en el caso más extraño, cuando debes pasar sobre la idea del joven, él tal vez prefiera alejarse de ti; es decir, es posible que ya no te quiera (o confíe en ti). Ya que tu primera obligación en una crisis es preservar la vida, esta es una decisión lamentable, pero que vale la pena. Puedes trabajar en restaurar la relación con el tiempo.

Una vez que determinas que involucrar a los padres o tutores es buscar el mejor interés del joven, es correcto informar al muchacho de tu decisión (excepto en circunstancias extraordinarias en las que esto pueda agravar el problema y poner al joven en un riesgo mayor). Esta es la última oportunidad de impulsarle a ser parte integral del proceso. «Si lo hago, estaré tomando el control de tu historia, y no es eso lo que quiero. Si *tú* lo haces, estarás tomando el control de tu historia, lo cual es lo que creo que quieres también. Déjame ayudarte y estar allí contigo para presentar el caso con tus padres».

Al informarle al joven de tus intenciones, estás comunicando varios mensajes importantes:

- Te respeto y no haré nada a tus espaldas. No seré parte de una conspiración para tomar el control de tu vida.
- No tengo nada que esconder. Quiero que me escuches decir lo que creo que tus padres necesitan saber, y darte la oportunidad de agregar lo que quieras decir.
- Te quiero lo suficiente como para arriesgar nuestra amistad,

la cual valoro muchísimo, con tal de protegerte de un daño mayor.

Existen muy pocos aspectos del ministerio juvenil, si es que hay alguno, que requieren una sensibilidad mayor. La amistad es un balance frágil, la parte vital de la adolescencia. Hacer lo que la amistad *requiere* no siempre será comprendido o apreciado por los adolescentes, o sus padres, en todo caso. Pero si la vida de un joven es restaurada, o una familia es restaurada en el proceso, el precio que hayas pagado valdrá la pena.

LA LEY RESPECTO A LA CONFIDENCIALIDAD

Si eres un miembro ordenado del clero, o si tienes una licencia profesional como consejero, existen leyes en casi todos los estados que protegen tus derechos y monitorean tus responsabilidades como consejero pastoral o terapeuta. Esas leyes también protegen los derechos de aquellos que buscan tu consejo. Es tu responsabilidad saber la ley, las excepciones de esa ley, y vivir según la misma. Generalmente, las excepciones que requieren y permiten una revelación incluyen:

- El deber de prevenir a otros de peligro real e inminente de daño físico.
- El deber de reportar abuso infantil a las autoridades correspondientes.
- Discusión dentro del contexto de la supervisión formal por un profesional en salud mental.
- Consentimiento voluntario e informado de revelación del caso por parte del cliente.[7]

Si no eres un clérigo ordenado o consejero con licencia, puede que no estés cubierto por las leyes estatales de confidencialidad. Esto significa que es posible que seas requerido por una corte para divulgar información que se te compartió de manera confidencial. No es algo común, pero puede suceder.

El otro lado de la moneda es que consejeros, maestros, profesionales médicos y la policía han sido históricamente *reporteros mandatarios* con respecto a sospechas o conocimiento de abuso infantil o de cualquier tipo (físico, sexual o emocional). Las leyes respecto a las personas asignadas para reportar ahora incluyen a los pastores, líderes juveniles y proveedores de cuidado infantil en casi todos los estados.

Creemos que debieras asumir que estás requerido por la ley para reportar evidencias de abuso. (Cómo proceder con respecto a ese reporte, vea el capítulo treinta y siete). Esta es otra área en la cual es *tu* responsabilidad estar enterado de la ley de tu estado y regirte a la misma. La defensa de «no sabía que era mi obligación» no te sostendrá en la corte. Si eres un reportero mandatario y fallas en cumplir, te pones ti, a tu ministerio y al liderazgo en riesgo.

DOCUMENTACIÓN

Una demanda a un clérigo por mala práctica, en 1980, se llevó a cabo en la Corte Suprema de California, pero fue desechada porque el equipo pastoral pudo demostrar que habían actuado responsablemente al cuidar a un miembro de su congregación que buscó su ayuda, pero finalmente decidió suicidarse. Tan pronto como el equipo reconoció la gravedad de la condición emocional del joven, le refirieron a consejería profesional. Ya que documentaron cuidadosamente los pasos dados para conseguirle ayuda profesional, su defensa fue fuerte.

Muchas de las ocasiones para ayudar en el ministerio juvenil ocurren en el camino. Jóvenes que son reservados para concertar una cita para hablar acerca de sus luchas, puede que simplemente se acerquen a ti luego de la reunión de jóvenes y empiecen a hablar al respecto. Ocasionalmente, las personas que piden tu ayuda serán desconocidas para ti. Ya sea que conozcas a las personas antes de su acercamiento para tu ayuda, o que su interacción sea formal o informal, es una buena idea hacer y discretamente guardar notas acerca de la fecha en que la conversación tuvo lugar, qué fue lo que se reveló, y las recomendaciones que diste. Este tipo de documentación puede ser útil si eres requerido para dar testimonio en una corte judicial. Un formulario simple sobre una entrevista se presenta en el capítulo cuarenta y tres.

Vale la pena subrayar que la documentación de naturaleza confidencial debe ser guardada bajo llave. Si mantienes registros en una computadora, protégelos con una contraseña. Cuando te vayas de una iglesia o ministerio paraeclesiástico, llévate los registros. Tal como documentar tus interacciones puede ser vital cuando seas llamado a declarar sobre tu involucramiento, fallar en proteger documentos confidenciales puede también involucrarte en «aguas turbulentas».

Parte IV

Capítulo diez
ALIANZAS **PREVENTIVAS**

Aparte de llevarlos a conocer al Dios de misericordia, no hay mucho que puedas hacer para preparar a los jóvenes para el impacto con un asteroide. Solo es una de esas cosas. En cierto grado menor, esto también es cierto para huracanes, tornados, terremotos, incendios e inundaciones. Agrega las enfermedades catastróficas a esta misma lista. Y divorcio, accidentes aéreos y descarrilamientos de trenes. Y asesinos en serie, carros bomba y secuestros.

Estas son las cosas que salen de la nada para interrumpir la vida tal como la conocemos. Aun uno de los *consoladores* de Job —haciendo una pausa en medio de los golpes que recibió Job con las malas noticias que las cosas malas le ocurren principalmente a la gente mala— tuvo que admitir que, tan cierto como que las chispas vuelan, el hombre nace para sufrir.[1] O como dijo el personaje de Hemingway en *A Farewell to Arms* [Adiós a las armas]: «El mundo quebranta a todos».[2]

A veces las rocas caen desde el cielo, y no hay nada que un joven o un líder juvenil puedan hacer al respecto, excepto agradecer a Dios que ella este viva cuando la nube de polvo desaparezca. Y luego tratar de averiguar qué hacer en seguida.

En otros casos, las medidas preventivas están en orden. Los líderes juveniles tienen una posición única para prevenir todo tipo de dolor. Esto no es para decir que el líder juvenil pueda anticiparte a cada desastre, puede hacer mucho si sabe cómo. Y el *cómo de la prevención* es muy parecido al *cómo de la intervención*: es relacional, y brota de las relaciones con los jóvenes, padres, escuelas, y en ocasiones con las fuerzas de seguridad.

LA PREVENCIÓN ES RELACIONAL

Arthur C. Clarke es un personaje singular: científico, novelista, inventor. Clarke escribió *2001: una odisea espacial*; él también escribió la teoría básica sobre la que se construye la tecnología de comunicación satelital. Él debió ser uno de los científicos más frustrados en el planeta a finales de 2004.

Clarke, un residente de Sri Lanka desde 1956, trabajaba en el proyecto Warn con la Japan US Science Technology and Space Applications Program.[3] El proyecto estaba programado para evaluar un sistema de prevención de tsunami para la región de Asia (como los sistemas que ya están instalados en otros lugares). Él trabajaba en el sistema de alerta, porque sabía de la vulnerabilidad de las poblaciones de la costa a lo largo del océano Índico desde Tailandia hasta África del este. Estaba trabajando en eso, pero no había sido completado cuando un terremoto de nueve puntos interrumpió las aguas de la costa noroeste de Sumatra, generando dos olas gigantescas de un patrón de trescientos sesenta grados y mataron a más de doscientas mil personas, desde Indonesia hasta Somalia.

Clarke sabía mejor que cualquiera que los satélites tenían limitaciones para detectar los tsunamis, porque las olas surgen y no crecen (no existe un cambio obvio en la superficie para señalar lo que está sucediendo). En este caso, el nivel del agua subió y se movió a la velocidad de un avión comercial sin generar nada que ver hasta que fue demasiado tarde para responder. El proyecto Warn incluye datos basados en aproximaciones, porque eso es lo que se necesita para detectar un tsunami. *Aproximaciones* en forma de una red de sensores espaciados a lo largo de una vasta expansión de agua para medir los cambios en los patrones.

El sistema estaba programado para una simulación de prueba en 2005.

En el ministerio juvenil las relaciones son las aproximaciones. No podemos prevenir una crisis en la vida de un joven si nadie está lo suficientemente cerca para percibir algún cambio. La prevención efectiva de crisis involucra a una red de amigos y de adultos consejeros que se cuidan mutuamente y se conocen lo suficientemente bien para percibir cuándo algo anda mal.

¿Qué tipo de crisis puede una red prevenir de esa forma?

- **Adicción:** al observar y responder a los patrones de automedicación, impulsividad, coercitividad, sugestibilidad, y habilidades de rechazo pobremente desarrolladas.

- **Intimidación:** al crear ambientes seguros donde nadie puede acosar o degradar a otro.
- **Codependencia:** al observar y abordar ataduras a relaciones no saludables, intentos de agradar a otros, e intentos de rescatar a otros.
- **Cortaduras y automutilación:** al observar y responder a la ira, frustración, ansiedad, victimización, y esfuerzos por cubrir o mostrar heridas y cicatrices.
- **Desórdenes alimenticios:** al observar y responder a una apariencia corporal no saludable y actitudes no sanas hacia los alimentos.
- **Escape o huida:** al observar y responder a patrones de conflicto familiar, frustración y ansiedad.
- **Explotación sexual:** al observar y responder a evidencia de baja autoestima, desórdenes alimenticios, o ataduras a relaciones con personas mucho mayores o menores, como si fueran de la misma edad.
- **Suicidio:** al percibir y responder a depresión, desilusión, ira, o falta de esperanza.
- **Ausentismo:** al percibir y responder a patrones de aprendizaje pobremente desarrollados o en declinación, dificultades de percepción, y una notoria falta de motivación.
- **Violencia:** al observar y responder a señales de victimización, frustración, ira, vandalismo, crueldad hacia animales, y abuso de sí mismo.

LA PREVENCIÓN BROTA DE LAS RELACIONES

En la mayoría de casos, la red de relaciones que hace que la prevención funcione es natural y obvia para el observador casual. Es una red de la familia, amigos y adultos interesados que están lo suficientemente cerca para darse cuenta cuándo algo anda mal.

A veces esto no es suficiente. En ocasiones lo que se requiere es una red de relaciones que incluya a otros jóvenes, amigos, compañeros, padres, maestros y autoridades de la escuela y, ocasionalmente, fuerzas de seguridad, médicos y servicios sociales. Mantén en mente que:

- Los jóvenes involucrados en apoyo y mediación de sus compañeros hacen un gran bien mutuo.
- Los amigos son generalmente los primeros en percibir las señales de lucha.

- Los compañeros de la misma edad ven en ocasiones lo que los padres no ven.
- Los padres (si son funcionales) son los principales en apostar e invertir en el bienestar de un joven.
- El contacto casi diario de los maestros con los jóvenes permite que ellos registren el flujo de la interacción social y del bienestar emocional.
- Los directores de las escuelas pueden traer enfoque y urgencia a un problema emergente si otros son lentos en actuar.
- Los médicos pueden ser capaces de diagnosticar y tratar desórdenes físicos antes de que lleguen a proporciones críticas.
- Las autoridades locales preferirían prevenir la actividad criminal de las personas en lugar de arrestarlas luego de los actos.
- En circunstancias extremas, los servicios de protección de menores pueden actuar para sacar a un niño o joven del peligro.

Capítulo once
GRUPOS JUVENILES

Nadie está más cerca de otros jóvenes que los mismos jóvenes. Es por eso que el evangelismo entre amigos es mejor que el que se hace por un externo; es un asunto de proximidad. Es también por eso que movilizar a los jóvenes para crear una comunidad preventiva tiene mucho más sentido.

Los jóvenes abordan a sus compañeros aun más que los maestros, y en una profundidad potencialmente mayor y a lo largo de una más amplia variedad de problemas de la vida que cualquier otro adulto. Decimos *potencialmente mayor* porque es posible mantener las cosas al nivel de los juegos de video y de los chismes de la cultura pop. Muchos jóvenes hacen solamente eso, que es justamente lo que el ministerio juvenil efectivo trata de superar.

La edad en la que *el entretenimiento* era la herramienta primaria para el ministerio juvenil, ya quedó atrás. *El compromiso* es el rey pero, ¿compromiso en qué? Nuestra respuesta es: compromiso en la *integridad* (incluyendo un poco de diversión, ya que lo mencionas).

Para ponerlo en términos más o menos bíblicos; los líderes juveniles están a cargo de hacer *discípulos*, y hacer discípulos es algo en comunidad por naturaleza. Este no es el lugar para hablar acerca de cómo hacer discípulos integralmente; traemos el tema a colación solo para contextualizar la prioridad de comprometer a los jóvenes en una comunidad; porque la comunidad es donde la prevención de crisis sucede. No creemos que la prevención más efectiva entre amigos ocurra entre dos jóvenes. Creemos que pasan en comunidades de ministerios juveniles saludables.

Así que, sin llegar a sugerir que la prevención es el objetivo de la comunidad (ya que ciertamente no lo es), aquí presentamos cuatro maneras en que ministerios juveniles saludables pueden lograr la prevención de crisis.

AMBIENTES ABIERTOS

Puedes decir que un grupo de jóvenes es abierto cuando cada uno es diferente. Eso no es fácil. Los grupos de jóvenes tienden a parecerse mucho a los vecindarios donde ellos viven, y la mayoría de los vecindarios no son multiculturales. Eso tomará tanto tiempo como sea necesario. Mientras tanto, vale la pena recordar que solamente porque cada uno de los que conocemos desciende de abuelos que vienen la misma parte de África o Asia o Europa o América Central, no significa que todos sean iguales. Aquí esta la propuesta: si no estás cerca —realmente cerca— de alguien que está en fuerte desacuerdo con tus políticas, que detesta tu música, y que no puede apreciar tu gusto por la ficción, algo anda mal. No estamos bromeando; está en la Biblia.[1] Y hay algo malo con cualquier grupo de jóvenes que no es lo suficientemente abierto para invitar a personas de una amplia gama de gustos y perspectivas de la vida. Esto también está en la Biblia.

JH: Cuando nuestra hija Kate estaba en su segundo año de la secundaria, la llevamos a un grupo de jóvenes que definitivamente no era muy fraternal. En aquel entonces, Kate lucía la moda punk: ropa negra, botas negras y pelo muy negro. Cuando llegaba a la iglesia, los demás jóvenes parecían ser lo suficientemente amables, pero mantenían su distancia en la escuela. No importaba que Kate amara a Jesús; nadie sabía eso porque, para ellos, ella parecía como alguien que no lo amaba.

Los únicos jóvenes que se le acercaban en la escuela eran aquellos que pensaban que ella se veía como alguien que iría a una fiesta con ellos. Esto nos desanimaba. No fue hasta el proyecto misionero de Semana Santa que los adultos se vieron obligados a pasar suficiente tiempo con Kate para averiguar el tesoro que ella realmente era. Si ella hubiese decidido no construir relaciones con otros cristianos, el marcador final hubiera sido: Fiesteros: uno, Grupo de Jóvenes: cero.

Observa alrededor de tu grupo de jóvenes. Deberías ver a alguien que parece ser un genio acercarse a alguien que tal vez es torpe. Deberías ver al que le gusta la música pesada sentado junto a alguien que es más tranquilo. Deberías ver a alguien que duda más de lo que realmente cree darle un abrazo a alguien cuya fe es más grande que la tuya. Deberían estar allí el rockero, la fresa, el amante de ópera, el chistoso, el serio que se lleva bastante bien con todos a menos que la conversación sea sobre música. Si tú eres el líder y no ves esto cuando observas tu grupo de jóvenes, es tu responsabilidad trabajar en eso. Si no eres el líder, es tu responsabilidad trabajar al respecto; solo que tendrás que hacerlo de una manera diferente.

RVP: No hace mucho realicé un día de entrenamiento para los jóvenes en una iglesia que francamente me desconcertó. No creo haber estado alguna vez en un lugar que fuera más cariñoso, más entusiasta, más atento, o más diverso (por mucho) en cada medida de diversidad tanto para jóvenes como para adultos.

Cuando tuve la oportunidad de preguntarle al líder del ministerio juvenil qué era lo que estaba sucediendo, él solamente sonrió: «No eres el primero en darse cuenta. La única respuesta que puedo darte está en la oración que nuestro pastor ora todos los días: "Jesús, envíanos a la gente que ninguna otra iglesia de la ciudad desea"».

Admito que nunca había escuchado a alguien orar así, porque eso es precisamente lo que la mayoría de nosotros no quiere.

«Sí —dijo él—, y tenemos nuestra dosis de locura por aquí. Pero estoy convencido que es la razón por la que tenemos esta comunidad tan asombrosa».

Me pregunto qué ocurriría en nuestros ministerios juveniles y en nuestras iglesias si fuéramos así de fraternales. Y me pregunto si alguna vez lo averiguaremos.

AMBIENTES SEGUROS

Es nuestro trabajo ver que nadie sea lastimado por otro en nuestro grupo de manera física, emocional, intelectual, social o espiritual. Las comunidades saludables crean el tipo de seguridad que atrae a la gente una y otra vez, porque, realmente, ¿a dónde más podrían ir para obtener este tipo de amor y aceptación incondicional?

Crear un espacio seguro comienza cuando rompes el código de

silencio. Este código gira alrededor de la pretensión de que todo está bien cuando todo, de hecho, no lo está. Algunos días son maravillosos. Algunos días son mejores que otros. El resto es horrible. Todos saben esto. Cuando la norma social en un grupo es fingir que nadie tiene fracasos recientes y nadie está enfrentando cosas que no pueden manejar, simplemente no puede ser esto un espacio seguro. Se requiere un espacio así para crear un grupo seguro, y eso es lo que se requiere para ayudar a las personas con problemas pequeños en lugar de congelar sus vidas hasta que todo se derrumba.

Nadie puede desear un grupo hacia la seguridad. La seguridad es engendrada poco a poco por medio de la narración de historias. Tu grupo es seguro cuando *cualquier* historia puede ser contada sin miedo de retaliación, y quizás aun más importante, con la esperanza de obtener ayuda si eso es lo que se requiere para un final feliz. Esto no significa que se debe ir por todo el salón y poner a todos en evidencia cada vez que se reúnen (cosa que es de hecho una buena estrategia para *vaciar* el salón). Significa comunicar que la historia de cada uno es bienvenida. Esto incluye escuchar con compasión, sin emitir juicio, y mantener apropiadamente la confidencialidad. (Para más acerca de la confidencialidad, ver el capítulo nueve).

Por mucho, los jóvenes saben cuándo las cosas están de cabeza, porque sufren todo: desde déficit de atención, pérdida de peso, hasta relaciones que se derrumban. Algunos jóvenes tratan de adormecer el dolor con más de lo que está causando el dolor, como los adictos al cigarrillo que tienen que salir para fumar porque sus pulmones los están matando. No toma mucho tiempo darse cuenta que eso no está funcionando. Lo que se requiere es un lugar seguro para apretar esa realidad y decidir qué hacer al respecto. El juicio de parte del grupo de jóvenes no hará que eso sea más rápido. Pero las preguntas honestas que invitan sí lo harán: «Esta conducta, ¿realmente funcionará para ti? Porque pareces estar muy mal (o desesperado, fuera de control, asustado, o lo que se adapte)».

Así que escúchanos cuando decimos que la seguridad no es acerca de tener una actitud de «todo está bien». Es solamente que entre menos juzgues, más se van a franquear los jóvenes, lo que llevará a un grupo de jóvenes saludable a pedir —y a obtener— más respuestas honestas a preguntas más serias de lo que podrías obtener de otra manera.

Enséñale a tu grupo las prácticas para escuchar profundamente del capítulo seis. Cuando tu grupo aprende a hacer buenas preguntas y a escuchar bien, cuando aprende a refrenar el juzgar sin eliminar la sabiduría, y cuando aprende a mantener la confidencialidad apropiadamente, el resultado es la confianza, y de esta crece la seguridad.

Los lugares seguros abren espacio para el silencio. Si haces una pregunta y nadie responde, puede querer decir que todos están confundidos. O dormidos. O que se fueron. O el silencio puede significar que todos están pensando. Si no puedes averiguar cuál de estos es, pregunta (una de las señales de un lugar que se está convirtiendo en seguro es que alguien te dará una respuesta directa).

Los lugares seguros hacen espacio para lo inesperado.

JH: Estaba tratando de cubrir mi material con un grupo de líderes jóvenes la noche que aprendí que esto es bueno. Se trataba de un grupo muy motivado, excepto esa noche, cuando estaban volviéndose locos. Sé que estaba molesto, porque me volví sarcástico con ellos. Nada. Estuvieron en calma por dos minutos, y luego se dispararon de nuevo. Finalmente, cerré mi Biblia y pregunté:

—¿Acaso hay algo más que deberíamos estar haciendo esta noche?

—No, nos portaremos bien, perdón —dijo alguien—. Solo es que ha sido un día extraño, eso es todo. Perdón.

Pregunté acerca de la rareza.

—Bueno, hubo un suicidio después de la escuela ayer, y otro anoche. Y hoy por la mañana otros dos jóvenes lo intentaron.

Entiendo. Tal vez sí había algo más que deberíamos estar haciendo.

Aprendí a hacer esta pregunta cuando los grupos, que generalmente son enfocados, enloquecen: «¿Hay algo más que deberíamos estar haciendo ahora?». Es una pregunta honesta. Generalmente la respuesta es no, el grupo se comporta, y todo es más sencillo de allí en adelante.

Y muy de vez en cuando me doy cuenta que debería estar haciendo algo aparte de lo que había planeado.

Toma el tiempo necesario para crear un grupo genuinamente seguro. Cuando lo haces, ellos se convierten en aliados en la prevención al cuidarse los unos a otros durante esas horas cuando no estás cerca.

CULTIVA LA EMPATÍA

Empatía significa identificar lo que otra persona siente. Es una característica estándar de los grupos saludables, porque cada uno sabe la verdad acerca de todos los demás. Y saber la verdad abre la puerta para entender que todos estamos en esto juntos.

Cuando nos acercamos lo suficiente los unos a otros, ocurre que nadie es mejor o peor o realmente diferente del resto. Esta es la lección más antigua del libro: «Todos han pecado y están privados de la gloria de Dios»[2]. «Por la desobediencia de uno solo muchos fueron constituidos pecadores»[3]. «No hay un solo justo, ni siquiera uno»[4]. Las únicas diferencias entre nosotros no se encuentran en los hechos de nuestro quebrantamiento y de nuestros errores sino en los *detalles*. Es la vieja broma del exageradamente talentoso comediante Louie Anderson, que dijo ver un retrato de un hombre que pesaba mil doscientas libras. «¡Mil doscientas libras! —exclamó Anderson con la boca abierta—. ¡Él sí tiene un problema de peso!».

El grupo empático dejó de distraer la atención de sus propias debilidades al apuntar con el dedo hacia las debilidades de los otros. El resultado es... en efecto, adivinaste: salud en constante crecimiento.

Probablemente no es una loca asunción adivinar que la mayoría de los jóvenes se pierde en el mapa emocional una vez que se mueven fuera de su zona de comodidad. Puesto que la empatía involucra identificarnos con las emociones de otra persona, es bueno tener un lenguaje en común. Utiliza el mapa emocional en el capítulo treinta y nueve para ayudar a tu grupo a construir su vocabulario empático.

Es valioso notar que todo el lenguaje en este capítulo es provisional. Eso es porque tu grupo siempre está cambiando, enviando a los jóvenes mayores a intentar todo lo que aprendieron al resto del mundo, e importando nuevas promociones de jóvenes que, muy probablemente, conocen muy poco acerca de lugares seguros y grupos saludables. Agrega a eso el hecho que seguramente los jóvenes con gusto traerán a sus amigos a un grupo saludable, y así estás viendo una labor que nunca está terminada. Así que, allí está la seguridad de tu empleo.

INTERVENCIÓN DE GRUPO Y CÓMO REFERIR

Puedes enseñarles a los jóvenes el arte de la intervención en crisis. En su mayoría, este tipo de intervención no será llamado *intervención*. Simplemente será llamado *amistad*.

Ayuda a los jóvenes a entender que llamar a alguien su amigo significa más que decir: «Me caes bien». La amistad es un compromiso de velar por los mejores intereses de la otra persona. Eso significa ayudarla a obtener lo que desea, a menos que lo que desee no sea lo que necesita. Significa hacerle difícil involucrarse en conductas autodestructivas. Significa hacer preguntas difíciles cuando ya es demasiado grande para sus rabietas.

Si un enemigo es alguien que te apuñala por la espalda, un amigo es alguien que te apuñala por el frente haciéndote una cirugía y pidiéndote cuentas para que obtengas la ayuda que necesitas para mantenerte creciendo. Ayuda a tus jóvenes a entender que un amigo hace esto no porque sea mejor que tú sino porque es tan cercanamente igual a ti. Enseña a tus jóvenes los principios de la *intervención* del capítulo veintiséis.

Luego puedes enseñarles cómo ir por ayuda para un amigo cuando ambos no saben qué hacer. Referir es difícil para los jóvenes por la misma razón que es difícil para los líderes juveniles: orgullo, temor, ambición... Ayuda a los jóvenes a soltarse al ayudarlos a entender que no es un fracaso el admitir que su amigo necesita más de lo que ellos pueden darle, así como no hay nada de heroico en quedárselo para ellos una vez que tienen razones para creer que su amigo está en un serio problema.

Vale la pena entregarle a tus jóvenes la confesión que te pedimos anteriormente que repitieras después de nosotros: *no se trata de mí; no se trata de mí; no se trata de mí.*

La metodología para referir a los jóvenes es muy parecida a la de los líderes juveniles, sin la red de crisis. Es por eso que ellos te tienen. Enséñales cómo enviar o traer a sus amigos a ti para el siguiente nivel de ayuda. Adicionalmente, ayúdales a identificar a las personas en la administración del centro educativo que es más accesible para intervenir si necesitan ayuda de inmediato.

Capítulo doce
PADRES

¿No es desagradable cuando la gente describe a todos los adolescentes con las mismas palabras cuando hacen generalizaciones injustas acerca de todos los jóvenes solamente por el mal comportamiento de algunos? Sí, bueno, solíamos hacer eso con los padres.

Era fácil. Teníamos poca experiencia y no estábamos seguros de nosotros; fácilmente amenazados y a menudo intimidados. Así que veíamos a los padres como despistados y posiblemente malévolos, actuábamos como si esas cosas fueran verdad hasta que se demostrara lo contrario. Eso estaba mal. No sabíamos que no sabíamos. O sabíamos y simplemente éramos arrogantes.

Ahora conocemos mejor.

PADRES COMO ALIADOS

La mayoría de los padres desean el bien (aquellos que no lo desean se encuentran en una clase especial reservada para los sicópatas y el diablo).

La mayoría de los padres hace lo mejor que pueden dadas las circunstancias. Esas circunstancias pueden incluir: preparación mediocre o deficiente como padres, estrés vocacional o financiero, falta de felicidad personal, debilidad, quebrantamiento, distracción, adicción, confusión, mala información, fatiga, ansiedad, falta de madurez, habilidades interpersonales deficientes, y poca profundidad espiritual; sin dejar de mencionar ingenuidad, arrogancia, temor y ambición que comparten en común con los jóvenes y los líderes juveniles y, bueno... nosotros.

Los padres son humanos, con todas las cualidades positivas y negativas conectadas a esa bendecida condición enloquecedora.

Algunos padres ven a sus hijos con desprecio, pero la mayoría no lo hace.

Algunos padres son implacablemente absorbidos por sí mismos, pero la mayoría no lo son.

Algunos padres no son razonables, pero la mayoría no lo son.

Esto significa que la mayoría de los padres puede ser un aliado en la prevención si solamente tienen la proximidad para prestar atención a sus hijos. Más allá de eso, muchos padres están buscando aliados que los ayuden en las tareas que les son exclusivas: preparar a sus hijos para ser hombres y mujeres.

Aquí hay nueve maneras de involucrar a los padres como aliados en la prevención:

EVALUACIÓN

Si crees que algo está fuera de balance en la vida de un joven, revisa con sus padres. No los alarmes, y no crees sospechas; solamente pregunta cómo está. Si ellos quieren saber por qué preguntas, diles que no estás seguro (a menos que sí *estés* seguro, en cuyo caso quizás estés teniendo la conversación equivocada). Diles que algo se siente ligeramente fuera de lo normal y que quieres saber si no era solo tu percepción.

Si ellos parecen estar angustiados por tu pregunta, recuérdales qué episodios cortos de depresión, ansiedad, ira, déficit de atención, fatiga, variación de peso, y pereza en general son bastante comunes en la adolescencia y no hay nada por que alarmarse. Invítalos a llamarte si ven algo que les preocupe.[1]

ADVERTENCIAS TEMPRANAS

Pregúntales a los padres qué es lo que los jóvenes y lo que otros padres están hablando en el vecindario. Tu entendimiento de la subcultura puede alertarte hacia algo que otro adulto no ve. Este concepto es prestado de la epidemiología en la que detectar algunos casos de salud puede ser una advertencia temprana de un problema público más grande.[2]

Por ejemplo, si tu pregunta casual te lleva a un número inesperado de referencias a peleas, embarazos, desórdenes alimenticios, huidas de casa, hospitalizaciones, accidentes de tránsito, o incendios, eso podría darte una pista de incrementos en actividad sexual, consumo de alcohol, ira, actividad pandillera, o la introducción de una nueva droga en tu comunidad. Como en la epidemiología, esos casos generalmente se convierten en coincidencias sin relación entre sí; pero de vez en cuando apuntan hacia algo significativo.

ASESORES

Pídeles a algunos padres que se unan a un grupo de asesores. No importa si es un comité oficial o un *grupo* que se reúne sin poderes oficiales. Tu voluntad para hacer preguntas y escuchar anotará puntos a lo largo de tu sistema. Los padres que se unen a tu bando serán un canal de información que necesitas conocer y un medio de comunicación con los otros padres. Mantente alerta contra aquellos que solo buscan influencia indebida, y ten cuidado con llenar el grupo con personas que no pueden ser confiadas como buenos asesores. Aparte de esto, comienza a reunirlos.

MIEMBROS DE LA RED

Existen padres en tu red que pueden presentarte a otras personas que necesitas conocer. Un padre podría llevarte a una reunión con los oficiales de la ciudad, personal educativo regional, o personal del hospital. De esa manera no tienes que comenzar desde cero para construir tu red de crisis. Permite que los padres te ayuden a llegar a donde necesitas ir en la comunidad. La misma sabiduría se aplica en las políticas de las grandes iglesias. Si necesitas el apoyo de los comités o de los líderes en otras partes de la complicada jerarquía congregacional, haz que los padres abran brecha para ti.

INTÉRPRETES

No puedes dejar pasar ningún detalle si estás haciendo una red de crisis, pero no dejes que los padres sepan algunas de las generalidades más amplias de lo que estás haciendo. Esto significa cultivar relaciones con los padres que tienen una idea de lo que enfrentas y de lo que estás haciendo al respecto. Existe una buena posibilidad de que seas el primer pastor juvenil en tu organización que toma en serio la prevención y la intervención. Eso puede traducirse a más tiempo en tu oficina con la puerta cerrada que los líderes de jóvenes que te precedieron, o puede significar más tiempo fuera de tu oficina para visitar a jóvenes en su centro educativo, en sus hogares con sus padres, o resolviendo problemas mientras los invitas a comer a un restaurante cercano o al parque. Es muy útil tener a padres que pueden comprobar el valor de estos patrones de conducta.

JH: *Una líder de la iglesia que crió a dos hijos perfectos no podía entender por qué yo pasaba tanto tiempo en la escuela con jóvenes con problemas. Ella me preguntaba: «¿No deberías pasar tanto tiempo aquí con nuestros jóvenes?». Mi defensa más contundente era que tres de mis últimas cinco intervenciones en el centro educativo fueron con los hijos de los líderes de nuestra iglesia. Luego, era muy agradable saber que había padres que sabían lo suficiente acerca de lo que estaba haciendo para respaldarme en el valor de mi relación con las escuelas, si tan solo pudiera estar allí cuando la hija de algún líder de la iglesia estaba en problemas.*

BENEFACTORES

El meollo del asunto: los padres pueden ayudar a fundamentar el trabajo de prevención e intervención en crisis. Entre más padres sepan acerca de la crisis, más ayuda podrán brindar para tratar de darte lo que necesitas para el trabajo.

DETECTORES DE ERRORES

Lanza tus ideas acerca de la prevención sobre padres que ven el mundo de manera relativamente diferente a como tú lo ves. Cuando digas: «Esto es lo que estoy planeando hacer. ¿Qué me hace falta?». Ellos te ayudarán a refinar, expandir, o reenfocar tu plan.

ABOGADOS

Los padres son los poseedores de las apuestas e inversiones en tus esfuerzos de prevención. Conviértelos en abogados al pedirles que te ayuden a llegar de donde estás a donde crees que necesitas estar.

MESONEROS

Llegará el tiempo cuando necesites arreglar hospedaje temporal para un joven que necesita un receso de su hogar, o un padre en la misma situación. Existen padres que pueden darte un sí a esto en tiempo real. En tu red de crisis, asegúrate de incluir unas cuantas familias que estén dispuestas y disponibles para hacer esto.

Las únicas cosas que pueden prevenirte de involucrar a ciertos padres como aliados en prevención son:

- Tu propio orgullo, temor, falta de visión, o inercia (algunas veces en forma de pereza).
- Malentendido mutuo.
- Políticas organizacionales.

Eres responsable de la primera categoría. Si no puedes vencer tu orgullo, temor, falta de visión, o inercia, consigue ayuda. Si no puedes llevarte a conseguir ayuda, consigue una para eso. Aquí hay unas ideas para vencer los malentendidos y la resistencia política.

- Forma ese grupo de asesores ahora. No tiene que ser algo muy elegante. Puede ser una breve reunión para tomar café. Haz el tiempo para eso ahora.
- Haz preguntas y escucha. Mantén una lista creciente de cosas que quisieras saber de parte de los padres, y pregúntales. Llena los silencios incómodos, y distrae las conversaciones irrelevantes con preguntas relevantes. Convierte tu lista en un cuestionario ocasional para grupos de adultos en tu comunidad. Aprende esta verdad: *la gente escucha a la gente que escucha.*
- Ofrece reportes periódicamente a los padres. Escoge un tema que sabes que los padres necesitan escuchar, luego amarra eso en un tema que sabes que los padres quieren escuchar. Ofrece estas reuniones dos veces al año o cada cuatro meses o cada vez que hay luna llena o cada quinto domingo (excluyendo los fines de semana de feriados por supuesto). No tienes que llevar toda la carga pesada de esto. Trae a un experto de vez en cuando —alguien con experiencia en un área específica de intervención en crisis— para una conferencia de veinte minutos y un tiempo de preguntas y respuestas de treinta minutos. Peligro: aclara de ante mano que este no es el tiempo para presentaciones de ventas, y ofrece distribuir tú mismo material promocional y tarjetas de presentación a los padres interesados.
- Ofrece que participen en escribir un boletín para padres, ya sea impreso o electrónico. Un buen ejemplo es el YS Student eMail Newsletter de Youth Specialties (Boletín juvenil electrónico de especialidades juveniles).[3] Cuando veas quién quiere participar, verás quienes están interesados en lo que

estás tratando de hacer (que es mucho más valioso que enviarlo a todos los padres en la lista de correo).
- Desarrolla una red de aprendizaje y apoyo entre amigos. Estamos desarrollando un proceso llamado Developing Capable Young People[4] *(Desarrollando jóvenes capaces).* Consigue entrenamiento para ti y para un par de padres. Este tipo de cosa es también una buena manera de alcanzar a los padres de la comunidad.
- Declárate disponible y capaz para la intervención. Si los padres no saben que estás disponible y capacitado, ¿por qué vendrían a ti para buscar ayuda? Cuenta tu historia de prevención e intervención directa y humildemente. Mejor aún, consigue a otros padres que hagan eso por ti.

Capítulo trece
CENTROS **EDUCATIVOS**

Si escuchamos a alguien más hablar mal acerca de un maestro, habrá problemas. Nadie tiene más contacto con los jóvenes que los maestros. Los directores de las los centros educativos y el personal administrativo están detrás de ellos. ¿Alguien piensa que están en esto por la paga? ¿O por la jornada de trabajo más corta? Seguro.

Existen expectativas, y mucho del sistema está deteriorado, pero la mayoría de los maestros que conocemos están dedicados a los jóvenes, y están sorprendidos y dolidos cuando su devoción es cuestionada. Lo mismo va para los directores y el personal administrativo, cuya mayoría son profesionales comprometidos. Eso los convierte en aliados naturales una vez que es claro que compartes su compromiso.

Uno de esos compromisos —justo después de la seguridad— es ver que nada aleje a los jóvenes de aprender. Esa es la verdadera motivación detrás de las instalaciones cerradas. Los directores no están tratando de mantener a los líderes juveniles fuera de las instalaciones; están tratando de mantener fuera a *cualquiera* que pueda ser una distracción a su meta principal de educar a los jóvenes. Si puedes demostrar que consistentemente y sin egocentrismos contribuirás a su misión, serás bienvenido porque llegarás a *ser* el aliado.

CÓMO FORMAR ALIANZAS DE PREVENCIÓN CON LOS CENTROS EDUCATIVOS

1. Entiende lo que Jesús quiso decir cuando dijo: El Hijo del hombre no vino para que le sirvan, sino para servir, y para dar su vida en rescate por muchos» (Mateo 20:28; Marcos 10:45). Toma esa actitud contigo cuando vayas a una escuela.

2. Conoce el lenguaje de la prevención e intervención en crisis según se relacione con los programas de prevención e intervención basados en la escuela. El capítulo cuarenta y dos es un glosario de términos que te ayudarán a seguir la conversación. Los programas de prevención basados en la escuela tienen mucha jerga como la gente religiosa, así que sé paciente y haz tu tarea, o lleva este libro en tu carro para que puedas buscar términos que no comprendiste bien mientras seas capaz de recordar las palabras y abreviaturas que escuchaste.

3. Alinéate con una organización basada en tu comunidad que se dedique a ayudar a los centros educativos. No comiences con algo nuevo, y no te afilies a una organización religiosa. Busca capítulos locales de Parents for Drug-Free Youth (Padres por una juventud sin drogas) o National Family Partnership (Alianza nacional de la familia) o Mothers Against Drunk Driving (Madres contra los conductores ebrios) o como se llame cualquier equivalente en tu comunidad. Estas organizaciones siempre están en necesidad de «sangre fresca».

- Asiste a un par de reuniones, y escucha bastante.
- Una vez que averigües quiénes son los más antiguos, programa una reunión para un almuerzo con uno o dos de ellos para que puedas preguntarles acerca de la historia de la organización en tu comunidad. (Existe una gran posibilidad de que hayan tenido altibajos en el camino).
- Toma un pequeño proyecto y entrega más resultados de lo esperado.
- Ofrece ser el anfitrión de la próxima reunión en tu cede, si es apropiado.
- Después de establecerte como un participante deseoso y pensativo, diles que te gustaría acompañar a un par de directores a visitar las escuelas para ver cómo se sienten con su programa de prevención y sus recursos.

4. Pregúntale a los muchachos qué directores de los centros educativos tienen reputación de cuidar a los jóvenes, y haz una cita

con esos individuos para poder presentarte y preguntarles, en nombre de tu organización en la comunidad (número tres arriba), qué desearían tener para prevención e intervención en su escuela. En la primera reunión:

- Escucha más de lo que hablas.
- Promete reportar tu conversación a la organización en la comunidad con la que estás alineado. Pregunta si hay algo de su conversación que el director desea que no incluyas en el reporte.
- Ofrece tus servicios, especialmente si la escuela tiene alguna preocupación acerca de un joven cuya familia es parte de tu congregación. (Esto es un poco más complejo si eres parte de una organización paraeclesiástica que no tiene una membresía reconocible de padres, así que escoge tus palabras cuidadosamente para asegurarte que no exista un malentendido). Esta es una oferta relativamente amplia, puesto que no vas a proveer un directorio de tus miembros (ni deberías); pero es interesante ver cómo los directores que son más amigables hacia los jóvenes toman esto en cuenta cuando están buscando apoyo de la comunidad.
- Pregúntales si puedes llamarlos si alguna vez tienes conocimiento de problemas que puedan afectar el rendimiento de los estudiantes en la escuela (nada confidencial): cosas como la crisis familiar que un joven pensaría no mencionar a sus maestros.
- Es por esto que Dios nos da tarjetas de presentación: dale una (pero no des información acerca de tu programa u organización. Si esa información es requerida, promete llevárselas, y hazlo en las próximas cuarenta y ocho horas).

5. No hagas un escándalo, pero cuando tengas a un joven en crisis, con su permiso o el de sus padres, hazle saber al director con quién te has comunicado que él o ella no estará rindiendo al cien por ciento por algunos días y dile por qué sabes esto. Pregúntale si sería tan amable de informarle a los maestros de este joven lo que está sucediendo. Dile que puede llamarte si las cosas se ponen muy difíciles para este estudiante. Luego, cuéntale cómo se resolvieron las cosas, y agradécele por ser parte de la solución.

6. Averigua qué hizo la escuela en el pasado para dar énfasis a la información sobre abuso de drogas y alcohol (te sorprenderás cómo en muchas escuelas sí hay programas de esta clase), y

ofrece ayudar con la próxima actividad. Luego, sorprende a todos con una excelente dinámica, atractiva para los jóvenes, que además haga que el director se vea bien.

7. Cuando sea el momento apropiado, ofrece apoyar cualquier esfuerzo gubernamental o hasta de otros movimientos religiosos. Si el énfasis es el correcto, no puede haber ningún tipo de conflicto y darás un buen testimonio del verdadero cristianismo.

8. Nunca abuses de la confianza. Regresa al paso número tres de arriba.

RVP: *Hace unos meses, dos suicidios, en una sucesión rápida, sacudieron a una de nuestras escuelas. Un amigo mutuo me preguntó si podría reunirme con el director para ver si le podía ayudar. Fui a la reunión con una carga de los mejores recursos que conocía, sin esperar nada a cambio. Solamente quería honrar la petición de nuestro amigo y servir al director tan bien como fuera posible. Después de presentarnos, hice preguntas específicas acerca de lo que ya habían hecho con el personal docente, el personal administrativo, y los estudiantes; él me preguntó cómo sabía acerca de esas cosas, así que le dije un poco acerca de mis jóvenes.*

Finalmente, el director preguntó: «¿Alguna vez impartió conferencias para estudiantes? ¿Estaría disponible para hablar a nuestros estudiantes en una asamblea general? Realmente creo que usted podría ayudarnos». Al reflexionar luego sobre la conversación, pensé: si pasáramos la mitad del tiempo que invertimos en soñar formas de cómo ser tomados en cuenta en construir relaciones y credibilidad por medio de servir a las personas, tendríamos más involucramiento en las escuelas de lo que realmente podríamos manejar.

Capítulo catorce
FUERZAS DE SEGURIDAD

Es probable que exista un oficial en tu departamento local de policía o un alguacil en la subestación que sea la persona encargada de los problemas juveniles; es posible que haya más de una persona. Esta persona mantiene el enlace con los servicios de protección a menores en tu área. También es posible que alguien en la administración de las escuelas locales sepa quién es esa persona y pueda presentártela. Con el tiempo, averigua:

- Qué piensan los oficiales de seguridad acerca de los programas de prevención e intervención basados en las escuelas de la comunidad.
- Acerca del nivel de cooperación entre el departamento y los directores de las escuelas. Menciona a los directores que conoces por nombre, pero no reveles lo que piensas de ellos hasta que sepas qué piensa el oficial de ellos.
- Acerca al celador, guardia o Comité de Revisión de Asistencia de Estudiantes o lo que esté en función para lidiar con el ausentismo y los problemas que esto implica.

SIRVE A LOS SERVIDORES PÚBLICOS

Aquí está lo que puedes hacer para servir a las fuerzas de seguridad:

- Ayuda a que tengan una presencia apropiada durante las actividades de prevención e información.
- Elimina el tipo de involucramiento que hace que los oficiales se vean mal.

COMITÉ DE REVISIÓN DE ASISTENCIA DE ESTUDIANTES

Si existe este tipo de oficina en tu área, pregunta si puedes observar una mañana de intervenciones. Luego considera ofrecer tus servicios como un representante de la comunidad.

JH: Si no tienes algo similar en tu comunidad, mantén los ojos abiertos; sospecho que es la ola del futuro (sin importar bajo qué nombre surja). El ausentismo, como precursor del abandono de los estudios, es un gran problema. El censo del año 2000 encontró que de aquellos jóvenes que abandonaban la escuela, solamente el cincuenta y dos por ciento obtenía un empleo, ganando un salario inferior en un treinta y cinco por ciento del promedio nacional de ingresos. Y luego está el crimen. Los jóvenes que supuestamente deben estar en la escuela, comenten un porcentaje extraordinario de los crímenes juveniles.[1]

Todo esto llevó a los Departamentos de Justicia y de Educación de los Estados Unidos a sentarse a la mesa y buscar soluciones. Un par de citas del diálogo sugieren que alguien puede agradecer muy pronto tu involucramiento:

«El sistema educativo no puede únicamente hacerlo; nuestro desafío colectivo debe ser abordar la prevención del ausentismo de manera agresiva. Debemos invertir en estrategias que enlisten a las escuelas, las familias y los líderes de la comunidad y facultarlos para tomar el control».
—Deborah J. Daniels, fiscal general asistente de los Programas de Justicia de la Oficina del Departamento de Justicia:

«Las familias necesitan trabajar con los grupos comunitarios y religiosos, escuelas, cortes y oficiales locales, estatales y federales para mantener a los estudiantes involucrados en la escuela y en asistir regularmente. Tengo la confianza que si hacemos un esfuerzo concertado para

> tratar esto como una prioridad nacional, podemos ser efectivos en combatir el ausentismo».
> —Deborah Price, subsecretaria diputada del Departamento de Oficina de Educación de Escuelas Seguras y Sin Drogas [2].

El compromiso generalmente toma medio día cada dos meses (más o menos), y no es nada divertido. Pero realiza un servicio para la comunidad y te pone en una posición de relación cooperativa con las mismas personas de las fuerzas de seguridad y la educación pública a las que quieres conocer y servir para el beneficio de la prevención y la intervención de los estudiantes y las familias a quienes sirves.

La relación de cooperación que desarrollas con las fuerzas de seguridad es un servicio para tu comunidad y una inversión contra las necesidades futuras. Honestamente, lo que puede lograr es hacerte sentir más cómodo a la hora de caminar por la puerta de la estación local. Agrega a eso saber a quién llamar para referencias y consejos cuando realmente lo necesitas, y vale la pena el tiempo y el esfuerzo.

Parte V
CUÁNDO Y CÓMO: CRISIS ESPECÍFICAS

Mantente en el ministerio juvenil el tiempo suficiente, y encontrarás crisis casi de todos los sabores. En muchos casos es una cuestión de cuándo y no tanto de tal vez.

Esta sección presenta problemas de trasfondo y planes básicos de acción para algunas de las crisis más comunes.

Capítulo quince
ACCIDENTES

La pregunta que carcome cuando ocurre un accidente con heridas o muertes es: *¿por qué?, ¿por qué tuvo esto que ocurrir?, ¿por qué fueron tan torpes?, ¿o descuidados?, ¿o con mala suerte?, ¿por qué permitiría Dios este tipo de cosa?* Los accidentes encienden dudas profundas. También generan culpabilidad.

Las preguntas más silenciosas pero igualmente difíciles son: *¿por qué no a mí?, ¿por qué decidí no ir con ellos?, ¿por qué sobreviví?, ¿por qué no salí lastimado?* Este es el inicio de la *culpabilidad del sobreviviente*.

Las respuestas con mucha palabrería, como *todo sucede por una razón*, son buenas para llenar el incómodo silencio, pero no más que eso. Los jóvenes requieren respuestas más directas, profundas y honestas. «No sé por qué ocurrió esto, fue un *accidente* —es mejor que decir— Supongo que le llegó su hora».

JH: Veinte años después de su muerte en un accidente aéreo, entrevisté a la mayoría de personas que eran cercanas al evangelista y músico Keith Green. Casi todos ellos tenían muy claro que era culpa de Keith. Él era el piloto. No hizo bien los cálculos. Sobrecargó el pequeño avión. Fue arrogante. Pero fue un accidente; no lo hizo a propósito. Después de dos décadas, nadie ha tratado de convencerme de que era parte del plan de Dios y nadie lo vio como una victoria para el maligno. Ciertamente, nadie se alegró con el accidente; pero todos reconocieron la misericordia de Dios en medio del dolor.

PLAN DE ACCIÓN: ABORDA EL DOLOR

Dios no desperdicia el dolor. Nosotros tampoco deberíamos hacerlo. No sobre expliques pero, cuando el tiempo es apropiado —con gentileza y respeto, y sin explotar a las personas para convertidos o poder personal—, involucra a los jóvenes en explorar y aprender por su cuenta.

- Ayuda a que las personas trabajen para salir de la culpabilidad al examinar la responsabilidad. Hacer cosas tontas no es del diablo; es simplemente estúpido. Pero eso no hace que el dolor desaparezca. Un accidente que ocurrió bajo la influencia del alcohol no fue realmente un accidente; fue un acto tonto (y posiblemente criminal) cometido por alguien que sabía mejor que eso. Lo que sabemos no es tan importante como la forma en la que decidimos comportarnos.
- Abre las realidades de la causa y efecto en la física de la vida. Muy pocos vehículos y aun menos conductores pueden manejar en una curva de cincuenta kilómetros por hora a una velocidad de cien. La fatiga hace que aumente la posibilidad de error en la toma de decisiones.
- Destruye el *mito de la invencibilidad* que muchos adolescentes creen vehementemente. Nadie es tan inteligente, fuerte, *bendecido*, o con suerte como para estar exento de accidentes.
- Gentilmente resiste al narcisista que quiere hacer que todo sea acerca de él *(me pregunto qué está tratando Dios de enseñarme por medio de esto)*. Afirma la sobria verdad que Dios hace que el sol se levante sobre buenos y malos, y manda la lluvia sobre justos e injustos.
- Brinda consuelo a los sobrevivientes con amabilidad y paciencia. Debes estar a su lado a través de la dura prueba de la recuperación. Asegúrales que está bien estar vivos todavía. Anímalos a vivir con propósito.
- Declara la misericordia de Dios. Ofrécete como mediador en las relaciones rotas por un accidente.

Capítulo dieciséis
IRA

Generalmente, detrás de la de la ira se encuentra el temor. Temor al fracaso, a perder el control, de ser victimizado, de verse mal, de estar equivocado, de ser ignorado, rechazado, menospreciado, o no respetado, de abandono, dolor o muerte.

El temor generalmente no mete a los jóvenes en problemas; pero la ira sí. Los jóvenes airados rompen, rasguñan y destruyen cosas. Lastiman personas, animales y a ellos mismos. Los jóvenes enojados discuten y son pendencieros; utilizan bates de béisbol, automóviles, y su propia fuerza como armas. Y algunas veces, airados, utilizan armas como tal. Todas estas conductas se extienden en una sucesión de crisis de lo relativamente pequeño hasta lo terminantemente letal.

PLAN DE ACCIÓN: ESTABLECE CONEXIONES

En la mayoría de crisis de ira —las que no involucran crímenes—, los líderes juveniles pueden intervenir (y quizás prevenir otras crisis) al ayudar al joven a conectar su conducta con la causa correspondiente. Esa conexión se logra casi siempre en una conversación cara a cara, haciendo preguntas y escuchando profundamente. Una persona que lidia con su temor y dirige su ira hacia una acción creativa puede moverse más allá de su sentido de impotencia y llegar a una experiencia de habilidad personal para generar cambio, no solamente evitar el castigo.

Lo mismo es cierto para el joven que cruza la línea hasta los problemas con las autoridades legales. En ese punto, el acceso se vuelve más difícil, y los intereses son más altos. Así que, paga el precio para ganar acceso. No cuentes con que el sistema de justicia juvenil ayudará al joven a resolver su enojo. Podría pasar, pero no cuentes con eso. Haz lo que puedas para pasar tiempo con la persona cuyo enojo lo metió en serios problemas (hazlo por correo si no tienes otra opción), y ayúdale con el mismo tipo de profundidad para escuchar que usarías bajo circunstancias menos severas.

Capítulo diecisiete
INTIMIDACIÓN

La intimidación y el dar novatadas tienen mucho que ver con la ira, pero también con el derecho; resulta ser que los que intimidan tienden a tener una opinión de sí relativamente alta.

La mejor información que tenemos identifica cinco involucrados en la intimidación: los peleones, las víctimas, los peleones/víctimas, los espectadores y los adultos que no prestan atención.

PELEONES

Entre 7% y 13% de los jóvenes de la secundaria intimidan y pelean con otros sin que nadie se los impida. En comparación a sus compañeros más tranquilos, los peleones:

- Tienen una opinión inflada de sí.
- Disfrutan de un estatus social alto.
- Experimentan ser evitados en un alto nivel por parte de sus compañeros.
- Desean ser el centro de atención.
- Tienen dificultad para recibir críticas.
- Tienen mayor tendencia a abusar del alcohol y otras drogas.
- Corren un mayor riesgo de ser victimizados (cerca de la mitad se convierte en víctima en algún punto).
- Tienen mayor tendencia a expresar desórdenes de conducta, trastorno por déficit de atención con hiperactividad, y otros problemas de salud mental.

- Tienen una mayor tendencia a portar un arma dentro y fuera de la escuela (43,1% frente a 52,2%).
- Tienen mayor tendencia a pelear frecuentemente y salir heridos en peleas (38,7% frente a 45.7 %).
- Tienen mayor probabilidad de manifestar una conducta antisocial y criminal en la edad adulta.

VICTIMAS

Cerca del 10% de los jóvenes de la secundaria son intimidados en la escuela, pero no pelean con otros. Comparado a las no víctimas, las víctimas de la intimidación:

- Corren mayor riesgo de problemas de salud física y mental: como dolor de estómago o de cabeza, y depresión.
- Se ausentan de la escuela con mayor frecuencia debido al temor.
- Experimentan mayores niveles de ansiedad en la edad adulta.
- Luchan con sentimientos de baja autoestima.
- Expresan altos niveles de depresión, ansiedad social, y soledad.
- Frecuentemente experimentan ser evitados por sus compañeros.
- Tienen un bajo estatus social.
- Tienen pocos amigos (es incierto que tiendan a ser víctimas, porque tienen pocos amigos o que tengan pocos amigos porque son víctimas).
- Sienten que el control de sus vidas está en las manos de otros.

PELEONES/VÍCTIMAS

Cerca del 6% de los jóvenes de la secundaria intimidan a otros *y al mismo tiempo* son molestados en la escuela. En comparación con sus compañeros de clase, los peleones/víctimas:

- Tienen niveles más altos de conducta y problemas en la escuela.
- Se involucran menos en la escuela.
- Reportan altos niveles de depresión y soledad.
- Muy frecuentemente experimentan ser evitados por parte de sus compañeros.

ESPECTADORES

Cerca de 75% de los jóvenes en la secundaria no intimidan ni son intimidados en la escuela. Cerca del 22% viven al margen de la intimidación sin ser sustancialmente atraídos a esta.

ADULTOS ATENTOS Y QUE NO PRESTAN ATENCIÓN

La intimidación requiere un motivo y una oportunidad. La intervención de los adultos reduce el rango de oportunidad. Adultos benevolentes, atentos, reducen la motivación de la intimidación, cosa que aparenta ser de otra manera autosostenible.

PLAN DE ACCIÓN: PRESTA ATENCIÓN

- Sé uno de los adultos benevolentes, atentos, que reduce la motivación de la intimidación al comprometer a los jóvenes en experiencias transformadoras. Mucho del trabajo de un líder juvenil es prevenir la intimidación, pero eso no es garantizado. Observa y escucha para averiguar quién podría ser un peleón. (Recuerda los porcentajes: si conoces a treinta jóvenes, probablemente conocerás a dos peleones).
- No permitas que la intimidación —de cualquier forma— pase sin ser desafiada en tu red de relaciones. Los líderes juveniles tienen la obligación de crear santuarios para el pobre, el débil, el ciego, el cojo y el enfermo, justamente el tipo de personas que son objetivo de los peleones. Se acerca la Navidad; no permitas que el niño Jesús llore porque permites que alguien (¡cualquiera!) lastime a aquellos que él vino a redimir.
- Presta especial atención a los adolescentes. La intimidación forma llagas en los primeros años de la secundaria.
- Observa y escucha para averiguar quién podría ser víctima de la intimidación, y compromete a estos jóvenes en relaciones que les brinden sanidad, incluyendo intervención necesaria de la escuela, los padres, y las fuerzas de seguridad. (Recuerda los porcentajes: si conoces a treinta jóvenes, fácilmente podrás conocer a dos víctimas).
- Moviliza a los espectadores. Los peleones disfrutan de altos niveles de estatus en la escuela sin tener que rendirle cuentas a nadie. Otros temen, odian y evitan a los peleones, pero por alguna razón no les arrebatan su poder social. A menos que puedan pensar en alguna razón por qué los opresores

adolescentes deban ser recompensados por su traición, moviliza al 20% o más de estudiantes espectadores que regularmente son testigos de la intimidación a que se pronuncien contra esa conducta como infantil, problemática e inesperada por parte de alguien a quien todos parecen considerar como «buena persona». Luego, consigue que el otro 50% o más los respalden en esto.

- Haz una encuesta anual poco común acerca de la intimidación como punto de partida para el aprendizaje del grupo y la toma de decisiones acerca de qué conductas serán toleradas por parte del grupo de amigos. Sé claro en cuanto a qué significa para ti la intimidación:
- Golpear, abofetear, patear, empujar, hacer tropezar, escupir o asaltar de otra manera a otra persona.
- Apodar; bromear de forma no agradable; insultos de tipo étnico, sexual, racial o corporal; amenazar, maldecir o atacar de cualquier otra manera verbal a una persona.
- Robo o daño intencional de la propiedad que pertenece a otra persona.
- Notas con insultos o amenazas, correos electrónicos, mensajes de texto, grafito, o cualquier otra forma de comunicación que intenta lastimar a otra persona.
- Difundir rumores, marginar, excluir, o intimidar de cualquier otra manera a otra persona social o psicológicamente.
- Comprometer a los jóvenes en desarrollar vocabulario emocional sofisticado para que puedan expresarse con vívida claridad y profundidad a lo largo de una amplia gama de experiencias humanas. Como punto de partida, revisa el mapa emocional del capítulo treinta y nueve.
- Moviliza a los adultos. Si el equipo atlético de tu comunidad desarrolló la cultura de intimidar, aborda eso con los jóvenes (en especial con los atletas), padres, maestros, directores y entrenadores. Ofrece tus servicios para desarrollar contenido para las reuniones del equipo, las sesiones en clase, las reuniones de padres, y las asambleas de la escuela acerca de cómo hacer de tu comunidad una zona libre de intimidación.
- Examínate. ¿Podría alguien argumentar convincentemente que usas tu posición como líder juvenil para intimidar a jóvenes, padres, amigos, otros líderes juveniles, o tu prójimo? De ser así, haz lo que sea necesario para compensar y hacer que eso cambie radicalmente.

Capítulo dieciocho
HACER TRAMPA

Algunos estudiantes hacen trampa porque están sobredesafiados; otros porque están subdesafiados, al menos inicialmente.

El estudiante sobredesafiado probablemente hace trampa para salvar su imagen o, paradójicamente, para complacer a sus padres que lo persuadieron de que las calificaciones son importantes, pero quizás no le dejaron saber que valoran aun más el aprendizaje. Así, cuando llega la presión, él podría hacer trampa para asegurar su posición en la clase y en su casa. Excepto, por supuesto, que no puede esperar sostener la ilusión de éxito académico indefinidamente. Cuando la decepción se desenreda, se encontrará atado de seguro.

El estudiante subdesafiado podría hacer trampa porque está aburrido o distraído. De hecho, podría ser no tanto subdesafiado como no comprometido en comparación a otras experiencias de aprendizaje que parecen encantarle. La probabilidad es que todo se derrumbará de igual manera como si estuviera perdiendo la materia por falta de capacidad.

Probablemente es un error asumir que cualquiera de ellos comenzó a hacer trampa porque eran perezosos (sin motivación). Tal vez, especialmente, el estudiante subdesafiado, y posiblemente desmotivado en el caso del sobredesafiado.

Lo importante a notar es que hay más de una razón para hacer trampa, y la crisis eventual será de naturaleza diferente.

PLAN DE ACCIÓN: ABORDA LAS RAÍCES DE LAS CAUSAS

El joven sobredesafiado necesitará ayuda adicional seguramente en forma de tutoría o de un compañero de estudio capaz. Averigua si tiene problemas en más de una materia. De ser así, explora la posibilidad de problemas más profundos o más extensos. ¿Cómo está su vista? ¿Procesa la información efectivamente o lucha con problemas visuales o auditivos? Esto requerirá de evaluación profesional, ya que los jóvenes con procesos de discapacidades de toda la vida —dislexia, por ejemplo— probablemente no tengan el lenguaje para comparar lo que ven y oyen con la capacidad que la mayoría de los demás disfruta. El estudiante sobredesafiado posiblemente pueda necesitar también la seguridad de que las luchas que enfrenta no son una falla en su carácter, aun si sus intentos para arreglarlo fueran poco honrosos.

El estudiante subdesafiado presenta un panorama distinto. Rinde por debajo del nivel, puede necesitar ser rastreado y que se le siga la pista. Esto es, por supuesto, el tipo de asunto que debe ser abordado por parte del personal de la escuela. Pero eso no significa que no puedas lanzar la pregunta. El también podría distraerse por problemas que no son aparentes a primera vista, aun para las personas que lo conocen. Averigua qué más está sucediendo: ¿está su familia atravesando cambios? ¿Está siendo molestado o intimidado en la escuela, en su trabajo, en su vecindario, en su casa, en su iglesia? ¿Tuvo alguna desilusión grande? ¿Está dolido por alguna pérdida significativa (significativa para él, no importa si el asunto parece significativo para otros)? ¿Se siente ansioso acerca de crecer en general o en salir de su casa particularmente? La mayoría de las veces las cosas como estas hacen sentido una vez que se colocan sobre la mesa.

Dos cosas más: primera, algunos jóvenes hacen trampa porque otros también.

JH: Un grupo de estudiantes inteligentes y de alto rendimiento una vez me contó que era realmente difícil obtener una calificación B mientras que otros estaban robando las A. Escuché casualmente a otros estudiantes admitir que hacían trampa en materias que nos les importaban. «No haría trampa en algo importante —decían ellos—, pero no voy a especializarme en geografía. Así que, ¿realmente importa?». Yo creo que importa mucho, pero no siempre están a mi favor.

Persuadir a un estudiante que su aprendizaje es más importante que las calificaciones podría tomar mucho trabajo, y este trabajo puede tener tanto que ver con persuadir a los padres también. Pero esa es una historia para otra ocasión.

Segunda, hacer trampa puede convertirse en un hábito. Para algunas personas existe una ansiedad para salirse con la suya al hacer trampa. Compáralo con la sensación que algunos tienen al robar prendas que podrían pagar, y tendrás una mejor idea. La solución a este tipo de emoción breve tiene mucho que ver con resolver problemas de compulsión y conducta adictiva.

Capítulo diecinueve
CORTARSE Y CONDUCTA **AUTOLESIVA**

¿Qué razón tendría una chica para cortarse, quemarse, rasguñarse, golpearse, morderse, pegarse, marcar o cicatrizar su cuerpo? ¿O arrancarse el pelo?

Bueno.... ella podría ser diagnosticada con un retraso mental, autismo, o desorden bipolar. Ella podría sufrir depresión, ansiedad, o trastorno de estrés postraumático. Lo más probable es que sea víctima de abuso o asalto sexual.

La conducta autolesiva es la destrucción o mutilación repetitiva pero no letal de la piel sin un intento consciente de suicidio. De hecho, una persona podría involucrarse en autoagresión para no llegar a matarse. Inflige en dolor físico para expresar dolor interior, para contextualizar y quizás controlar el temor, la ira, el vacío, el aislamiento y la pena. Los adolescentes victimizados que carecen de la capacidad de hablar acerca de su dolor pueden expresar su dolor y su agotada autoestima con conductas de autodestrucción. Los desórdenes alimenticios generalmente coexisten con la autolesión.

DAME UNA SEÑAL

- Muchas pulseras o brazaletes juntos en la muñeca o el tobillo.
- Hojas de afeitar, cuchillas, cuchillos, clips de papel abiertos, o vidrio roto oculto en su habitación o entre sus pertenencias.

- Piel pelada.
- Rasguños en la piel.
- Pérdida de partes de cabello.
- Muchos automutiladores escogen lugares escondidos que nadie pueda ver, lo que es una buena razón para no usar traje de baño o ir a ver a un médico.
- La mayoría de adolescentes continuarán con la conducta autolesiva hasta que los problemas más profundos sean resueltos. El medicamento puede aliviar los síntomas de ansiedad, estrés, o depresión, pero el principal tratamiento de la automutilación es sacar al descubierto y abordar la raíz de la causa del dolor.

PLAN DE ACCIÓN: APERTURA

- Reconoce que sabes acerca de cortarse y otras formas de conducta autolesiva y que no te escandalizarías si supieras que la gente trata de controlar su dolor de esa manera.
- No confundas la conducta autolesiva con perforaciones moderadas del cuerpo (piercings) o con tatuajes. Las perforaciones o los tatuajes excesivos merecen una revisión.
- Si sospechas que un adolescente sufre asalto, abuso sexual, o algún otro trauma considerable, no dudes en preguntar, gentil pero directamente, si alguna vez siente ganas de lastimarse a sí en momentos de alto estrés. Si recibes un sí o un no suave, pregunta directamente si hizo algo para lastimarse.
- Si no estás seguro, no sientas temor de preguntar si alguna vez fue asaltado, sexualmente abusado, o si tuvo alguna otra experiencia traumática, y conecta eso a las conductas autolesivas.
- Lo mismo si ves señales que puedan indicar autolesión: pregunta gentil y directamente si la lesión es lo que parece ser. Si no confías en la respuesta, presiona hasta tener una más clara.
- Revisa otros capítulos sobre violencia, intimidación, violación, incesto, abuso sexual, y trastorno de estrés postraumático para conocer más en cuanto a cómo procesar estas categorías de crisis. Si crees que la conducta autolesiva no es un sustituto de hacer mayor daño sino un preludio a suicidio, revisa el capítulo sobre suicidio.
- De cualquier manera, si sientes que esto es más difícil de lo

que puedes manejar, refiere al joven a un profesional capacitado, tan pronto como sea posible. (Véase capítulo ocho).
- Enséñale a los jóvenes que presentan conductas autolesivas a que expresen un rico vocabulario emocional. (Véase capítulo treinta y nueve).
- Anímalos a llevar un diario, a la poesía, al dibujo, la música, y a grabar video.
- Pídele a los jóvenes que te llamen antes de lastimarse a sí (eso significa un compromiso de veinticuatro horas por siete días durante una fase aguda de conducta autolesiva).
- Enseña tácticas abiertas, como:
- Buscar compañerismo en lugar de aislamiento.
- Meditar en la serenidad de la oración.
- Practicar técnicas de distracción, como pequeños períodos de ejercicio o respiración controlada.
- Presiona a los estudiantes para seguir trabajando en las causas escondidas hasta que sean solucionadas.
- Mantente alerta porque algunas personas regresan a la conducta de automutilación durante épocas de desequilibrio, así que regresa al principio de esta lista y asume que estás con ellos en esto a largo plazo.

Capítulo veinte
MUERTE

RVP: *Uno de mis mayores temores, como estudiante de seminario, era darme cuenta que, eventualmente, sería llamado para ayudar a las personas a enfrentarse con la muerte. La temida llamada llegó tarde una noche mientras el pastor general estaba de vacaciones. Una anciana de la iglesia fue diagnosticada a no pasar la noche con vida. Los miembros de la familia estaban en camino hacia el hospital y esperaban que pudiera reunirme con ellos allí. Llegué al hospital antes que la familia y justo momentos antes que la mujer muriera.*

Nunca olvidaré la experiencia. Tuve el increíble privilegio de orar por esta querida hermana mientras la veía deslizarse de esta vida a la presencia de aquel a quien ella había servido ya por tantos años. Sentí humildad por haber podido compartir ese momento. También sentí pánico al ser el que tendría que informar a la familia de su muerte.

Mientras las enfermeras preparaban el cuerpo para que la familia pudiera verla brevemente, me uní a la familia en la sala de visitas de cuidados intensivos. Sospecho que mi rostro contó la historia antes de que abriera mi boca. Mi voz tembló al decir: «La abuela se fue llena de paz; no tuvo dolor». Lloramos juntos, y luego invité a la familia para que fuéramos a la habitación de la abuela donde derramamos más lagrimas, algunas memorias, y una oración, dando gracias por su vida y la manera en que había tocado a todos los presentes. El éxtasis y la agonía del ministerio... el seminario no me preparó para esto.

Es posible que seas llamado para llevar la noticia que alguien amado o un amigo cercano falleció. Aquí hay algunas recomendaciones.

- Trata de compartir la noticia personalmente. No utilices el teléfono, a menos que hayas agotado todas las otras posibilidades.
- Considera otras opciones en carne y hueso cuando estés demasiado lejos para compartir en persona esta noticia. Llama a un pastor o a un laico que tenga una relación con la familia o amigos, y pídele que vaya a la casa o al lugar de trabajo en nombre tuyo.
- Comparte los hechos básicos de manera directa. La gravedad de tu mensaje probablemente será comunicada en tu comportamiento mucho antes que las palabras sean dichas. Provee detalles únicamente cuando te los soliciten. Tomará tiempo para que la realidad de lo que acabas de compartir haga sentido. Reconoce que las personas responden a la tragedia de diferentes maneras.
- Quédate con los sobrevivientes. Después de haber compartido las noticias, quédate con los miembros que siguen vivos de la familia o con los amigos hasta que te sientas seguro que se encuentran estables y listos para funcionar. Si simplemente debes irte antes de sentir esa confianza, pídele a otro consejero que permanezca con ellos.
- Se sensible a su necesidad de privacidad. Algunas personas tienen dificultad de desahogarse frente a otros. Ofrécete para esperar en otro salón, o sugiere que sencillamente estarás afuera si te necesitan.
- Busca formas prácticas de ayudar.
- Ofrece tu ayuda para hacer llamadas telefónicas, arreglos de funerales, transporte, comidas, y luego involucra a otras personas de ministerios de ayuda de tu comunidad espiritual.

PLAN DE ACCIÓN: PREPARA A LOS JÓVENES PARA LA MUERTE

Vivimos en una cultura que niega la muerte. Prepara a los jóvenes para la posibilidad de la muerte que se asoma al:

- Hablar con simpleza de la muerte cuando enseñas.
- Llevar a jóvenes —a uno o dos a la vez— a funerales y hablar luego acerca de sus percepciones.

- Llevar a unos pocos jóvenes de vez en cuando a visitar una capilla de funeral, y ver el féretro. Para muchos jóvenes este será su primer encuentro con un cuerpo muerto. Puede sonar morboso, pero cuando les invitas a preguntar y quitas el mito de sus falsos conceptos acerca del proceso, las discusiones acerca de la muerte y la eternidad tendrán un nuevo sentido.

ETAPAS DE LA PENA

Enseña las etapas de la pena articuladas por la psiquiatra Elisabeth Kübler-Ross: negación, ira, regateo, depresión, y aceptación.[1] Preparar a los jóvenes para dolerse con aquellos que sufren pena también los prepara para su inevitable dolor.

• *Negación*

Una respuesta inicial muy común a las noticias del fallecimiento de alguien es negar la posibilidad; como si creyéramos que nuestra negación hiciera que la pérdida despareciera. Los servicios funerales van en la línea de finalizar el conocimiento de lo que realmente ocurrió; allí está el cuerpo de nuestro ser querido en esa caja. Esto no es para decir que un servicio en memoria de alguien no beneficie en esa misma función. Lo importante es reunirnos y reconocer la pérdida *juntos*.

• *Ira*

Ira sobre el abandono. Ira hacia la persona que causó la muerte prematura. Ira autodirigida. Ira hacia la persona fallecida. Ira contra Dios. Somos más útiles cuando creamos un ambiente en el cual las personas tienen permiso de verbalizar su ira como parte normal de atravesar la pena.

• *Regateo*

Mantente alerta al intento de alguien —especialmente los jóvenes— de regatear con Dios. «Dios, si me devuelves a mi mami, prometo nunca desobedecer de nuevo». La esperanza de que puedan tener aun el más remoto control sobre el regreso de un ser querido, es todo lo que algunos jóvenes tienen para abrazar. El regateo es una reiteración desesperada de la negación.

• *Depresión*

El entumecimiento que puede proteger a las personas al inicio de la pena puede atraparlos luego según la magnitud de la pérdida va penetrando. Parte de esto es la percepción que todos los demás lo superaron y una persona está sola en esto. Allí es cuando tu presencia puede ser lo más significativa. Mantente al tanto.

• *Aceptación*

La resolución ocurre en su momento. Poco a poco las cosas vuelven a lo normal. Aun existe un vacío donde el amor perdido debería estar, pero es posible funcionar sin el mismo.

Revisa la parte acerca de cuidar a los sobrevivientes en el capítulo treinta y cuatro.

Capítulo veintiuno
DIVORCIO

El divorcio te hace tambalear.
El divorcio te hace dar vueltas.
El divorcio te confunde.
El divorcio te obliga a escoger.
El divorcio te hace infeliz.
El divorcio te hace enloquecer.

El divorcio te hace preguntarte a quién le importas.
El divorcio te hace sentir mucho miedo.
El divorcio hace que haya silencio en la casa.
El divorcio te hace vivir en soledad.
El divorcio es supuestamente una respuesta.
El divorcio, de hecho, es cáncer emocional.

(Una niña de diez años de Chicago)[1]

OCURRE EN CADA BUEN VECINDARIO

Cuando Rebeca tenía tan solo cinco años, asombró a su madre con una simple pero aguda pregunta: «Mami, ¿te vas a divorciar de mi papi?». Nada en nuestra casa le había dado a Becky alguna causa para creer que el matrimonio de sus padres estaba en problemas. Ninguna pareja entre sus familiares o en el círculo de amigos adultos de sus padres se había separado, divorciado, o tan siquiera movido en esa dirección. Aun así, ella asumió que era inevitable. A la edad de cinco años.

Resultó que Becky había visto un programa de televisión dedicado a ayudar a los hijos de padres divorciados; era un episodio de *Mr. Roger's Neighborhood* (El vecindario del señor Roger).

Y eso básicamente lo dice todo. La disolución de las familias es un hecho de la vida hoy.

El impacto de eso cae fuertemente sobre los hijos que tienden a interiorizar cuatro tipos de mensajes luego de una ruptura familiar: humillación, culpabilidad, falta de confianza, y expectativas inferiores.

HUMILLACIÓN

Imagina estar en medio de dos «examantes». Mientras los amigos continúan con las tareas normales del desarrollo de la niñez y la adolescencia, estos hijos deben contender con los problemas de ajuste que resultan de las disrupciones familiares:

- Custodia: ¿quién vivirá con quién en dónde y cuándo?
- Trastornos emocionales en el padre que custodia.
- Hostilidad entre los padres.
- Dolor personal.
- Tensión financiera como resultado de mantener dos hogares.
- Incremento de las responsabilidades en los quehaceres diarios del hogar.
- Ira hacia los padres, parejas y padrastros.
- Nuevas reglas en casa y nuevos roles.

Muchos hijos se sienten avergonzados al hablar acerca de la separación o el divorcio de sus padres. Algunos preferirían sufrir la agonía y la soledad del silencio que arriesgarse a hacer el ridículo o a ser rechazados. Todo esto conspira para socavar el sentido de balance de un hijo. El resultado es una mezcla impredecible de disposiciones que pueden ir desde la vergüenza hasta la culpabilidad.

CULPABILIDAD

Muchos niños y jóvenes que viven el divorcio de sus padres se sienten responsables de las decisiones de los mismos. Ellos luchan con preguntas como: «¿Qué hice para provocar esto?» o «¿Qué pude haber hecho para prevenirlo?». Al hacer una retrospectiva, construyen escenarios con manos que los señalan en su dirección y los culpan. Al pensar en el futuro, confeccionan esquemas para hacer que sus padres estén juntos de nuevo.

En las familias donde el anuncio de divorcio viene como un golpe repentino, los hijos están más aptos para asumir las responsabilidades familiares que aquellos en familias donde la guerra se fue desarrollando por algún tiempo y los bandos son claramente definidos. En este último caso, los hijos pueden sentir culpabilidad si son aliviados por el cese de hostilidades.

Los padres que esperan hasta el último minuto para comunicarle a los hijos su intención de separarse o divorciarse, minimizan la oportunidad de que los hijos procesen lo que está sucediendo, hagan preguntas importantes *(¿aún podremos verte?)* y reciban seguridad vital de parte de ambos padres *(todavía te amamos. Esto no tiene nada que ver con tu conducta. Es entre nosotros)*. Sin este procesamiento, la probabilidad que los hijos sientan responsabilidad por la separación se incrementa significativamente, haciendo su ajuste mucho más difícil.

FALTA DE CONFIANZA

Debiste conocer el viejo adagio: *«Engáñame una vez, que mal por ti; engáñame otra vez, que mal por mí»*. Los hijos que sobreviven el divorcio frecuentemente muestran señales de perder la fe en los adultos.

En un intento de justificar sus acciones, uno o ambos padres pueden compartir vagos detalles que hacen que la otra persona se vea mal, irresponsable y principalmente culpable. Los juegos que los padres practican son llevados más allá por los parientes o amigos interesados en ayudar a los hijos a ver realmente de quién es la culpa. Las cortes, cuyo propósito es proteger los mejores intereses de los hijos, a menudo los llevan hacia una situación en la que son usados por uno de los padres en contra del otro.

Cuando el humo se despeja, los hijos se quedan preguntándose si existe algún adulto en el que puedan confiar. David Elkind, afirma nuevamente:

«Considera por un momento lo que el divorcio hace en el joven en su sentido de la sabiduría, competencia y experiencia de los padres. Este evento no solamente confronta al adolescente con los problemas difíciles de autodefinición sino que también cambia su percepción de la autoridad de los adultos. Muchos jóvenes creen que, por ejemplo, debido a que sus padres arruinaron sus propias vidas, ellos no tienen nada que enseñar a los adolescentes acerca de la vida. Y luego, en algunos hogares de padres solteros, los jóvenes son tratados como totalmente iguales al padre que se quedó, cosa que también contribuye al declive de la autoridad de los padres. (Este trato igual es particularmente peligroso en la adolescencia temprana, cuando los jóvenes desesperadamente necesitan la guía y dirección de un adulto con mayor conocimiento)» [2].

EXPECTATIVAS INFERIORES

No es inusual escuchar que los adolescentes de hogares con problemas expresen su temor a quizás nunca llegar a disfrutar de un matrimonio feliz, o la opinión de que no existe tal cosa.

PLAN DE ACCIÓN: ESPERANZA REALISTA

- Expón a los jóvenes a modelos relacionales realistas saludables. Enseña acerca de cómo resolver problemas, simpatía, empatía, negociación, resolución de conflictos, perdón y restauración.
- Enséñale a los jóvenes a entender los límites de la edad adulta. Destruye los mitos de la omnipotencia del adulto y la omnicompetencia. (Esto no es muy difícil; ya ellos están despertando al hecho que sus padres son tan torpes como cualquier otra persona, el asunto es ayudarlos a ser generosos al respecto en lugar de cínicos).
- Haz acto de presencia en la vida de los jóvenes cuyos padres se están separando. No asumas que la información acerca del divorcio es un sustituto de las relaciones. El reportero investigativo, Warner Troyer, entrevistó a cientos de niños, jóvenes y adultos americanos y canadienses que tenían una cosa en común: todos eran hijos de padres divorciados. «La cosa más esencial —observa Troyer— es simplemente que los padres, después del divorcio, no son tan grandiosos. La compañía y amistad de otros adultos es necesaria» [3].
- Recluta a otros adultos, y divisa formas orgánicas para que se conviertan en amigos y mentores de los jóvenes, especialmente de aquellos que viven con padres solteros.
- Anima a los padres divorciados a comprometerse con un grupo de recuperación basado en la iglesia. Si esto no existe en tu comunidad, reúnete con otros adultos interesados y diseñen uno.
- Ofrece expresiones apropiadas de afecto cuando los jóvenes estén atravesando el divorcio. La experiencia completa de afecto físico puede ser escasa durante los conflictos familia-

res. Debe ofrecerse sin decir que el afecto debe darse de manera apropiada (pero lo diremos de todas maneras). Más allá de esto, la crisis emocional de un joven puede iniciar las expresiones inapropiadas de contacto físico. Evita cualquier contacto físico o abrazos incómodos gentil e inmediatamente.

- Toma la iniciativa. Cuando sepas que una familia está en problemas, no esperes que el joven inicie. Da los pasos para comunicar tu interés y disponibilidad.
- Cuando comiences a ver tendencias negativas en la actitud o conducta de un joven, pregunta: «¿Qué está ocurriendo en tu casa?».
- No dudes en referir a adolescentes crónicamente deprimidos a un profesional.
- Recuérdale a los padres el discurso de los asistentes de vuelo del capítulo treinta y cinco: *coloque su máscara de oxígeno correctamente, pero asegúrese que su hijo no está poniéndose azul.*

Capítulo veintidós
ABANDONAR LOS **ESTUDIOS**

Casi el 90% por ciento de los adolescentes estadounidenses terminan la escuela secundaria u obtienen un grado equivalente. Ajusta esto localmente, especialmente si trabajas con minorías cuyos promedios de graduación están entre el 20% y el 25% inferior al terminar el siglo.[1] Es claro que nuestro trabajo no termina todavía.

La mayoría de los jóvenes entre dieciséis y diecinueve años que no están en la escuela también son desempleados.[2] Ellos tienden a permanecer desempleados: el 48% de los que abandonaron los estudios enfrentaron el desempleo en 1999; aquellos que trabajaron obtuvieron salarios de solamente 65% de los ingresos medios en Estados Unidos, queriendo decir que obtuvieron 35% menos que un trabajador de ingresos medios.[3]

PLAN DE ACCIÓN: VE DIRECTO AL GRANO

- Averigua qué hay detrás de la intención de un joven de abandonar sus estudios. El problema presente rara vez es la raíz de la causa. Aborda lo que no es obvio. Busca:
- Ansiedad acerca de crecer y asuntos de la niñez no completados.
- Adicciones escondidas.
- Victimización en la escuela.
- Impedimentos de aprendizaje.
- Habilidades extraordinarias no descubiertas.

- Embarazo.
- Dinero de actividades ilegales.
- Conflicto familiar.
- Recomienda alternativas apropiadas. Para muchos jóvenes una equivalencia a los estudios secundarios son una buena o mejor alternativa que caminar en una graduación con compañeros de clase a quienes le importan poco. Para los estudiantes totalmente desmotivados por la experiencia de la secundaria o profundamente motivados por otra alternativa en la que muestran aptitud, sugiere un plan de desarrollo vocacional o un programa de equivalencia de secundaria. Es el aprendizaje (o al menos el certificado) lo que importa, no la experiencia estereotípica de la secundaria. Ayuda a los padres a ver la luz, y luego ayuda a los estudiantes a pasar los exámenes.
- Haz lo que puedas para ayudar a los estudiantes a encontrar un trabajo significativo, donde este se mida directamente por la productividad o por el ingreso que apoya el crecimiento y el servicio personal.
- Si un joven escoge un camino alternativo, encuentra la forma de involucrarlo en la vida del grupo. No lo saques del grupo de jóvenes enviándolo al grupo de jóvenes universitarios o jóvenes adultos; eso casi nunca funciona bien. De la misma manera, piensa la forma de alterar su participación en tu programa ordinario de jóvenes para encajar con sus etapas educativas y de vida. O mejor no. Quizás sea bueno dejarlo así y permitir que continúe con el grupo como si nada hubiera cambiado (mientras no haya cambiado nada más allá de la metodología de completar la secundaria). Él es, después de todo, un joven todavía. Pónganse de acuerdo en algo que funcione, y revisa el acuerdo cada dos meses hasta que ya no sea necesario.
- Ayuda a los estudiantes a desarrollar y trabajar hacia escenarios deseables en el futuro. Utiliza la hoja de trabajo de plan de acción del capítulo treinta y siete para desarrollar un plan para la inmediata crisis educativa. Luego trabaja a través del mismo una segunda vez para desarrollar un plan de ayuda para el estudiante donde obtenga lo que desea como trabajador creativo y productivo.

Capítulo veintitrés
DESÓRDENES **ALIMENTICIOS**

Los estadounidenses tienen una sobresaliente conexión emocional con la comida. La ciencia sugiere hoy que una combinación de factores genéticos y de conducta conspiran con el alarmante incremento de la incidencia de *obesidad* (peso corporal de más del veinte por ciento de lo recomendado según la estatura) y la *obesidad mórbida* (peso corporal de más del cien por ciento del peso recomendado según la estatura). El lado conductivo de la ecuación es sujeto de factores emocionales, incluyendo el uso de comida como una sustancia que altera el estado de ánimo.

En el otro lado de la cadena alimenticia[1] se encuentran los desórdenes conocidos como *anorexia nerviosa y bulimia nerviosa*.

La persona *anoréxica* sufre de una pérdida extrema de peso causada por dificultades emocionales, no físicas. En otras palabras, significa «pérdida nerviosa del apetito». De hecho, la persona anoréxica puede sufrir dolores extremos por el hambre, pero el temor a ganar peso es mayor que su apetito por la comida.

La *bulimia* es una condición caracterizada por «borrachera de comida» o comer cantidades increíblemente grandes de comida en un corto tiempo (hartarse), después del cual la persona se induce el vómito o abusa de laxantes con el objeto de vomitar los alimentos. El término *bulimia* se deriva de una palabra compuesta en griego que significa «hambre-buey» (como «hambriento como un buey»). Así que la *bulimia nerviosa* se traduce aproximadamente como «hambre nerviosa».

La gama completa de desordenes alimenticios está dañando la salud de la persona y puede ser mortal.

La vasta mayoría de personas anoréxicas y bulímicas son mujeres de clase media y alta. La obesidad ataca de forma similar. El comienzo de la anorexia y la bulimia tiende a ocurrir cerca de la pubertad, pero sus raíces pueden ir incluso más profundamente, a problemas de autoimagen de su cuerpo en la niñez. La pubertad puede ser el gatillo que dispare conductas autolesivas provocadas, entre otras, por la anchura y curvatura del cuerpo al provocar el temor de la gordura, dejar la niñez, la conducta en un contexto de adultos, el fracaso, la pérdida de control, la sexualidad, y la angustia en general.

DAME UNA SEÑAL

En *Walking the Thin Line* [Caminar por la línea delgada], Pam Vredevelt y Joyce Whitman identifican las características clave de la anorexia y la bulimia.[2]

BULIMIA NERVIOSA	ANOREXIA NERVIOSA
• Hartar en secreto. Puede ocurrir regularmente y sigue un patrón (la ingestión durante una «borrachera de comida» puede variar desde mil hasta veinte mil calorías). • Hartar seguido de ayuno, abuso de laxantes, vómitos autoinducidos, u otras formas de purgar (o la persona podría masticar la comida pero escupirla antes de tragarla). • Períodos menstruales que pueden ser regulares, irregulares o ausentes. • Glándulas inflamadas en el cuello debajo de la mandíbula. • Cavidades dentales y pérdida del esmalte dental.	• Inanición voluntaria que a menudo lleva a estar demacrada, y algunas veces a la muerte. • «Borracheras de comida» ocasionales, seguidas por ayunos, abuso de laxantes, o inducirse el aguantar hambre. • Cese de períodos menstruales o el no inicio de los mismos si la anorexia ocurre antes de la pubertad. • Ejercicios en exceso. • Las manos, los pies y otras partes del cuerpo están siempre frías. • Piel reseca. • El cabello de la cabeza puede adelgazar, pero pelusa vellosa puede aparecer en otras partes del cuerpo.

BULIMIA NERVIOSA	ANOREXIA NERVIOSA
• Vasos sanguíneos rotos en el rostro. • Bolsas debajo de los ojos. • Perdida del conocimiento. • Palpitaciones del corazón rápidas o irregulares. • Malestares y problemas estomacales e intestinales varios. • El peso puede a menudo fluctuar debido a períodos alternos de hartar y ayunar. • Deseo de relaciones y aprobación de otras. • Pérdida de control y temor de no poder detenerse una vez que comience a comer.	• Depresión, irritabilidad, decepción, culpabilidad, autorechazo. • Pensar en estar muy gorda aun cuando está demacrada. • Interés obsesivo en la comida, en recetas y en cocinar. • Rituales que involucran comida, ejercicio y otros aspectos de la vida. • Perfeccionismo. • Introversión y hacerse aparte. • Evitar a las personas. • Mantiene control rígido.

Agrégele a esas características estas indicaciones de anorexia y bulimia.

BULIMIA NERVIOSA	ANOREXIA NERVIOSA
• Idas anormalmente frecuentes al baño. • Fijación anormal en el ejercicios, a pesar de cualquier cosa. • Cortadas y callos en los nudillos y manos. • Vehículo o armario con olor a vómito.	• No solamente se ve delgada sino anormalmente demacrada. • Extremo uso de lenguaje y conductas de atracción o evasión con relación a la comida. • Ropa muy suelta para esconder la figura.

PLAN DE ACCIÓN: INVOLÚCRATE

- Enséñale a los jóvenes a autoidentificar desórdenes alimenticios. Tu razonamiento: su conducta destructiva puede ser peligrosa y aun mortal.
- Si tienes problemas con la comida, identifícalos y toma los pasos para ganar nuevamente tu salud.

- Si tienes meriendas en las reuniones del grupo de jóvenes, incluye comidas saludables.
- Abre tus puertas a jóvenes que luchan con la comida.
- Enséñale a los jóvenes a traer amigos para obtener ayuda si su alimentación es problemática.
- Involucra a los jóvenes en conversaciones generosas, francas cuando veas características agrupadas y señales de desórdenes alimenticios.
- Si tienes certeza que un desorden alimenticio no identificado está causando un caos en la vida de un joven, considera la intervención (véase el capítulo veintiséis).
- Obtén la historia detrás de la historia. Si un desorden alimenticio es el presente problema, el asunto central podría ser:

  - Amenaza sexual. Existe una extraña coincidencia entre los desordenes alimenticios y el abuso sexual. Según algunos datos, más del ochenta por ciento de las mujeres tratadas por desórdenes alimenticios se identificaron a sí mismas como víctimas de acoso y violencia sexual. La obesidad y el hambre pueden ser intentos para «desexualizar». El aumentar de tamaño puede ser una forma de ganar fuerza para protegerse contra más abuso. Trabaja con el abuso sexual, y el problema con la comida tenderá a arreglarse solo.

  - Temor a engordar. Algunos jóvenes son hostigados por su peso hasta el punto de la obsesión. Trabaja con sus necesidades de autoimagen y autoestima.

  - Temor a abandonar la niñez. Algunos jóvenes encuentran la adolescencia como algo que amenaza. Averigua el por qué.

  - Temor a conducirse en contextos adultos. Algunos jóvenes son intimidados por las expectativas de los adultos. Averigua el por qué, y procura aliviar la presión.

  - Temor al fracaso. Existe una alta incidencia de perfeccionismo entre las personas anoréxicas y el complacer a las personas entre las bulímicas. Averigua qué significado le da un joven al fracaso y por qué.

  - Pérdida de control. Algunas personas anoréxicas y algunos jóvenes obesos están marcando su espacio personal donde un adulto despreciado y temido no puede ir. «Pueden empujarme todo lo que quieran, pero no pueden hacerme comer». Averigua por qué un joven se

siente intimidado, impotente, o fuera de control, y ayúdalo a lidiar con eso.
- Angustia generalizada. Muchas personas tienen experiencia y percepciones del mundo que los hace ansiosos y temerosas a tomar responsabilidades. La comida es una sustancia sorprendente, barata, y legal que altera el estado de ánimo. Esto es comida como automedicación. Así como el abuso de alcohol y otras drogas, no lo harían si no les funcionara. Averigua por qué un joven tiene temor, y ayúdalo a atacar y sobreponerse a este miedo.

- No dudes en referir a un joven cuando crees que es más de lo que puedes manejar. En ese sentido, no existen milagros en los tratamientos, y muchos adolescentes se escapan de las relaciones de consejería y de los programas de tratamiento. Así que:

  - Planifica estar involucrado a largo plazo. Todos tienen que enfrentar la comida casi todos los días. Por ende, el presente problema no puede ser aislado de la vida normal. El adicto a la comida que se está recuperando necesita saber que entiendes su lucha.
  - Enséñale a los padres a entender los desórdenes alimenticios. Reconoce su temor (generalmente mezclado con frustración y expresado en ira). Ayúdalos a ver que los desórdenes alimenticios frecuentemente incluyen un componente familiar que se encuentra debajo del problema presente. Eso significa que resolver problemas alimenticios generalmente requiere abordar problemas familiares.
  - Enséñale a tu comunidad de jóvenes a recibir a los otros que tienen problemas alimenticios con gracia, sensibilidad, y con el conocimiento que la solución toma tiempo.

Capítulo veinticuatro
INICIACIÓN DE **NOVATOS**

JH: Había un ritual en mi secundaria, hace treinta y cinco años, que me enojaba; había estado allí desde que todos tienen memoria. El último día de la práctica de fútbol americano (el día antes del último partido de la temporada), una vez que los entrenadores abandonaron el campo, los mayores del equipo se alineaban entre los parales y hacían que los menores pasaran entre ellos. Era la última oportunidad para los mayores de demostrar su «aprecio» por sus compañeros de equipo.

Al ser un estudiante en mi segundo año, vi cómo los chicos mayores daban una paliza a los menores. Recuerdo a Charlie Pope sobre mí, golpeando mi casco antes de levantarme. En mi tercer año, me libré con mayor facilidad porque era un titular. Tuvimos una temporada frustrante, pero aparentemente ninguno de los mayores estaba demasiado frustrado conmigo.

Al año siguiente, Ted Strauss y yo éramos capitanes del equipo. Era el último día de práctica, pero ese año nuestro último partido sería por el campeonato estatal. En veinticuatro horas estaríamos en los vestidores de los Seminoles de Florida, preparándonos para salir ante un lleno total y ganar o perder el título.

Antes de esta última práctica, hubo una breve discusión entre los mayores acerca del valor de la tradición. Al moverse la manera de tradición hacia el trabajo en equipo, un par de chicos expresaron su frustración de no poder tener la oportunidad de hacerle a alguien más lo que les habían hecho en los años anteriores. Ultimadamente, nadie quería venganza más que un campeonato estatal. Cuando los entrenadores nos dejaron solos en el campo aquel día, llamamos al equipo y los reunimos, gritamos, saltamos y concentramos toda la adrenalina que teníamos. El ritual terminó con un poderoso grito, y todos corrimos por los parales juntos.

Hasta donde sé, la tradición de la golpiza murió ese día. Al día siguiente, ganamos el campeonato estatal.

Sé que los deportes organizados no son inherentemente defectuosos, pero creo que tengo amplia evidencia de que las *personas* lo son. La ira que muchos sentíamos en aquellos días no se fue simplemente porque escogimos no golpear a nuestros compañeros de equipo más jóvenes. Se fue a otro lugar. Me alegro que no generáramos más ira en los chicos menores al victimizarlos, cosa que hacemos a menudo en nuestra cultura. Repetimos las cosas que nos fueron hechas —las cosas que nos hicieron enojar y enloquecer— y nuestras víctimas hacen esas cosas también. Casi nunca termina hasta que alguien nada contra la corriente lo suficiente para preguntar: «¿Esto nos ayudará a ganar el campeonato estatal? Porque si no nos sirve, no creo que debamos hacerlo».

LOS HECHOS

Al tener lo anterior en claro, aquí hay algunas cosas que sabemos acerca de la iniciación de los novatos: 91% de los estudiantes de secundaria se unen al menos a un grupo. 98% de ellos tiene experiencias positivas en las actividades de su grupo, y la mitad *solo* experiencias positivas.

- 48% se involucra en las actividades de iniciación que son consideradas dar novatadas–humillación, abuso de sustancias, y actividades peligrosas (aunque solamente el 14% utiliza la palabra dar novatadas para describir lo que les sucede).
- 43% persevera en actividades que van desde lo suave hasta lo profundamente humillante.
- 30% lleva a cabo actos que creen ser ilegales como parte de una iniciación.
- 71% de aquellos victimizados sufren consecuencias negativas como resultado: peleas, heridas, conflicto con los padres, lastimar a otras personas, alimentación, sueño, concentración interrumpida, confusión, vergüenza, sentimiento

- de culpabilidad, problemas con la policía, amistades rotas, pensamientos suicidas.
- Los actos de iniciación peligrosos son comunes entre los estudiantes de secundaria (22%), así como entre los atletas universitarios (21%).
- El abuso de sustancias parte del 23% en la secundaria, incrementándose a 51% entre los universitarios.
- 40% de los estudiantes dicen no que reportarían los actos de iniciación; 36% de ellos principalmente porque «no hay a quién decírselo», 27% porque «los adultos no lo manejarían bien».
- Los estudiantes que conocen a un adulto que fue víctima de los actos de iniciación tienen mayor tendencia a ser víctimas que los estudiantes que no conocen a un adulto con esas experiencias.
- La mayoría no es capaz de distinguir los grados de seriedad en los actos de iniciación (cuando a aquellos que especificaron «otros» se les pidió que listaran otras actividades humillantes o peligrosas que les fueran requeridas a hacer durante los actos de iniciación, esos actos incluyeron robar, encerrar o ser encerrados en los casilleros de la escuela, autoinducirse dolor, golpear a otros, tener múltiples parejas sexuales, y practicar sexo oral a sus mentores (se le prohibió a los investigadores hacer preguntas directas acerca de la conducta sexual en el estudio).
- Un total de millón y medio de estudiantes de secundaria en Estados Unidos experimentan los actos de iniciación cada año, más de la mitad de ellos son atletas.
- Aun los grupos considerados «seguros» realizan actos de iniciación:
    - 286.000 estudiantes de música, arte y teatro.
    - 235.000 miembros de grupos juveniles de la iglesia (particularmente actividades peligrosas; casi la mitad es presionada a participar en actividades ilegales).
- 61% de los actos de iniciación ocurren en los grados octavo, noveno y décimo.
- Las razones para seguir la corriente en los actos de iniciación:
    - Fue divertido y emocionante (48%).
    - Nos sentimos más unidos como grupo (44%).
    - Pude demostrarme (34%).
    - Solamente seguí la corriente (34%).

- Tenía miedo de decir no (16%).
- Quería vengarme (12%).
- No sabía que estaba sucediendo (9%).
- Los adultos lo hacen también (9%).
• 98% piensa que los actos de iniciación peligrosos están mal, 86% piensa que humillar está mal, 35% piensa que los actos de iniciación son socialmente aceptables.
• Los estudiantes de secundaria recomendaron los siguientes medios para combatir los actos de iniciación:
  - Fuerte disciplina por los actos de iniciación (61%).
  - Investigación policíaca y persecución por los actos de iniciación (50%).
  - Ofrecer actividades positivas de unidad como alternativas (43%).
  - Más educación acerca de la iniciación positiva (37%).
  - Adultos que apoyen las actividades positivas de iniciación (34%).
  - Actividades físicamente desafiantes (30%).
  - Adultos que digan que los actos de iniciación no son aceptables (27%).
  - Buena conducta requerida para poder unirse al grupo (29%).
  - Un pacto de «no actos de iniciación» firmado por los estudiantes (23%).
• Al escribir esto, 44% tienen leyes antiactos de iniciación.
• Las leyes antiactos de iniciación hacen poca diferencia en las escuelas secundarias.[1]

Los actos de iniciación son un ritual extraño basado en la vergüenza en los cuales los fuertes (o privilegiados) humillan a los débiles (o recién llegados) con el fin de darles la bienvenida a un círculo íntimo. ¿Y no es fascinante que el privilegio de membresía incluya consentimiento a infligir dolor en aquellos que lo siguen?

¿Cómo se supone que estos actos de iniciación nos hagan mejores personas? No es posible. Se supone que nos hace leales. Se supone que nos hace sumisos para estar dispuestos a asumir lo que venga; así que estamos listos a darlo todo por el equipo.

De los jóvenes de secundaria que fueron victimizados y que no reportarían los actos de iniciación, 24% está de acuerdo con la siguiente aseveración: «Otros jóvenes harían mi vida miserable». 16% está de acuerdo con la afirmación: «No delataría a mis amigos, pase lo que pase».

PLAN DE ACCIÓN: CONSTRUIR MEJORES RITUALES

Así como en el caso de los deportes organizados, no es la *idea* de la iniciación la que hay que romper; es la gente que hace la iniciación. No necesitas abandonar la idea, solamente redímela. Hecha de la manera correcta, la iniciación es un ritual valioso de transferencia que da la bienvenida a los nuevos al dejarles entrar a los secretos de la cultura orgánica humana y espiritual, no solamente los hechos del organigrama y la declaración de misión.

> **JH:** Fui a trabajar a una iglesia que tenía la tradición de secuestrar a la clase de noveno grado un sábado por la mañana con la intención de iniciarlos en el grupo de jóvenes. Los jóvenes con licencias de conducir eran enviados con un par de acompañantes para sacar a los pequeños de sus camas mientras aún estaba oscuro. Algunos de los jóvenes mayores disfrutaban usar camuflaje y pintura en el rostro y utilizar alguna soga como parte del secuestro. Era toda una aventura, a menos que fueras uno de los secuestrados, que tendían a estar desorientados por la experiencia, algunas veces un poco ruda, y casi universalmente vergonzosa (excepto para aquellas chicas que recibían algún aviso de una amiga mayor y se sentaban vestidas esperando que los secuestradores llegaran; para ellas tal vez todo funcionaba bien). Preguntando un poco, escuché suficientes historias de incomodidad como para entender por qué esa era la última vez que algunos de los jóvenes venían al grupo de jóvenes.
>
> Así que lo detuve. Pensé que debía haber una mejor manera de darle la bienvenida a la promoción que llegaba sin humillación y susto hasta la muerte. Algunos de los jóvenes mayores se quejaron durante unos treinta segundos, antes de que la mayoría admitiera que nunca les había parecido totalmente correcto a ellos tampoco, y avanzamos para inventar algunos nuevos rituales.

Las iniciaciones efectivas construyen relaciones y un sentido creciente de pertenencia basado en el respeto mutuo y en el compartir. Cualquier ritual que viola ese espíritu pone en peligro tu misión. Cada ritual que engrandece las relaciones y la pertenencia en interacciones respetuosas sirve a tu misión.

- Reúne a un grupo de jóvenes maduros y adultos, y compartan ideas de rituales honrosos y comprometidos que te ayuden a iniciar a los nuevos y que involucren a los mayores en transmitir esta cultura.
- Elimina cualquier vestigio de actos de iniciación nocivos.
- Crea algo inusual, como un día en que los jóvenes mayores compiten entre sí para servir a los más pequeños.
- Reinventa la práctica de confirmación para tu propia tradición espiritual.
- Crea viajes, retiros y eventos increíbles para cada grupo de edad (escalando en lo sofisticado y la aventura según los jóvenes avanzan en tu programa).
- Diseña proyectos de servicio.
- Facilita la mentorización entre los jóvenes.

Capítulo veinticinco
INCESTO

Ninguno que trabaje en una comunidad religiosa quiere creer que un pariente podría victimizar sexualmente a cualquier joven. El espectro de incesto se hace más siniestro por las etapas de las complicaciones relacionales.

Según la investigación más ampliamente aceptada que conocemos, cerca de un dieciséis por ciento de las mujeres son sexualmente abusadas por un pariente antes de los dieciocho años (parte del treinta y ocho por ciento que reporta abuso sexual durante la niñez).[1] Eso es casi una chica de cada seis. Una reseña literaria sugiere que cerca de un chico de cada doce es víctima de incesto, pero se cree ampliamente que el abuso de los chicos no es reportado, así que el número podría ser más alto.[2] Así que, si los jóvenes confían en ti y te muestras disponible para escuchar malas noticias, existe una buena probabilidad de que eventualmente se te requiera para hablar con alguien en un caso de incesto.

Las apuestas son altas. Entre los adultos que fueron victimizados por sus madres, un estudio reportado por la New York City Alliance Against Sexual Abuse (Alianza Contra el Abuso Sexual de Nueva York) estima que 60% de las mujeres y 25% de los hombres tenía desórdenes alimenticios. Ochenta por ciento de las mujeres y todos los hombres reportaron problemas sexuales siendo adultos. Casi dos tercios de las mujeres dijo que los exámenes con doctores o dentistas eran aterradores.

Otros estudios referidos por la Alianza reportan una más alta incidencia de culpabilidad intensa y vergüenza, baja auto estima, depresión, abuso de sustancias, promiscuidad sexual, y trastorno de estrés postraumático —con síntomas de recuerdos, pesadillas, y amnesia— entre los sobrevivientes de incesto que entre aquellos asaltados por extraños.[3]

Imagina la dificultad para hablar con cualquiera acerca de una relación sexual que estás teniendo con algún miembro de tu familia. La mayoría de situaciones de incesto involucran relaciones de padre e hija o padrastro e hijastra. Los incidentes entre madre e hijo o madrastra e hijastro son menos comunes. Sin embargo, cuando ocurren, son más dañinos y difíciles de tratar.

Debido a que es terriblemente difícil admitir que un padre, tío, hermano, u otro miembro de la familia te encuentra sexualmente atractivo y actúa con ese impulso, la mayoría de los jóvenes vive en lo que algunos llaman una «vergüenza silenciosa».

PLAN DE ACCIÓN: ESCUCHA

- Los adolescentes se sienten más inclinados a hablar con un compañero que con un adulto o cualquier otro miembro de la familia acerca de una relación incestuosa. Si comunicas franqueza, sensibilidad, y compasión acerca del tema, existe una gran probabilidad de que te enteres acerca del incesto por medio de la intervención de un amigo que se preocupa.
- Admitir el incesto es un acto de confianza (a veces desesperada). No dejes de agradecer a un joven que te confía su historia. Y promete ayudarlo a salir de eso y a moverse hacia la sanidad y la integridad. Las víctimas de incesto necesitan saber que su victimización puede y va a parar.
- Mantente preparado para lidiar con la tristeza, ira, y abandono en las víctimas de incesto. No solamente fueron abusados por alguien que debía protegerlos y nutrirlos sino que también existe una buena probabilidad de que el otro padre fallara en tomar acción por mucho tiempo (si alguna vez lo hizo).
- Mantente preparado para lidiar con la negación o la resistencia absoluta de parte de los padres cuando ayudas a un joven a traer alegatos de incesto a la luz. Utiliza las definiciones de abuso sexual del capítulo treinta para calificar el cargo.
- Anticipa culpabilidad, vergüenza y temor en la víctima. Muchos jóvenes fueron llevados a sentirse responsables por

la relación incestuosa. Reafirma que la víctima no es la culpable. Sin importar cuál sea la situación, el violador adulto es responsable por lo que ocurrió. Punto.
- Completa tu responsabilidad legal. Los pastores y los líderes juveniles son notorios en los círculos de intervención por querer manejar el incesto por su cuenta en un intento de proteger a las familias y, en ocasiones, al violador. En *The Common Secret* [El secreto común], Ruth y Henry Kempe escriben:
- «Cualquiera que sea el trasfondo de la situación, bajo las leyes de todos nuestros estados y la mayoría de los países en el extranjero, el abuso sexual de un niño o joven es siempre un acto criminal (generalmente un delito); una enfermedad psiquiátrica mayor en el violador es un hallazgo relativamente poco común en la vasta mayoría de casos de abuso sexual, aunque puede ser más común en la violación forzada por un criminal psicópata; y "la terapia" lidia solamente con una parte del problema»[4].
- En la mayoría de los estados (en Estados Unidos), los proveedores de cuidado de la salud, los proveedores de cuidado de la salud mental, los maestros, los trabajadores sociales, los proveedores de guarderías, y el personal de las fuerzas de seguridad son listados como aquellos que deben reportar sospechas o incidentes conocidos de abuso de menores. Las escuelas patrocinadas por iglesias y las guarderías no están exentas de la ley. Casi la mitad de los estados incluye a los miembros del clérigo específicamente (y cualquier profesional de niños y jóvenes por inferencia) como obligados a reportar. En otro tercio de los estados, «cualquier persona» es clasificada como obligada a reportar. Consulta con un abogado si tienes cualquier pregunta acerca de tu deber de reportar, porque puedes ser responsable si no lo haces.
- Actúa por el mejor interés del menor. La mayoría de estados tiene equipos multidisciplinarios y políticas desarrolladas y cuidadosamente diseñadas para proteger el mejor interés del menor y trabajar para mantener a las familias intactas en el proceso de intervención. El estándar de conducta primero estabiliza la salud y la seguridad de los más vulnerables, luego busca restaurar el equilibrio de la familia.[5]
- Consulta con tu supervisor. Para cuidar efectivamente a las familias, tu equipo de trabajo debe operar como una unidad cohesiva. Los líderes juveniles experimentan dificultad

cuando intentan operar como una entidad separada. En asuntos tan serios como el incesto es sabio tener el consejo y la confidencia de un supervisor. La confidencialidad debe ser respetada, y el incidente no debe convertirse en un chisme dentro del equipo. Establece un plan de acción rápidamente y toma los pasos para intervenir.

- Con lo anterior en claro, si encuentras resistencia de parte de tu supervisor y la amenaza de retrasos que podrían dañar aun más a la víctima, actúa rápidamente para cumplir con tu obligación como un reportero enviado y un pastor para la víctima.
- Establece una red de relaciones con el personal de la escuela, los cuales originan un porcentaje significativo de reportes de abuso a las fuerzas de seguridad. Si tu supervisor no te ayuda a proteger a un menor del incesto, trae al director de la escuela a tu confidencia. Si tu caso es apremiante, te ayudará en un santiamén.
- Mantente preparado para brindar hospedaje temporal. El pensamiento de ser responsable por la ruptura de su familia es aterrador para la mayoría de los jóvenes, sin importar el abuso que hayan sufrido. Una forma de ayudar a mantener a la familia intacta es facilitar el traslado temporal del miembro de la familia ofensor —o, es aun más seguro, trasladar a la víctima— del hogar durante la evaluación de riesgo y el desarrollo del plan de acción. Es generalmente más difícil encontrar a personas que estén dispuestas a darle la bienvenida al «violador» a su hogar, pero no ignores la posibilidad. La voluntad de una comunidad cristiana para cuidar por la víctima y el violador lanza un fuerte precedente acerca de su compromiso de ayudar a las familias.
- Rehúsa jugar el juego de la culpa. Es fácil abrigar resentimiento y fomentar la amargura hacia el violador; o la pareja del ofensor si él o ella fallaron en detener el abuso; o los padres si el abusador era un hermano, primo, tío, o tía, y papá y mamá fallaron en proteger al menor. Es difícil entender cómo un adulto podría perpetrar o fallar en defender contra tales actos indescriptibles contra un menor, lo que hace fácil «tirar la primera piedra». Una crisis de incesto, no obstante, provee una oportunidad sin precedente de extender la justicia redentora, el amor, y la misericordia de Jesús que, consistentemente, llevó perdón y esperanza a todas las personas perdidas.

- Mantente cerca del niño o joven victimizado. Revelar detalles sucios de una relación incestuosa es una prueba espantosa para casi cualquiera. Tradicionalmente, la primera vez que una víctima cuenta la historia fue solamente la primera de una serie de interrogatorios y procedimientos investigativos.
- En estos días, equipos multidisciplinarios de intervención de los servicios de protección de menores son responsables de reducir el trauma que algunos niños y jóvenes sufren como resultado de un crimen en su contra. El equipo está entrenado en los aspectos legales, sicológicos, y familiares de una investigación a fondo. El resultado es que los menores son librados de la agonía de tener que contar su historia de horror una y otra vez a grupos de personas diferentes. Pero no dependas de eso. Haz lo que sea necesario para mantenerte cerca todo el tiempo.
- Mantente alerta a las señales de conducta autolesiva listadas en el capítulo diecinueve. Una vez que le cuentan a alguien acerca del incesto, no es inusual que los jóvenes entren en un período de alto riesgo de suicidio, abuso de drogas y otras conductas autodestructivas. Las familias no siempre responden en la forma que esperaríamos. En lugar de rodear a la víctima con interés amoroso, las familias muchas veces responden en incredulidad, ira, conmoción, o parálisis, dejando al menor sin apoyo. Entra en la brecha; «ve a su lado» con el amor, el consuelo y la seguridad de Dios.

Capítulo veintiséis
INTERVENCIONES

Alan I. Leshner, antiguo director del National Institute on Drug Abuse (Instituto Nacional de Abuso de Drogas), dice que la esencia de la adicción es «la búsqueda y el uso incontrolable, compulsivo de drogas, aun frente a las consecuencias sociales y de salud negativas»[1]. Eso hace eco de una frase del pastor Don Finto: «Aquello que siempre deseas más y más es tu Dios»[2].

Existe un elemento de idolatría en la adicción. Dados los efectos químicos de las drogas en el cerebro (aparentes en los síntomas sufridos por el toxicómano al carecer de la droga que solía tomar), existe también un fuerte elemento de *deseo* en la búsqueda de la droga. Los adictos están dispuestos a dejar a su padre, madre, hogar, y amigos por la droga. Mentirán, engañarán y robarán por la misma. Y rendirán sus cuerpos ante la droga en un completo acto de adoración.

Todo esto es más fácil de ver si apartamos las reacciones químicas por un momento y nos enfocamos en las *conductas* adictivas. Los adictos sexuales, los codependientes y los que sufren desórdenes alimenticios no tienen síntomas de la abstinencia. Pero ciertamente experimentan un poderoso sufrimiento emocional y espiritual que un alcohólico o un drogadicto podría reconocer.

Obtener la atención de una persona dada tan a fondo a una sustancia o un hábito de conducta no es fácil.

La mayoría de adictos realmente no contempla abandonar sus drogas hasta que son confrontados con la alta probabilidad de que tendrán que abandonar todo lo demás —familia, trabajo, hogar, carro, amistades, dignidad personal... todo— con tal de seguir usándolas. O el darse cuenta de que ya lo hicieron. Al enfrentarse a esto, un adicto tiene que realmente pensar en retirarse.

Existe una historia en boca entre los círculos de adicción que dice que la recuperación promedio de un alcohólico (sea lo que sea que «promedio» signifique) toma cincuenta y cuatro llamadas de atención antes que finalmente admita que su vida está fuera de control y solamente un poder superior a él puede restaurarlo a la cordura. No podemos decir si este es un número real, o si solamente es una buena historia acerca de cuán difícil es para un adicto entender que las drogas no funcionan (porque aparentemente sí) y cuán valioso es no rendirse (sin codependencia por supuesto) con un usuario que pueda encontrarse en la llamada de atención número cincuenta y uno.

PLAN DE ACCIÓN: *INTERVENCIONES*

Cincuenta y cuatro accidentes de carro, escándalos, rupturas, ojos morados, violaciones, ETS, divorcios, dientes rotos, trabajos perdidos y... las intervenciones.

Pondremos la palabra *intervenciones* en itálica aquí porque todo lo que haces en respuesta a una crisis es una intervención. De lo que estamos hablando aquí, sin embargo, es de un proceso bien definido que llegó a ser conocido como *intervenciones*.

Estas son diseñadas para romper la negación en las personas que luchan (o no luchan lo suficiente) con dependencias químicas y conductas adictivas. La negación es un parche elaborado de excusas, adaptaciones, racionalizaciones, y razones por las que todo está funcionando mejor de lo que aparenta ser y son las personas que están preocupadas las que tienen el problema. Hasta que un usuario esté al borde de su necesidad, no podrá ser motivado a buscar ayuda.

Usuario tiene dos significados aquí, porque los adictos tienden a usar a personas tanto como sustancias. Una *intervención* es un tiempo estructurado en el cual las personas cercanas al usuario le presentan datos objetivos para subrayar la severidad de la conducta que los está afectando.

Solo para asegurarnos que estamos claros en esto: *las intervenciones* le dicen a la persona adicta cómo su conducta afecta *no a ella* sino a ellos. Esto puede enfurecer a un adicto, así que prepárate. *Las intervenciones* distraen el enfoque del ego del usuario hacia el impacto de su conducta sobre las personas que son importantes para ella. *Las intervenciones* deben incluir un mínimo de dos personas afectadas, y entre más es mejor, porque existe seguridad en los números. Pero no demasiados. Si el usuario siente que estás exagerando, podría responder con defensa necia (cosa que quizás haga de todas formas). O podría simplemente no franquearse, creyendo que se agotarán y la dejarán en paz si se comporta así.

Las intervenciones efectivas se basan en una historia no en un juicio; un facilitador dentro del grupo puede ser un árbitro para asegurarse que se mantengan en esa vía. Pero *las intervenciones* exitosas no son en ninguna manera tímidas para hablar a la vida del usuario con relatos personales específicos y detallados de lo que su conducta costó a cada persona en la habitación; ese es el punto. *Las intervenciones* no están acusando al usuario de ser egocéntrico; están demostrando por medio de historias cuán egocéntricamente se está comportando (posiblemente sin usar alguna vez la palabra *egocéntrico*).

Este es un camino difícil. Algunas veces la única cosa que mantiene una *intervención* de salirse de control es el verdadero amor y la esperanza, aunque desvanezca, que el usuario podría vivir en lugar de morir. La muerte prematura es el resultado eventual de la adicción. Revisa los años perdidos de vida potencial sobre abuso y adicción de sustanciase en el capítulo treinta y tres.

El facilitador puede ser un mediador al que se le pide ayuda, o puede ser alguien del círculo de amigos. Su trabajo es asegurarse que cada participante tenga amplia oportunidad de dar ejemplos específicos que demuestren los efectos negativos de la conducta del usuario en la vida real. En el proceso, los usuarios a menudo pueden enterarse por primera vez acerca de algo que ocurrió tiempo atrás mientras estaban bajo la influencia, cómo otros los perciben en realidad, y cómo los amigos y la familia fueron dañados por su conducta. El trabajo del facilitador no necesita ser pesado o tan siquiera obvio. Fuimos parte de *intervenciones* en las que la conversación fue dirigida tan sutilmente que un observador pudo tener dificultad para decir quién era el facilitador.

El facilitador trae una y otra vez el tema alrededor del amor, de la preocupación comprometida y la esperanza. Puede animar a los participantes a describir las consecuencias que ven de antemano que podrían ocurrir si la persona continúa en ese estado:

Jefe. —Una ves más, y *voy* a despedirte.
Amigo. —Y perderás tu carro.
Padre. —Porque no me haré cargo de los pagos ni del seguro.

Amigo. —Tendrás que venderlo.

Padre. —Con pérdida, porque no podrás recuperar lo que pagaste por el mismo.

Hermano. —¿Así que ella tendrá una deuda de un carro que ni siquiera posee? ¡Qué mal!

No lo apresures, pero no dejes que una *intervención* siga por tiempo indefinido. Si está funcionando bien, el usuario probablemente se sentirá exhausto antes que a los *interventores* se les agote las cosas que decir. Si no está funcionando, no tiene sentido seguir. Quizás llegue el momento en que el facilitador diga: «Creo que hicimos lo que podíamos por ahora». En tal punto es bueno preguntar al usuario que haga un resumen de lo que escuchó antes de terminar la reunión. Su respuesta puede abrir nuevamente el diálogo, o puede simplemente confirmar lo que cada uno en la habitación sospecha: es tiempo de reagruparse y planear otro acercamiento. Si ese es el caso, asegúrate que cada uno entiende que estás poniendo una coma en una frase sin terminar, no estás poniendo un punto al final de la oración. No hay nada malo con fijar otra reunión aquí y allá. Si el usuario se encuentra todavía en la habitación, es porque está tratando de no causar más problemas o quizás porque la verdad está comenzando a cobrar sentido.

El objetivo de las *intervenciones* es romper la negación y motivar al usuario a recibir ayuda. *Los interventores* deben tener una buena idea de cómo se verá esa ayuda cuando entren a la habitación. Este no es el momento para una lluvia de ideas. Si un consejero de salud mental o desintoxicación son parte del plan, el padre o tutor debe saber qué está disponible, cuál será el costo, lo que se necesita para comenzar, y qué hacer durante las horas (o más seguro, los días) antes de que el tratamiento comience.

Al evaluar la ayuda disponible, apoya a las familias a intentar resolver estas preguntas:

- ¿Se requiere hospitalización para desintoxicación o por otras razones médicas?
- ¿Se requiere una especialidad médica?
- ¿Qué nivel de involucramiento de la familia se requiere en el proceso?
- ¿Se prefiere internar al enfermo?
- ¿Puede el tratamiento comenzar de inmediato? Si no, ¿qué tan larga es la lista de espera?
- ¿Cuál es la duración y el lugar del tratamiento?

- ¿Cuánto costará el tratamiento?
- ¿Qué costos, si los hay, serán cubiertos por un seguro?
- ¿Cuál es la tasa de éxito del programa de tratamiento que estamos considerando?
- ¿El programa o los consejeros individuales apoyarán o se opondrán a los valores espirituales de nuestro hogar?
- ¿Existe la posibilidad de un programa de ayuda basado en compañerismo, como los Alcohólicos Anónimos?

Si el plan se inclina hacia asistencia basada en compañerismo, sin importar dónde te encuentres, existe una reunión de doce pasos comenzando en unas dos horas en algún lugar razonablemente cerca. En la mayoría de lugares, puedes encontrar un número central para los Alcohólicos Anónimos, Narcóticos Anónimos, y otros similares; y ellos estarán más que felices de enviarte un horario o contarte acerca de los horarios y lugares de reunión. Para algunas ciudades, los horarios de reunión pueden ser encontrados en Internet.

Ya que las reuniones de doce pasos no son creadas de igual manera, entérate de antemano cuándo y dónde encontrar la reunión apropiada. Si no conoces a nadie que esté trabajando un programa así, pregunta por allí y alguien te encontrará uno. Eso no es para asustarte. Es solo que los Alcohólicos Anónimos, los Narcóticos Anónimos, los Adictos Sexuales Anónimos y los demás son, de hecho, *anónimos*. No utilizan los apellidos y no se identifican los unos a los otros en público, excepto previo acuerdo mutuo. Así que si comienzas a preguntarles a tus amigos si saben dónde podrías encontrar un programa de doce pasos, muy pronto uno de ellos te dirá que él podría darte un número de teléfono, y vas por buen camino.

Si el usuario continua negando el problema (o la *severidad* del problema, ya que sabe que tiene problemas relaciones con la gente que la ama pero que no confía en ella); y si es una menor, sus padres pueden tener una razón legal, y posiblemente una obligación de arreglar más tratamiento, sea que ella quiera o no. Esta es una cosa rara y difícil, y es importante recordarles a los padres que si no creen que estén tomando una acción que salva la vida, deberían repasar la historia del usuario y considerar las opciones de *intervención* una vez más para ver si existe otro camino.

Si sienten temor de perder a su hijo, anímalos a confiar en que, a pesar de que el hijo pueda resistir y resentir su decisión, es muy poco probable que eso afecte significativamente el resultado.

Existe muy poca diferencia en la tasa de éxito entre aquellos que se sometieron voluntariamente al tratamiento y aquellos que pelearon a capa y espada. Muchos adolescentes que son llevados obligadamente al tratamiento terminan expresando profundo agradecimiento a sus padres por sus decisiones. Recuerda esto también. Es posible que el usuario te vea como un traidor. *Tu primera obligación es preservar la vida, no la amistad.* Con un poco de gracia, podrás salvar la amistad, igual que a tu amigo.

Capítulo veintisiete

TRASTORNO DE ESTRÉS **POSTRAUMÁTICO**

El trastorno de estrés postraumático es un desorden de ansiedad que a veces se desarrolla como repercusión de eventos aterradores en los cuales un asalto o una lesión corporal fueron presenciados, amenazados, o de hecho ocurrió. Este trastorno no es universal, de ninguna manera. La mayoría de las personas expuestas al desastre, por ejemplo, no experimentan efectos mayores de salud mental, y aquellos que sí, tienden a recuperarse en un par de años. Pero pueden ser dos años muy difíciles, incluyendo memorias vívidas, pensamientos destructivos y pesadillas, parálisis emocional o hiperexcitación, molestias para dormir, depresión, ansiedad, dolores de cabeza, molestias estomacales, mareos, dolor en el pecho, irritabilidad, estallidos de ira, y sentimientos de intensa culpabilidad. Ninguno de estos está fuera de la norma en la repercusión inmediata del trauma. Cuando los síntomas persisten más allá de un mes, un profesional de la salud mental puede diagnosticar el trastorno de estrés postraumático.

A la miseria le encanta la compañía. El trastorno de estrés postraumático, en su máxima expresión, puede estar acompañado de conductas adictivas y autolesivas ocurriendo al mismo tiempo; de duda, paranoia y paros psicóticos, depresión severa, conformidad excesiva, temor a la intimidad, y un sentido creciente de impotencia, desesperación y angustia.

El trastorno de estrés postraumático puede ser desencadenado por un asalto personal violento, una violación, o un ataque; por desastres o accidentes naturales o causados por humanos; o por un combate militar. Cerca del treinta por ciento de aquellos que pasan tiempo en las zonas de guerra sufren de trastorno de estrés postraumático. Las personas que se sobrepusieron a un abuso en la niñez u otro trauma previo tienen de alguna forma más posibilidad de experimentar un trastorno de estrés postraumático.

Antiguamente se creía que, por lo general, la parálisis emocional que seguía a un trauma era una señal de resistencia. La sospecha que crece entre los investigadores hoy es que las personas que exhiben distancia emocional, después de un trauma, pueden estar más dispuestas a un trastorno de estrés postraumático[1].

PLAN DE ACCIÓN: HABLA

Las buenas noticias es que hablar al respecto ayuda. Puesto que el diagnóstico fue reconocido en el *Diagnostic and Statistical Manual of Mental Disorders* [Manual de diagnóstico y estadística de trastornos mentales] de la Asociación Siquiátrica Americana en 1980, un cuerpo de investigación estableció la efectividad de la terapia cognitiva-conductual y la terapia grupal (ambas fundamentadas en hablar) para sobreponerse al trauma. Los medicamentos pueden ayudar a aliviar los síntomas relacionados con la depresión, ansiedad e insomnio, pero no es necesariamente indicado para una recuperación a largo plazo.

Algunos estudios muestras que entre más temprano mejor para hablar a través del trauma de eventos catastróficos. Luego de un huracán en Hawái, un estudio con una muestra de doce mil niños de la escuela encontró que, dos años más tarde, aquellos que recibieron consejería pronto, después de la tormenta, se encontraban mejor que aquellos que no lo recibieron.[2] Si sospechas del trastorno de estrés postraumático, puedes ser un consejero que brinde ayuda significativa a aquel que lo sufre al proveer un espacio seguro para hablar. La probabilidad es que serás una gran ayuda al referirlo a un profesional de salud mental que tenga experiencia tratando a personas que sufren de trastorno de estrés postraumático. En ese sentido, en el evento poco probable de un desastre masivo, podrías estar atendiendo a un gran número de jóvenes que necesitan experiencias grupales para ayudarlos a procesar su trauma y comenzar la recuperación.

Capítulo veintiocho
EMBARAZO

Al escribir estas líneas, existe menos actividad sexual en los adolescentes en general, y mayores números de adolescentes sexualmente activos reportan el uso de condones y pastillas de control natal para disminuir la probabilidad de embarazo. Estos hallazgos son interesantes, pero esencialmente inútiles cuando una señorita se sienta frente a ti diciéndote que no tuvo su menstruación.

PLAN DE ACCIÓN: PROTEGE TANTAS VIDAS COMO SEA POSIBLE

- No te apresures a juzgar. Escucha profundamente.
- Averigua por qué ella cree que está embarazada.
- ¿Cómo está su salud?
- ¿Visitó a algún doctor?
- ¿Cuánto tiempo tiene?
- ¿Cómo lo está manejando emocionalmente?
- ¿Quién más está involucrado? ¿Cuál es la naturaleza de la relación?
- ¿Qué saben sus padres? ¿Cómo están esas relaciones?

Si aún no se ha sometido a un examen confiable de embarazo, ese es un buen siguiente paso. Los centros de crisis de embarazo ofrecen exámenes gratuitos y consejería para menores sin requerir el permiso de los padres.

Si un embarazo fue verificado por medio de un examen confiable, habla acerca del padre, la naturaleza de su relación, las opciones disponibles para ellos, y si sus padres fueron informados.

Anima a los jóvenes a correr el riesgo de las posibles consecuencias negativas de informar a sus padres del potencial embarazo. Si los padres reaccionan mal, al menos sabrán cuál es su posición. Y quizás ellos superen la crisis y hagan algo mejor de una situación difícil.

Si la chica se inclina hacia el aborto, explora directamente y con hechos las razones y las percepciones acerca de los posibles resultados. No permitas que tus predisposiciones interfieran en el camino de entender lo que ocurre. Asumiendo la probabilidad que aconsejarás contra el aborto, dudamos que te abras paso realizando presión antes de tomar tiempo para ejercitar el escuchar con profundidad. Como siempre, consigue la historia detrás de la historia. El aborto puede parecerle a ella como la única alternativa razonable, donde *razonable* significa evitar extender el dolor de las familias o de su pareja sexual.

Si la chica se inclina hacia ser madre soltera, se tan directo y presenta los hechos acerca de eso como lo harías si la ayudaras a pensar el tema del aborto.

Haz lo mismo si se inclina hacia el matrimonio.

Si el embarazo es reciente, tienen tiempo para considerar todas las posibilidades. Ayuda a la joven mujer a desarrollar varios escenarios que describan los caminos para llegar a los resultados deseados y no deseados. Haz preguntas que la encausen a considerar los efectos positivos y negativos en cada uno de los involucrados. No existe un camino fácil a lo largo de su embarazo. Cada decisión que tome tiene una ola de efectos en otras decisiones y en las vidas de otras personas.

Haz tu tarea en conocer las alternativas de nacimiento y adopción. Tu red de crisis debe incluir recursos para aconsejarte y proveer dirección o servicios para la joven mujer.

Mantente alerta por si ella asiste a un centro de crisis de embarazo para hacerse exámenes, y averigua que si está embarazada, también recibirá consejería con relación a sus opciones médicas legales. Pocos, si los hay, programas de crisis de embarazo son realmente «exentos de valor», de una u otra forma. Cuando las opciones son presentadas y el aborto es mencionado, la inclinación filosófica de una agencia o clínica será reflejada. Al escribir estas líneas, si la chica elige un aborto, una docena de estados no tiene requisitos de notificación o permisos por parte de los padres. Los demás requieren que uno o ambos padres sean informados entre veinticuatro a cuarenta y ocho horas antes del aborto u otorguen su permiso por escrito.

Sabiendo que no hay un camino fácil en su embarazo, recomiéndale que proteja tantas vidas como sea posible y que tome el riesgo de que el Dios de misericordia y gracia pueda usar una circunstancia muy difícil para algo bueno.

Capítulo veintinueve
VIOLACIÓN

La violación es un crimen violento detrás del cual el ofensor deja evidencia física en forma de ADN y otras sustancias que lo identifican. Ya que la mayoría de las violaciones y asaltos sexuales son cometidos por personas conocidas por la víctima (setenta por ciento es el dato), obtener evidencia es un factor clave para lograr arrestos.

Todos saben que no es tan sencillo. Aun con evidencia física, probar una violación por la fuerza puede hacerse difícil por una defensa legal vigorosa. El tiempo lo es todo. La documentación médica forense de heridas y evidencia de ADN, en las horas inmediatamente siguientes al ataque, es vital para tener un fuerte caso físico. Y las pocas horas inmediatamente siguientes a la violación son exactamente el tiempo cuando una víctima se encuentra quizás emocionalmente incapacitada por el trauma.

Si el crimen no es reportado en media hora, eso puede fácilmente convertirse en medio día y cada ciclo del reloj hace más difícil que la víctima lo reporte. Los resultados son bien conocidos: aislamiento, dolor, temor, ira, duda, falta de confianza, remordimiento, depresión, y algunas veces abuso de sustancias, desórdenes alimenticios, cortaduras, aventuras sexuales, y otras cosas más.

PLAN DE ACCIÓN: HAZ PRESENCIA

- Enséñale a los varones que el sexo forzado nunca, jamás es permisible en cualquier forma.
- Enséñale a los varones a enseñarle a otros varones que el sexo forzado es inaceptable y criminal.
- Enséñale a las mujeres que el sexo forzado es un crimen sin importar quién es el ofensor.
- Enséñale a los hombres y las mujeres a reportar el crimen inmediatamente. Entrégales números telefónicos, y promete dejar lo que estés haciendo y ayudarlos a conseguir atención médica y reportar el crimen las veinticuatro horas de los siete días a la semana durante los trescientos sesenta y cinco días del año.
- Lleva a las víctimas a una unidad de cuidados de emergencia tan pronto como sea posible después de un ataque. Las víctimas adolescentes de violación pueden resistirse a la atención médica porque requiere consentimiento de los padres, y muchos sienten temor que el examen pueda ser doloroso. Lidia con esa preocupación al hacerles saber que no solamente pueden experimentar incomodidad durante el examen sino que también quizás tengan que enfrentar otros posibles problemas médicos, incluyendo el riesgo de infecciones de transmisión sexual y la posibilidad de embarazo. No es grato, pero es necesario enfrentar eso.
- El personal médico está obligado a reportar en todos los estados y es requerido a reportar crímenes sexuales. Los requerimientos legales pueden necesitar exámenes médicos adicionales. Mantente con la víctima durante ese proceso. No tienes que hablar; solo tienes que estar allí.
- Haz presencia en los meses siguientes. Los sistemas médicos y de las fuerzas de seguridad se volvieron relativamente sensibles a las víctimas de violación y a los testigos. Muchos departamentos de policía emplean a mujeres para entrevistar a las víctimas mujeres de violación y asalto sexual. Los programas de asistencia a las víctimas trabajan para hacer que las apariciones en la corte sean más tolerables. Puedes servir de asistente al proveer perspectiva, otro par de oídos, aceptación, y apoyo constante a lo largo de las disposiciones legales, reuniéndote con la policía y apareciendo en la corte.
- Considera referir a un psicoterapeuta con experiencia en recuperación de asalto sexual.

- Considera sugerirle que asista a un grupo de mujeres que haya sobrevivido a una violación.
- Prepárate para ayudar a la víctima a trabajar en temores persistentes, dudas espirituales, ansiedad social, y emociones confusas. Haz presencia el tiempo que sea necesario.

Capítulo treinta
ABUSO **SEXUAL**

La Información de la *U.S. Department of Health & Human Services' National Clearinghouse on Child Abuse and Neglect Information* – USDHHSNCCA&NI (Cámara Nacional de Abuso y Descuido Infantil del Departamento de Salud y Servicios Humanos de los Estados Unidos) define el abuso sexual en un menor como:

> « Un tipo de maltrato que se refiere al involucramiento de un menor en actividad sexual para proveer gratificación sexual o beneficio económico al perpetrador, incluyendo contactos con propósitos sexuales, molestar sexualmente, violación, prostitución, pornografía, exposición, incesto, u otras actividades sexualmente explotadoras »[1].

El glosario de la USDHHSNCCA&NI incluye refinamientos adicionales:

> « Abuso sexual: conducta sexual inapropiada de un adolescente o adulto con un menor. Esto incluye acariciar los genitales del menor, hacer que el menor acaricie los genitales del adulto, penetración, incesto, violación, sodomía, exhibicionismo, explotación sexual, o exposición a la pornografía »[2].

Cualquiera de estos actos cometidos por un padre, guardián o tutor, pariente, o persona a cargo (líder juvenil, maestro, niñera, consejero de campamento, etc.) es clasificado como abuso sexual. Para especificar más sobre incesto, mira el capítulo veinticinco.

Los alegatos de abuso sexual son investigados bajo las directrices de las agencias de servicios de protección de menores de cada estado. En la mayoría de casos, estos actos son ofensas criminales también. Cualquiera de estos actos perpetrados por alguien no relacionado con el menor es clasificado como asalto sexual, que es siempre un acto criminal manejado por la policía y las cortes criminales.[3]

TRES CATEGORÍAS DE ABUSO SEXUAL DE MENORES

1. Sin contacto: voyerismo, exhibicionismo, producción o compra de pornografía sexual, exposición a actividad sexual de adultos.
2. Con contacto: molestar sexualmente, penetración, incesto, pornografía infantil.
3. Forzado o físicamente violento: violación, sadismo, masoquismo, pornografía infantil.

ABUSO SEXUAL SIN CONTACTO

El abuso sexual de menores o adolescentes no requiere de hecho el contacto físico. Los voyeurs o los «mirones» son sexualmente estimulados al ver cuerpos desnudos o personas involucradas en actividad sexual. Un voyeur puede masturbarse mientras fantasea o mira secretamente a menores o adolescentes. Muchas veces buscan trabajo o posiciones como voluntarios en guarderías, escuelas, campamentos, programas juveniles de la iglesia, programas extracurriculares, y centros de la comunidad frecuentados por menores o adolescentes.

Los pedófilos exhibicionistas reciben estimulación sexual al exponer sus genitales a menores. A veces, la exposición indecente por parte de los hombres incluye masturbación.

La pornografía infantil involucra producir o procesar cualquier representación visual de un menor en una conducta sexualmente explícita, según lo define el Código § 2252 de los Estados Unidos:

- Menor» significa cualquier persona menor de dieciocho años.
- Conducta sexualmente explícita» significa de hecho o simulado:
- Unión sexual, incluyendo genital-genital, oral-genital, anal-

genital, u oral-anal, ya sea entre personas del mismo sexo o del sexo opuesto.
- Bestialidad.
- Masturbación.
- Abuso sádico o masoquista.
- Exhibición lasciva de los genitales o área púbica a cualquier persona.[4]

La exposición a la actividad sexual de adultos incluye situaciones en las cuales los menores son animados, invitados, o forzados a ver a adultos involucrados en actividad sexual con otros adultos o menores.

ABUSO SEXUAL CON CONTACTO

El molestar sexualmente incluye el contacto inapropiado; las caricias o besos a un menor en los pechos o genitales; o incitar o causar a un menor a tocar, acariciar, o besar los pechos o genitales de un adulto.

La unión sexual, para propósitos legales, incluye genital-genital, oral-genital, anal-genital, u oral-anal, ya sea entre personas del mismo sexo o del sexo opuesto.

Aun en la ausencia de fuerza física, la unión sexual con un menor es considerada una violación. Diferentes estados tienen leves variaciones en la edad en la que los menores legales pueden consentir la unión sexual. La mayoría de estados establecen la edad de consentimiento a los dieciocho, algunos a los dieciséis, y un par a los catorce y quince.

El incesto es la actividad sexual que ocurre entre miembros de la familia. En una fracción del porcentaje de los casos de abuso sexual de menores, el perpetrador es alguien conocido, amado, y muchas veces relacionado con el menor. Puede ser un padre, hermano, abuelo, padrastro, tío, primo, u otro miembro de la familia.

ASALTO SEXUAL FORZADO O FÍSICAMENTE VIOLENTO

La violación es la unión sexual forzada o el intento de unión sexual cometido contra una mujer, un hombre, una niña o un niño en contra de la voluntad de la persona y sin el consentimiento de la persona. (Para más sobre cómo ayudar a víctimas de violación, véase el capítulo veintinueve).

Los incidentes sádicos o masoquistas son raros en el abuso sexual de menores. El sádico se complace y recibe estimulación sexual al infligir dolor en otra persona. Los masoquistas son estimulados al soportar dolor infligido en ellos.

PEDOFILIA

Los pedófilos son personas, predominantemente hombres, para las que los menores prepubescentes son objetos de deseo sexual. La pedofilia puede tener más que ver con asuntos de la edad que con el sexo *per se*, ya que los pedófilos pueden demostrar atracción del mismo sexo, heterosexual, o bisexual hacia los menores.

Un término poco frecuente utilizado para un adulto que demuestra un apetito sexual depredador hacia los varones adolescentes es *pederasta*. La conducta es llamada **pederastia**. No existe un término correspondiente a aquellos que demuestran un apetito sexual depredador hacia las chicas adolescentes; no es de sorprenderse, dada la actitud depredadora generalizada hacia las mujeres adolescentes en esta cultura. Lo más cercano podría ser el «síndrome Lolita», tomado de la novela *Lolita* de Nabokov, en 1958. O podrías usar *viejo verde* o *lascivo*.

PLAN DE ACCIÓN: MANTÉN LOS OJOS ABIERTOS

- No existe un método conocido por el cual los pedófilos, pederastas, o lascivos puedan ser detenidos antes de su aprehensión por abuso de menores. Así que enséñale a los menores y los jóvenes a reconocer señales de abuso sexual de antemano, incluyendo contacto físico inapropiado, abrazos, y besos.
- Enséñale a los menores y los jóvenes a reconocer señales de seducción, incluyendo contacto físico que produzca placer; abrazos y besos; regalos inapropiados; y sobornos en forma de regalos, privilegios especiales, o trato infantil.
- Enséñale a los menores y a los jóvenes lo suficiente para entender cómo y por qué la seducción funciona. Esto es importante aun si un menor demuestra ser incapaz de evitar el abuso sexual. Un factor en la resistencia postabuso entre los varones es un nivel de conocimiento sexual que contextualiza cualquier respuesta de placer al abuso para reducir la probabilidad que la culpabilidad le deje lisiado.[5]

- Enseña habilidades verbales para negarse.
- Enséñale a los padres a crear una estrategia de salida por medio de la cual un menor tenga la facultad de huir ante una amenaza autodefinida y ser capacitado para llegar a un lugar seguro para ser recogido.
- Enséñale a los menores y los jóvenes a llamar al número de emergencias y decirle al operador que una persona mayor los está amenazando sexualmente.
- Enséñale a los menores y a los jóvenes a reportar el abuso sexual, pase lo que pase.
- Presta especial atención a los niños preescolares. Según las estadísticas del Departamento de Justicia, los varones son más vulnerables al salto sexual a la edad de cuatro años.[6]
- Presta especial atención a las niñas de octavo y noveno grado. Según las estadísticas del Departamento de Justicia, las chicas son más vulnerables a la edad de catorce años.[7]
- Si puedes, revisa si hay sentencias anteriores por ofensas sexuales entre todos los líderes y voluntarios que trabajan con menores y con jóvenes. Si necesitas asistencia, los oficiales locales de las fuerzas de seguridad te ayudarán a averiguar si una persona fue sentenciada por un crimen sexual.
- Teniendo claro lo anterior, haz todo lo que puedas de tal forma que parezca justo y humano. Nadie necesita sentirse como en un juicio si desea ayudar a los jóvenes a crecer íntegros y saludables. Ningún padre necesita sentir que su hijo se encuentra en mayor riesgo que el que realmente corre. Ninguna menor necesita una incitación para tener sospecha o ansiedad acerca de las personas que realmente se preocupan por ella. Practica tal diligencia antes de invitar a cualquiera a tu equipo de liderazgo, y luego busca el balance de confianza y supervisión.
- Informa a los padres de tu proceso de selección para los líderes y los voluntarios que lideran a los menores y los jóvenes, incluyendo el entrenamiento, la supervisión, y la evaluación.
- Entrena a los líderes y los voluntarios con estándares claros acerca de cómo y bajo qué circunstancias pueden tocar a los menores y los jóvenes (e informa a los padres de estos estándares). No prohíbas el contacto físico apropiado. Una mano en el hombro, abrazos de lado a lado, despeinar el pelo, y otros están bien en general si la persona lo permite. Ningún contacto es apropiado si no es bienvenido.
- Entrena a los líderes y a los voluntarios a reconocer señales

de abuso sexual en menores, incluyendo muestras de afecto físico indebido y contacto físico pegajoso indebido.
- Enséñale a los padres a ser receptivos a revelaciones de abuso sexual de parte de sus hijos. Los factores que influencian la probabilidad de que los menores informen a sus padres acerca del abuso sexual incluyen: la edad del menor, la relación con el perpetrador, amenazas o sobornos, cómo es percibido el incidente por el menor, el nivel de trauma, y el nivel de confianza entre el padre y el menor. Los menores sienten más confianza de hablar acerca del abuso sexual cuando tienen la seguridad del amor incondicional de sus padres. Los padres que no quieren escuchar malas noticias generalmente no lo hacen hasta que ya todo está muy mal. Enséñale a los padres a nutrir la apertura y a escuchar profundamente a sus hijos.
- Enséñale a los padres a estar alertas a los juegos de los niños que sugieren conocimiento sexual más allá de su edad. Recuerda que la edad pico de la vulnerabilidad para un menor varón es cuatro años. Los niños así de pequeños no pueden describir verbalmente un episodio de abuso por un adulto o un niño más grande, especialmente si fueron advertidos de no hacerlo. Si un padre observa una conducta que puede dar una pista que algo inapropiado ocurrió, una pregunta que invite como: «Dime cómo sabes acerca de eso», puede hacer que la conversación inicie (aun si la primera respuesta del niño es evasiva, que puede ser otra pista).
- Enséñale a los niños y los adolescentes a revelar instancias que creen son abuso sexual. La lista de conductas al inicio de este capítulo forma parte de una serie de preguntas que pueden ser sensatamente formuladas por los padres y los líderes juveniles para explorar la magnitud del reporte de un niño. A diferencia del pasado, cuando los niños eran victimizados con mayor facilidad porque no sabían que podían decir no a los avances sexuales de un niño mayor o de un adulto, muchos menores aprenden ahora a decir que no desde temprano, a escapar y contarle a alguien. Sin embargo, es posible que los padres no escuchen acerca de episodios de abuso, porque un menor no es capaz de reconocer que la conducta es mala o abusiva. Quizás no se «sienta» bien, pero un menor tendrá la tendencia a conformarse si conoce al perpetrador por medio de las relaciones familiares, las actividades cívicas, o el involucramiento en la igle-

sia. Cuando el niño confía en una persona, tendrá la tendencia de asumir que la actividad es normal aunque no la haya encontrado en otro lugar.
- Los adolescentes pueden encubrir el abuso sexual precisamente por la razón opuesta; porque reconocen que la conducta es mala. Y, por sus propias razones, responden conformándose a la culpabilidad en lugar del desafío justificable de ira. (Y «sus propias razones» pueden incluir sobornos y amenazas).
- En casos de incesto, los varones ofensores fueron conocidos por advertir a los menores de que su madre puede morir si ella descubre lo que ocurrió. Amenazas de daño físico a otros miembros de la familia o a la víctima son suficientes para mantener a los niños en atadura psicológica indefinida. Los favores especiales y la promesa de regalos o privilegios pueden ser la recompensa en un intento de mantener al niño en silencio, aunque tales tácticas se vuelven menos efectivas cuando el pequeño madura.
- También es posible que un adolescente ingenuo pueda no saber que lo que le fue hecho sea un abuso sexual. El aprendizaje según la edad acerca de la fisiología y la sexualidad es importante para el crecimiento integral de la persona, incluyendo su recuperación si sucediera lo peor.
- La conmoción debe ser agregada a la lista de razones por las que los adolescentes pueden no revelar el abuso sexual, especialmente los asaltos sexuales violentos, aun más si viene de las manos de alguien que conocen. En 2003, siete de diez víctimas mujeres de violación y asalto sexual identificaron a un pariente, un amigo, o alguien conocido como el atacante.[8] El agresor desconocido cuenta para no más de un cuarto de las violaciones, pero el estereotipo lleva a muchas víctimas a reportar inapropiadamente el abuso y asalto sexual. Solo porque el tipo era su novio, no altera el hecho legal que la penetración forzada es violación. Solo porque era el tío «Bud» no cambia el hecho que las caricias forzadas son abuso sexual. Demasiadas mujeres jóvenes y varones aceptan los incidentes que deberían ser reportados como crímenes, y pueden incluso aceptar la responsabilidad por lo que pasó. Una chica que cree que fue violada porque «incitó a su novio» quizás no arriesgue mayor retribución al decirle a sus padres.
- Algunos padres se enteran solamente de un asalto sexual

porque el trauma físico del ataque requiere atención médica. Las clínicas médicas y las unidades de emergencia requieren el consentimiento de los padres antes de tratar a un menor.
- La tarea del ministerio juvenil incluye enseñar a los jóvenes la verdad acerca del abuso y el asalto sexual y proveer un clima para revelar la situación.
- Utilizar cuestionarios como: «¿En qué parte del mundo te encuentras?», del capítulo cuarenta y uno para medir las actitudes de tus jóvenes y descubrir las necesidades dentro de tu grupo.
- Considera idear un cuestionario (o series de cuestionarios) para saber acerca del involucramiento de tu grupo y sus actitudes acerca de actividades de alto riesgo como suicidio, uso de drogas y alcohol, desórdenes alimenticios, conducta autolesiva, aventuras sexuales, problemas de sexo, y abuso (emocional, físico, sexual). Los cuestionarios bien diseñados son mecanismos de respuesta para los jóvenes que están luchando o «tienen amigos que están en esa situación».
- La forma en que un cuestionario es presentado es tan importante como el cuestionario mismo. Los jóvenes deben *oír* (la comunicación es que es oído, no lo que es dicho). que tomas sus respuestas muy seriamente y que das la bienvenida a la oportunidad de seguimiento durante conversaciones personales con cualquiera que esté interesado. Una vez que abras la puerta, los jóvenes encontrarán más fácil decirte que quieren hablar más.

JH: No sé si escuché esto en algún lado o si solamente reconocí el patrón; solo estoy seguro que hubo un cambio en la profundidad y la amplitud de mi trabajo con adolescentes cuando me di cuenta que casi cualquier problema significativo de ellos que mencionara en forma seria era seguido —usualmente muy rápido— por un joven que quería hablar conmigo acerca de eso. Nunca conocí a un joven luchando con desórdenes alimenticios hasta que mencioné en una plática con el grupo de jóvenes que mucha gente lucha con ese problema. Después de eso, nunca me quedé sin personas que querían ayuda con desórdenes alimenticios. Lo mismo es cierto del abuso sexual en todas sus formas, de los problemas de identidad sexual, violencia, adicciones a substancias, y compulsiones sexuales. Los adolescentes (y sus hermanos y padres, de hecho) están buscando puertas abiertas. Prefiero que pasen por nuestras puertas que por otras que puedo pensar.

SEÑALES DE ABUSO SEXUAL

De alguna forma es más fácil identificar señales de abuso en los niños pequeños que en los adolescentes.

- Mantente alerta a los niños que, por su lenguaje y conducta, indican conocimiento y experiencia en sexualidad que excede la curiosidad demostrada cuando los niños pequeños juegan al «doctor».
- Los niños que sufrieron abuso sexual reciente pueden mostrar señales físicas, como ropa interior manchada o dolor cuando se sientan o caminan.
- Los niños abusados pueden ser excesivamente físicos en su despliegue de emoción.
- Los niños abusados pueden verse notablemente temerosos de lo que interpretan como avances hacia sus cuerpos (una simple mano en el hombro, por ejemplo).
- El retraimiento emocional y físico de las relaciones es común entre los niños sexualmente abusados.

Las víctimas adolescentes usualmente quieren que alguien intervenga en su lugar, pero encuentran que el riesgo de revelar lo ocurrido es muy difícil de tomar. Cosas combinadas para observar:

- Entumecimiento.
- Síntomas de estrés postraumático que incluyen recuerdos, pesadillas y terrores, aislamiento sin precedente, hipersensibilidad emocional y retraimiento.
- Conducta autolesiva que incluye cortarse, quemarse, o rasguñarse.
- Actividad sexual sin precedente.
- Muestras de afecto indebidas e inapropiadamente sostenidas y afecto físico pegajoso con los adultos.
- Depresión profunda inesperada.
- Nerviosismo sin precedente, ansiedad o irritación.
- Un inusual alto porcentaje de las mujeres que sufren desórdenes alimenticios (más del ochenta por ciento, según algunos datos) es víctima de abuso o asalto sexual.

Capítulo treinta y uno
CONFUSIÓN DE IDENTIDAD SEXUAL

Lo que un joven cree acerca de su identidad sexual afecta todo: sus sentimientos y opiniones acerca de sí y de los demás; lo que hará y lo que no hará con su cuerpo (o con el cuerpo de otra persona); cómo se cuida a sí; su nivel de comodidad con Dios y con el pueblo de Dios; dónde cree que encaja en el mundo; sus sueños, aspiraciones, y expectativas, todo.

Así que, ¿de dónde viene la identidad sexual? ¿Cómo llegan las chicas a pensar en ellas como chicas? ¿Y cómo llegan los chicos a sentirse cómodos como chicos, sea lo que sea que signifique cómodos? Es una gran pregunta.

NATURALEZA CONTRA *NUTRIR*

En un largo debate, aquellos en un lado del argumento creen que se trata de naturaleza; la tubería y el alambrado determinan la identidad sexual. El otro lado cree que todo es cuestión de nutrir; los chicos y chicas se hacen, no nacen.

Los exponentes de la naturaleza dicen que la sexualidad —lo varonil o lo femenil— es determinada estrictamente por la cantidad de testosterona y de otras hormonas en la matriz en etapas críticas del desarrollo. Insisten, además, en que la conversación debe mantenerse estrictamente a la bioquímica y alejarse del desorden de las ciencias sociales.

El bando de nutrir reclama que los chicos y las chicas aprenden a ser chicos y chicas en sus familias y comunidades por medio de un proceso que pasa por alto los efectos de la bioquímica.

Actualmente, no existen muchos puristas en el debate de naturaleza contra nutrir. Solamente porque la tubería y el alambrado están en su lugar no significa que las personas sepan cómo actuar. Biológicamente los hombres y las mujeres completos aprenden los puntos finos de comportarse como varón y hembra de modelos y entrenadores. De la misma manera, cuando existe una irregularidad en el sexo, la química del cuerpo que ocurre naturalmente aparece para pasar por alto la psicología y las relaciones sociales.

En 1997, el caso comparativo de reasignación infantil de sexo fue pública y vergonzosamente desacreditada cuando los investigadores revelaron que, a la edad de catorce años, «Joan», el niño símbolo de la reasignación infantil de sexo, declaró: «¡Basta ya!», y demandó una regresión de los tratamientos de hormonas y las operaciones que crearon la apariencia femenina. Joan luego abandonó el tratamiento psiquiátrico y, desde una perspectiva de investigación, desapareció. Diecisiete años más tarde, cierto investigador ubicó a Joan, ahora viviendo como «John», un hombre casado criando tres hijastros y viviendo silenciosamente la vida americana promedio.[1]

Aun así, son las familias, comunidades y culturas que nutren la naturaleza de los pequeños hombres y mujeres hacia la conducta de niños y niñas. Con el tiempo, la socialización florece (o se calcifica) en los patrones adultos de un hombre y una mujer.

La identidad sexual se ha convertido en algo un poco oscuro en el último siglo aproximadamente, una larga historia a ser cubierta en otra parte. Basta decir que la gente llegó a hablar como si la identidad sexual tuviera menos que ver con lo que hace la gente, sea hombre o mujer, y más que ver con lo que hacen los hombres y las mujeres sexualmente.

En la sociedad, la gente trata al sexo como si fuera una cosa —un acto físico—, y la identidad sexual como si fuera otra; el tipo de actos físicos que prefiere una persona (más recientemente el vocabulario ha cambiado de preferencia sexual a orientación sexual, sugiriendo una predisposición). La identidad sexual es vista como la brújula sexual de una persona. La mayoría de personas parece asumir que:

a) Todos tendrán encuentros eróticos de una forma y otra.
b) Ellos comenzarán con esos encuentros lo antes posible.
c) La única pregunta es: ¿con quién?

La noción actual es que la identidad sexual de las personas determina en cuál de las tres formas va a responder a la última pregunta:
- Los heterosexuales quieren sexo con personas del otro sexo.
- Los homosexuales quieren sexo con personas del mismo sexo.
- Los bisexuales quieren sexo con quien esté disponible.

Esta es una forma bastante confusa de pensar acerca de las cosas. Desde el punto de vista biológico, el sexo tiene que ver con la capacidad reproductiva y nada más. En el ambiente biológico existen dos grandes categorías y una pequeña:

- Las mujeres (cerca del cincuenta por ciento) contribuyen con óvulos que contienen los cromosomas X.
- Los varones (cerca del cincuenta por ciento) contribuyen con esperma que contiene los cromosomas X o Y.
- Las personas sexualmente ambiguas (una fracción de un uno por ciento) nacen con órganos sexuales indistintos, mezclados, o no funcionales, y por lo tanto no contribuyen en nada al pozo de los genes.

Recuerda, estamos hablando de biología reproductiva aquí; así que los varones y las mujeres son categorizados como un conjunto. Las personas sexualmente ambiguas son consideradas caso por caso y muy probablemente no se reproducen.[2] Así que, en lo que concierne a la biología, existen dos sexos, punto final.

Pero la noción popular acerca de la identidad sexual trata a los homosexuales como un tercer sexo que se convierte en cuatro si cuentas la bisexualidad y cinco si subdivides a los homosexuales por sexo. Nadie disputa que algunos de nosotros (se estima a grandes rasgos que el rango varía entre cuatro y diez por ciento) no somos atraídos por la gente del otro sexo sino que somos atraídos por la gente del mismo sexo. Lo que está en juego es: ¿por qué?

Dos respuestas dominan la conversación: naturaleza y nutrir. Y llegamos más o menos de regreso al punto de partida.

Aquí hay una hipótesis basada en muchos campos de investigación. Casi todos los que persiguen la satisfacción sexual buscan seguridad emocional; un tipo completamente diferente al sexo seguro del que estamos acostumbrados a hablar. Aun las personas que prefieren su sexo rudo o peligroso, lo hacen así porque se sienten de alguna forma más seguros que las alternativas; nada distinto a sus amigos que se ven tentados a cortarse porque al menos es un dolor que pueden controlar de alguna forma (a diferencia del dolor incontrolable que experimentan como resultado de abuso emocional, físico, y sexual).

Algunas personas tienen tanto temor —o están tan airadas— de las personas del otro sexo que si buscan cualquier encuentro sexual, seguramente no serán encuentros heterosexuales; porque no hay forma que esto pueda ser seguro. Así que si desean placer sexual, lo consiguen ya sea en soledad o lo buscan en encuentros o relaciones del mismo sexo.

Y luego existe la adicción sexual. Algunas personas son atrapadas por adicciones sexuales que lo manifiestan en conductas heterosexuales, bisexuales, homosexuales, o autoeróticas.[3] Las conductas adictivas se basan en la atracción, aversión, o combinación de ambas. Las personas son atraídas a hacer lo que parece funcionar para ellas; son repelidas por lo que no parece funcionar. Así que, para la seguridad emocional, agrega la aversión y atracción sexual.

Todo esto es igual a un conjunto de mensajes confusos cuando los chicos y las chicas alcanzan la edad sexual.

NUESTRO GRAN CUADRO

Sea lo que sea que los científicos puedan aprender en el futuro acerca de nuestra naturaleza genética, ya sabemos bastante acerca del profundo efecto que las experiencias de la niñez y la adolescencia temprana tienen en la identidad sexual. De estas experiencias formamos un cuadro complicado de nosotros. Cómo percibimos lo que experimentamos, qué creemos que significa, dónde colocamos consciente o inconscientemente cada experiencia en el cuadro más grande, y cómo nos comportamos, como resultado todo, juega un papel en nuestra identidad sexual.

Cuando a un niño le dicen «marica» porque no lanza la pelota bien; esa experiencia se convierte en parte de su gran cuadro. Cuando molestan a una niña por ser marimacho porque posee fuerza corporal inusual; eso se convierte en parte de su gran cuadro. Cuando un menor de cualquier sexo es tocado inapropiadamente por una persona mayor de cualquier sexo, ese contacto aparece en algún lugar del gran cuadro. Cuando se le pregunta repetidamente a los adolescentes si son gays o lesbianas, esas preguntas son introducidas en el gran cuadro, conscientemente o no.

¿Y qué hacen las personas con el gran cuadro? Ese es el rompecabezas. Por qué una persona se vuelve promiscua y otra se convierte en sexualmente reprimida y una tercera parece funcionar según líneas enteramente convencionales es tan difícil de explicar como de predecir. Por qué una persona llega a ser más atraída a la forma masculina y otra a la forma femenina es también un misterio igual de complicado. ¿Quién sabe dónde comenzar a desenredar la pelota de trenzas que crea la atracción sexual hacia los menores o los animales o una lista de fetiches sexuales demasiado larga y complicada para catalogar aquí, y aún explicarlo?

LA HISTORIA DETRÁS DE LA HISTORIA

Sabemos esto: detrás de cada historia hay una historia. La mayoría de las veces (no todas, pero sí la mayoría), cuando escuchamos la historia detrás de la historia, lo que la gente hace (o hizo) de repente llega a hacer mucho sentido. No es que la historia detrás de la historia sea una excusa para los actos ilegales o inmorales, pero ayuda a interpretarlos.

Así que, ¿qué tiene esto que ver con cualquier cosa? Para la mayoría de nosotros, nada. Aun si tomamos el estimado más entusiasta del número de homosexuales y bisexuales, noventa por ciento de nosotros nunca haremos una sola decisión concerniente a la homosexualidad o bisexualidad. Aunque siendo realistas, unos cuantos de nosotros tendrá experiencias que son confusas, incluso molestas, pero que no tienen nada que ver con ser homosexual o ser bisexual.

Entendido lo anterior, todos sabemos que no existe excusa para la mala conducta. El chico que seduce a las chicas no es mejor que el que seduce a otros chicos. Ambos son seductores. Y eso tiene algo que ver con todos nosotros, porque, independientemente de la conversación acerca de la identidad sexual, nadie tiene el derecho de seducir a otra persona.

DAME UNA SEÑAL

Las crisis de identidad sexual son autodefinidas. Lejos de la mayoría de amaneramientos o simulaciones de extrema conducta, realmente no existen señales de confusión de identidad sexual. Hombres delicados y mujeres rudas están todos dentro del rango de «normal» para su sexo. Tener un gran sentido de estilo o amar ciertos deportes son medidas ridículas para la identidad sexual de una persona.

PLAN DE ACCIÓN: HABLA DIRECTO

- No hagas bromas acerca de la identidad sexual en público o en privado.
- No escuches bromas acerca de la identidad sexual en público o en privado.
- No toleres bromas acerca de la identidad sexual en tu grupo.
- Resuelve tu propia identidad sexual y elecciones de conducta, y consigue ayuda donde sea necesario para completar cualquier asunto no resuelto.
- Toma muy en serio cuando un joven esté dispuesto a hablar contigo acerca de problemas de identidad sexual. Los adolescentes que se autoidentifican como bisexuales u homosexuales y aquellos que tienen encuentros con el mismo sexo o reportan atracción o relaciones románticas con el mismo sexo corren un mayor riesgo de:
  - Asalto: cuarenta y cinco por ciento de los hombres homosexuales y veinte por ciento de las mujeres homosexuales reportaron ser verbal o físicamente asaltados, en especial durante la secundaria por su orientación sexual; tienen entre dos y cuatro veces más de probabilidad de ser amenazados con un arma en la escuela.
  - Abandonar la escuela, ser expulsado de su casa, y vivir en la calle.
  - Uso frecuente e intenso de tabaco, alcohol, marihuana, cocaína, y otras drogas en un estado temprano.
  - Relaciones sexuales, múltiples parejas, y violación.
  - Enfermedades de transmisión sexual, incluyendo VIH (las chicas homosexuales tienen el menor riesgo de infecciones de transmisión sexual; pero es casi seguro que las adolescentes lesbianas hayan tenido relaciones sexuales con hombres, en cuyo caso el riesgo se mantiene).
  - Suicidio: se encuentran entre dos a siete veces más propensos a intentar suicidarse que sus compañeros que se autoidentifican como heterosexuales.
  - Los datos no relacionan estos factores de riesgo con la identidad sexual per se, pero están de forma muy llamativa acoplados con reacciones negativas de inconformidad de sexo, estrés, violencia, falta de apoyo, problemas familiares, suicidios, y no tener hogar.[4]

- Enseña un acercamiento integral de la sexualidad. Para perder la vergüenza, utiliza en tu grupo: «Sexo del bueno» (Especialidades Juveniles, 2006).
- No utilices la Biblia selectivamente para hacer concluir sobre algún punto o para acorralar a alguien contra la pared; no es ese tipo de espada.
- No hagas distinciones entre lujuria heterosexual, homosexual, y bisexual. No importa cuál es tu identidad sexual y teología, la lujuria no es permitida. La implicación de que tu lujuria es de alguna manera mejor que la de tu vecino es simplemente ridícula.
- Haz distinciones claras entre experiencias sexuales e identidad sexual. Muchos menores experimentan varios niveles de juegos preadolescentes con el mismo sexo y con otros menores. Luego, muchos ven estas experiencias como juegos de niños. Unos cuantos le dan mayor significado a esas experiencias en retrospectiva y necesitan seguridad de que es una experiencia bastante común del crecimiento. La introducción de un niño mayor, adolescente, o adulto a la historia cambia la experiencia de juego de niños del menor a un encuentro sexualmente abusivo. Algunas víctimas de abuso sexual en la niñez o en la adolescencia temprana llegan a creer que quizás son homosexuales porque participaron en actividades con el mismo sexo, o bisexuales porque sexualizaron encuentros con personas de ambos sexos.
- Recuerda esto: no tienes voto en las actitudes sexuales de un joven, ni en sus creencias, o conductas más de lo que él puede votar sobre las tuyas. Puedes escuchar, aprender, aconsejar, enseñar, procurar entender, y persuadir, pero no puedes controlar. Nadie puede. Aparte de matar por completo a tu joven amigo, tu influencia sobre su identidad y decisiones sexuales es limitada por tu humanidad. Así que, si puedes lidiar con eso, no cierres puertas (salvo aquellas que protegen a otros jóvenes). Mientras sigan hablando, existe esperanza de un fin positivo.

Capítulo treinta y dos
ENFERMEDADES DE TRANSMISIÓN SEXUAL (ETS)

Si es posible confiar en los datos de infección de transmisión sexual reportados por el Instituto Alan Guttmacher, lo siguiente es un panorama del riesgo de enfermedades en los adolescentes:

- Cada año, cerca de tres millones de adolescentes adquieren una enfermedad de transmisión sexual; eso es casi uno de cada cuatro sexualmente activos.
- Una única experiencia de sexo sin protección expone a las chicas adolescentes a un 1% de riesgo de adquirir VIH, un 30% de riesgo de herpes genital, y una probabilidad del 50% de gonorrea.
- La clamidia es más común entre los varones y las chicas adolescentes que entre los hombres y mujeres adultos. Tan alto como 29% de las chicas y 10% de los chicos reportaron positivo en el examen de esta enfermedad.
- Los adolescentes tienen mayor índice de gonorrea que las personas sexualmente activas de veinte a cuarenta y cuatro años.
- Algunos estudios de chicas sexualmente activas encontraron índices de infecciones hasta del 15% en el virus del papiloma humano (el VPH está generalmente ligado al cáncer cervical).
- El índice de hospitalización por inflamación pélvica severa es mayor en las chicas adolescentes que en las adultas. La inflamación pélvica severa, más generalmente el resultado

de una clamidia o gonorrea no tratada, puede llevar a la infertilidad y los embarazos anormales.[1]

Todo esto puede ser interesante, pero de utilidad limitada, ya que es poco probable que seas la primera persona en enterarte acerca de infecciones de transmisión sexual en tu grupo. Entonces...

PLAN DE ACCIÓN: DI LAS COSAS DIFÍCILES (AMABLEMENTE)

- Enséñale a los jóvenes a reportar posibles ETS a un médico. El impacto de fallar en tratar le VPH, gonorrea, clamidia, inflamación pélvica severa, y VIH va desde lo horrible hasta lo fatal. Y las implicaciones epidemiológicas son desconcertantes.
- Enséñale a los jóvenes a traer a sus amigos a ti para consejo si sospechan tener una ETS.
- Enséñale a los padres que un joven puede contraer una infección de un único contacto sexual, así que una ETS no es señal de promiscuidad a rienda suelta.
- Enséñale a todos que las ETS son un problema médico con profundas conexiones familiares, sociales, y espirituales. Un buen triage demanda tratar la condición médica lo más temprano posible.

Capítulo treinta y tres
ABUSO Y ADICCIÓN DE **SUBSTANCIAS**

Buenas noticias. Al escribir estas líneas, el abuso de sustancias por parte de los adolescentes tiende a bajar en la mayoría de categorías.

- Tabaco (en todas las formas).
- Alcohol (en todas las formas, incluyendo el consumo en exceso).
- Cocaína (en todas las formas).
- Inhalantes (en todas las formas).
- Metanfetaminas.
- Marihuana.

Todas son menores que hace una década entre los estudiantes de noveno y doceavo grado.

Malas noticias. Existen notables excepciones a la tendencia en bajada.

- El número de estudiantes entre noveno y doceavo grado que reportan el uso de una o más veces de esteroides no prescritos se ha triplicado desde los inicios de los noventas a cerca de 6%.
- El número de estudiantes entre noveno y doceavo grado que reporta el uso de heroína una o más veces llegó a alcanzar cerca de 3%.
- El uso de éxtasis, medido por primera vez en el 2003, se

mantiene en 11,1% entre los alumnos entre noveno y doceavo grado (± 3,7%).
- Entre los alumnos de noveno y doceavo grado sexualmente activos, el número que reporta uso de alcohol o drogas antes de su más reciente relación sexual tiene la tendencia a subir (cerca de 25%).[1]

Detrás de los cambios, ambos positivos y negativos, se encuentra la verdad de que no cambió mucho. Existe volatilidad a lo largo de la década de números de abuso de sustancia que refleja el alza y la caída de uso de drogas en general y la relativa popularidad de drogas específicas. Y, por supuesto, los patrones regionales y locales pueden ser muy diferentes a las tendencias nacionales. Los Centros de Prevención y Control de Infecciones reportaron para sí el uso de drogas entre los estudiantes de noveno y doceavo según cada estado (y algunas ciudades). Para conocer los listados locales, entre a http://apps.nccd.gov/yrbss.

Una cosa que seguramente observarás es que sea donde sea que vivas, la mayoría de las drogas que son usadas alguna vez por los estudiantes entre noveno y doceavo grado son pequeñas cuando las comparas con el uso regular de las tres grandes: alcohol, tabaco y marihuana.

- Alcohol: al escribir estas líneas, cerca del 45% reporta beber en los 30 días antes de la encuesta hecha por los Centros de Control de Infecciones. Cerca del 28% reporta beber en exceso en los 30 días antes de la encuesta.
- Tabaco: de igual forma, cerca del 27% reporta usar alguna forma de tabaco en los 30 días previos a la encuesta. Cerca del 10% reporta fumar cigarrillos durante 20 o más de los 30 días antes de la encuesta.
- Marihuana: de la misma manera, cerca del 22% reporta su uso en los 30 días previos a la encuesta.

De los tres, alcohol y tabaco permanecen sin amenaza por costos de letalidad y salud pública. La línea de fondo para muertes atribuibles directamente al alcohol en los Estados Unidos es cerca de 76.000 cada año, con un costo de 2.3 millones de años de pérdida de vida potencial.[2] El impacto económico es estimado en más de US$26 billones en costos directos de salud médica y mental; US$134 billones en pérdida de productividad; y US$24 billones en costos de accidentes de vehículos, crímenes, destrucciones por incendios, y bienestar social. Todo esto para un gran total de US$185 billones anuales.³

Cada año cerca de 440.000 estadounidenses mueren de causas atribuibles al cigarrillo, costando 5.6 millones de años de vida potencial perdida y US$75 billones en costos médicos directos, más US$82 billones en pérdida de productividad. El costo total: cerca de US$157 billones al año.⁴

¿POR QUÉ?

Los datos son interesantes, pero inútiles a menos que entendamos *por qué* los adolescentes usan alcohol y otras drogas.

CURIOSIDAD

Los adolescentes lo saben todo acerca de nuevas experiencias. 65% de los estudiantes de secundaria reportan tomar una o más bebidas al menos una vez antes de llegar al doceavo grado.

PRESIÓN DE GRUPO

Es difícil para un adolescente decir no si los amigos son la esencia de su experiencia. Toma mucha fuerza personal enfrentar el ridículo y el rechazo por ir contra la voluntad popular. En su clásico, *All Grown Up and No Place To Go* [falta traducción], David Elkind habla de los adolescentes que desarrollan un «máscara de sí», un ser construido por la simple adición de sentimientos, pensamientos y creencias copiadas de otros. Los adolescentes «que crecieron por sustitución y solamente tienen una máscara de sí son menos capaces de posponer la gratificación inmediata. Son orientados por el presente y dirigidos por otros, fácilmente influenciados por los demás»⁵. Eso no es cada uno todas las veces, pero es un gran número la mayoría de las ocasiones.

DIVERSIÓN

Es posible que nada tenga mayor valor que la diversión definida por uno mismo. Ya saben cómo eso, ¿no?:

—¿Te divertiste anoche?

—Estaba tan «tocado». No recuerdo dónde estaba o qué hice. Me desperté en una piscina de mi propia orina; al menos creo que era mía.

—Hombre.

—Tengo un diente hecho pedazos.
—Hombre.
—Encontré el comienzo de un tatuaje en mi tobillo. Creo que es de la cenicienta.
—¿En serio?
—No sé cómo llegué hasta aquí o qué le sucedió a mi auto o a mi ropa interior.
—Hombre.
—Nunca me había divertido tanto en mi vida.
—Súper.

Vamos, tienes que admitir que no puedes tener este tipo de diversión estando sobrio. Mientras esa orina no se vuelva crónica, y la cenicienta no se infecte, y el vehículo no aparezca en un reporte criminal, y un chico de treinta años no aparezca en su convertible con la ropa interior, seguirá siendo una memoria especial, bueno, no una *memoria* exactamente.

IMITACIÓN

Algún viejo dijo que los jóvenes no son muy buenos escuchando a los adultos, pero ellos casi nunca fallan en imitarlos. Somos una cultura drogada —con una bebida de adulto en una mano y una prescripción de pastillas en la otra— tratando de que otros nos entiendan cuando hablamos con el puro que fumamos entre los dientes. Jess Moody dijo que si alguna vez quitáramos del país las drogas que alteran el estado de ánimo por una noche, tendríamos una parálisis nerviosa nacional.

El ejemplo siempre enseñó más que *el discurso*. Necesito un trago. No me hables, aún no tomé mi café. Solo necesito un cigarrito; así me calmo un poco. Solo algo pequeño para quitar el mal humor. Muchos de nosotros animamos en lugar de desanimar la automedicación.

DECLARACIÓN DE INDEPENDENCIA

Un joven dijo que comenzó a fumar marihuana «¡porque lo único de lo que mis padres siempre hablan es de cuán malas son las drogas!». La marihuana fue una forma de dejar que sus padres supieran que él tenía la intención de hacer cualquier cosa que le placiera. El terapeuta Gary Forrest se encontró entre los primeros en describir este fenómeno:

«Los estudios indican que más del ochenta por ciento de las familias en las que ambos padres beben producen hijos que toman.

Al contrario, más del setenta por ciento de los padres que no beben producen hijos que se abstienen. Sin embargo, existen casos donde la abstinencia completa de alcohol por parte de los padres de hecho motiva al adolescente a beber. Si tomar es un tabú en la familia, entonces la mentalidad de contradicción del adolescente puede concluir que beber debe ser divertido. Para algunos adolescentes, tomar ofrece una excelente forma de enojar y controlar a los padres que no son bebedores.[6]

DESINHIBICIÓN

¿Qué líder juvenil, maestro, o consejero no escuchó justificaciones? *Bebo porque me ayuda a ser yo mismo. Soy más creativo cuando estoy «tocado». Ponerme un poco en «onda» me ayuda a meterme más en mi música.* Estudios de placebo en los cuales se le dijo a los estudiantes universitarios que una bebida contenía alcohol cuando no lo contenía encontraron que aquellos que *esperaban* experimentar efectos desinhibidores del alcohol tendían a obtener lo que esperaban (algunos reportaron incluso sentirse borrachos), a pesar de la ausencia de alcohol en las bebidas.[7]

ESCAPE

Los adolescentes usan alcohol y otras drogas para escapar del dolor de las relaciones fracturadas o abusivas, sentimientos de inadaptación, temor al futuro, presiones escolares, expectativas de los padres, casi cada factor de estrés puede llevar a la automedicación. ¡El reto mayor de las drogas es que funcionan! Al menos por un tiempo. Muchos usuarios afirman que el alivio temporal es mejor que ninguno.

ADICCIÓN

El uso regular de algunas sustancias crea dependencia. El usuario de la cafeína fuerte que deja su bebida favorita por cualquier razón (digamos un viaje al campo) sabe algo acerca de los síntomas de abstenerse, como dolores de cabeza, irritabilidad y patrones de sueño irregular; y eso solo es cafeína.

La potencia de la droga se mide en grados de impacto fisiológico y psicológico, tolerancia progresiva que lleva al incremento en el uso pero decremento en los efectos, y síntomas molestos crecientes a la abstinencia. Mezclar drogas es un ejercicio experimental para tratar de manejar esas variables, una tarea que gradualmente se convierte en un trabajo de tiempo completo para las personas adictas.

El director del antiguo Instituto Nacional para el Abuso de Drogas, Alan Leshner, dice que la esencia de la adicción es «la búsqueda y el uso incontrolable, compulsivo de la droga, aun frente a consecuencias sociales y de salud negativas»[8]. Deseo compulsivo, búsqueda, y uso, sin importar de qué se trate; eso lo cubre casi todo.

TOLERANCIA

Es un indicador clave en la adicción. Es por esto que hay una diferencia entre un alcohólico y un bebedor problemático. Existe evidencia para sugerir que cada uno tiene el potencial para tener problemas con la bebida. El bebedor problemático tiene problemas cuando toma, y muchos problemas cuando bebe mucho. Una de las señales que delatan a un alcohólico es su capacidad de absorber grandes cantidades de alcohol sin daños obvios; es a menudo el alcohólico el que conduce a casa al bebedor problemático después de una fiesta.

Estas no son buenas noticias. La tolerancia a altos niveles de alcohol en la sangre es la primera pista de que eventualmente se necesitan altos niveles de envenenamiento con alcohol para producir efectos fisiológicos. Luego, tomará altos niveles de uso solo para sentirse *normal*. Nadie puede envenenarse en un régimen regular sin sostener daños orgánicos a largo plazo. Es mejor ser un «peso ligero» cuando se trata de tolerancia al alcohol; es mejor enfrentar lo que viene si no lo eres.

PLAN DE ACCIÓN: INVOLÚCRATE

No saltes inmediatamente a conclusiones cuando ciertas cosas parezcan indicar el involucramiento con las drogas. De la misma manera, no niegues lo que está justo frente a ti. La presencia de uno o dos factores comúnmente asociados con el abuso de sustancias puede solamente indicar que un adolescente está experimentando cambios típicos de la adolescencia. Sin embargo, cuando ellos sospechan que hay un problema, la mayoría de adultos tiende a *no* errar del lado de la exageración sino en esperar demasiado para actuar. Si la preocupación se basa en hechos reales, es mejor estar a salvo que estar arrepentido.

SEÑALES DE ABUSO DE DROGAS Y ALCOHOL EN ADOLESCENTES

- Aislamiento: pasar significativamente más tiempo solos en su habitación (o algún otro lugar apartado de la casa) que antes; evitar de manera anómala la interacción y la diversión con su familia
- Cambios inexplicables en relaciones: dejar amigos valiosos y rápidamente conectarse con un nuevo círculo de asociados; guardar en secreto sus nombres, horarios y lugares
- Dificultades en la escuela: ausentismo sin precedentes, asignaciones sin completar, pérdida de concentración, disminución inesperada en las calificaciones
- Cambios inexplicables en intereses: pérdida de interés en la higiene, arreglo, nitidez personal, juego, creatividad, amistades
- Problemas de conducta: robar, mentir, o hacer gastos inexplicados
- Conductas de alto riesgo: pérdida de consideración por la seguridad personal, violaciones de tráfico frecuente, vandalismo
- Señales persistentes de depresión: gestos o conversaciones suicidas, intentos suicidas
- Promiscuidad sexual: conducta sexual indiscreta, múltiples parejas
- Quejas de salud: resfríos frecuentes sin precedente, vomitar, estar con gripe, dolor abdominal, dolores de cabeza, temblores
- Cambios en los hábitos alimenticios: incremento o decremento incontrolable en el apetito acompañado de aumento o pérdida de peso
- Señales obvias de estar bajo la influencia: aliento a alcohol, discurso mal pronunciado, tambalearse, pupilas dilatadas, euforia, alucinaciones, pánico, engaño, palpitaciones del corazón, conciencia sin precedente del olor del cuerpo, sueño

Recuerda los calificativos en estas descripciones: *inexplicable, sin precedente, persistente*. No quieres saltar a conclusiones, pero tampoco quieres ignorar numerosas conductas sospechosas.

Si los padres te llaman para hablar acerca de problemas de abuso y adicción de sustancias, reúnete con ellos lo antes posible, a menos que la situación sugiera una crisis aguda —por ejemplo, sobredosis o gestos suicidas—, en cuyo caso será mejor que despejes tu agenda o que refieras inmediatamente. Es probablemente mejor si el adolescente no está presente en esta primera reunión (si fue por iniciativa de un padre).

Comienza por afirmar a los padres por haber buscado ayuda (aun si su temor resulta no tener fundamento). Haz preguntas francas que les permitan despejar sus preocupaciones mientras te dan un sentido del progreso de la conducta de su hijo. Déjales saber que los ayudarás a desarrollar un plan de acción una vez que tengas claro el panorama del problema.

Algunos padres te compartirán el problema completo —tal como lo ven— como un torrente de información de principio a fin. Otros necesitan que les saques la información en forma de preguntas de seguimiento y retroalimentación frecuente. Aquí hay algunas preguntas para que la conversación fluya mejor:

- ¿Cuándo comenzaron a creer que podría haber un problema?
- ¿Cómo respondieron a esto cuando se dieron cuenta?
- Cuéntenme acerca de las conversaciones que tienen con ella acerca de esto.
- ¿Admite ella tener un problema?
- ¿Qué consecuencias naturales experimenta ella debido a su conducta? (Pérdida y daños a la propiedad y resacas son *consecuencias naturales*).
- ¿Cómo manejó ella esto?
- ¿Qué consecuencias lógicas reforzaron? (Restricción de conducir u horarios de llegada a casa son *consecuencias lógicas*)
- ¿Cómo respondió ella?
- ¿Qué indicadores tienen de que el problema es peor de lo que era hace treinta días?
- ¿Qué les dicen sus instintos?
- ¿Qué hace que confíen o no en sus instintos en este caso?
- ¿Qué les gustaría ver que sucediera?
- ¿Creen que tienen los recursos para llegar allí?
- ¿Qué les gustaría que yo hiciera, si es posible?

Una vez que los padres comparten sus preocupaciones y lo que les gustaría ver que sucediera, puedes asistirlos para llegar a tener un plan de acción. (Para saber más al respecto, véase el capítulo siete).

Si estás de acuerdo en que aparentemente hay una causa para preocuparse pero aún te parece algo intangible, sugiere que ya sea tú o uno de los padres organice un viaje por un día que te incluya únicamente a ti o al padre con el joven por el que se preocupan.

- Sácalo de la escuela por un día; sal bien temprano para que no se quede dormido en casa.
- Manejan durante tres o cuatro horas con paradas limitadas hasta que lleguen a cual sea el destino que escogiste para cualquier cosa que hayas decidido que van a hacer. (Por ejemplo, llévalo para inspeccionar un centro de conferencias que nunca usaste, aun si no estás buscando un nuevo centro de conferencias. Esta inspección le dará algo para contribuir y asimilar tu pensamiento acerca de lo que hacen en un campamento).
- Un par de veces durante el día agradécele por acompañarte en lo que podría parecerle una misión sin propósito, y dile que es agradable tener su compañía.
- Haz preguntas abiertas que requieran historias en lugar de respuestas conceptuales. Comienza con temas que son personales pero que no amenazan. Muévete gradual y naturalmente hacia preguntas que invitan a una mayor revelación: preferencias musicales, deportes, programas de televisión y películas favoritas, el trasfondo de sus padres, su propia familia. Él podría mostrarse cauteloso, pero seguramente podrás ganarle, especialmente si eres recíproco con tus propias historias.
- Observa su postura física y su perseverancia, su aparente afecto emocional y su vocabulario, su grado de tolerancia y compromiso con la conversación, y su habilidad para permanecer enfocado en el hilo de la conversación.
- Cuando lleguen al destino, asegúrate de que se bajen del vehículo y caminen un poco, incluyendo subir gradas o una colina en la caminata. Coman algo. Haz una pequeña plática comparando ese lugar y el lugar donde viven.
- En el viaje de regreso, incluye discusiones abiertas que apelen a historias acerca de cómo imagina su futuro así como la forma en que recuerda su pasado.
- Agradécele nuevamente por su compañía cuando te despidas.
- Ya sea que fueras tú o fuera el padre del joven que lo llevó de viaje, al día siguiente —con prudencia por las cosas que

se dijeron en confidencia— compartan la historia el uno con el otro. Haz preguntas acerca de su conducta y aparentes actitudes al regresar a casa esa noche. Haz otras acerca de cómo se levantó y salió de la casa a la mañana siguiente.

Este acercamiento es relativamente costoso en términos de tiempo, pero puede ayudarte a calificar y priorizar tus preocupaciones. Tendrás muy seguramente una mejor noción de si existe una amenaza emergente o no. Si mayor intervención es apropiada, estarás en sintonía con el padre.

En el proceso existe una fuerte probabilidad de que el joven revele la situación, o que descubras eso de otra manera, lo que está detrás del problema que presenta el padre. (Por ejemplo, el problema presente puede ser: «Algo anda mal, pero no estamos seguros de qué es»). Una vez que creas que entiendes la magnitud del problema, puedes ayudar a su padre a desarrollar un plan de acción.

Si el problema resulta ser alcohol, mantente alerta de que algunos padres subestimen el peligro de su abuso. No es inusual escuchar una respuesta ingenua aliviada como: «Ah, ¿es solamente alcohol? ¡Tenía temor de que fueran drogas!». Esto ocurre a pesar del hecho que, en la práctica, las consecuencias del abuso de alcohol son más letales que otras drogas. A muchos alcohólicos adolescentes y bebedores problemáticos se les roba la oportunidad de una intervención temprana porque las personas de su cercanía no quieren ver lo que están viendo.

Si se indica el referir a un profesional, una de las mejores formas en que puedes servir a las familias es sabiendo qué opciones de tratamiento están disponibles para ellos.

Afortunadamente, existe una gama de programas efectivos para ayudar a las personas a superar las dependencias al alcohol y otras drogas. La mayoría de los programas requiere el involucramiento de la familia en el régimen de tratamiento debido a que el potencial de recuperación del usuario a largo plazo es mucho mayor cuando los miembros de la familia abrazan el papel importante que juegan en el proceso.

Capítulo treinta y cuatro
SUICIDIO

Una persona que ya fue olvidada llamó al suicidio un «mal biológico, sociocultural, interpersonal, dual, existencial». Esta es una forma elegante para decir que —aunque cualquiera de un número de factores pueda empujarlo más allá del borde— el individuo suicida «típico» está haciendo malabarismos con una constelación de pelotas que siguen incrementándose en el transcurso de las semanas, meses, e incluso años.

Los adolescentes que son por naturaleza más impulsivos a veces presentan una notable excepción a esta regla. Una ruptura especialmente dolorosa de un noviazgo puede ser suficiente para hacer sus efectos en un muchacho de quince años. Pero no usualmente; la mayoría de las veces toma más que una única tragedia para conducir al suicidio.

La mayoría de suicidios pueden ser prevenidos. Si existe una única palabra que describa la disposición suicida, es ambivalencia. La mayoría de personas suicidas pesan en la balanza el «yo realmente, realmente quiero morir» y el «yo realmente, realmente quiero vivir».

Existe una gran historia acerca de un policía novato en su primera llamada suicida. Él logra llegar a la azotea de un edificio de oficinas de treinta pisos y encuentra a un hombre balanceándose en la orilla. Instintivamente, el joven oficial toma su revolver y grita: «¡Deténgase o disparo!». Ante esto, el hombre en la orilla alza las manos en el aire, y grita: «¡No dispare!», como si dijera: «Si me dispara, ¡podría morir!». Esta es la misma persona que, momentos antes, contemplaba hacerse uno con el pavimento en la caída. Esto es ambivalencia.

DAME UNA SEÑAL

Aquí hay algunos factores de riesgo que pueden conspirar para producir un acto suicida:

- Una historia de desarrollo de problemas.
- Problemas familiares en ascenso.
- Experiencias agudas de separación y pérdida.
- Sentimientos de rechazo y de no ser queridos.
- Problemas crónicos de comunicación.
- Cambios de conducta obvios y abruptos.
- Estado de ánimo extremo constante y retraimiento.
- Involucramiento repetitivo en conductas de alto riesgo.
- Abuso de alcohol y otras drogas.
- Quejas físicas médicamente no diagnosticadas.
- Perfeccionismo.
- Desesperación.
- Entregar objetos de valor.
- Notas suicidas.
- Lenguaje suicida: estaría mejor si estuviera muerto. Ya no tendrán que preocuparse por mí. A nadie le importa si estoy o no; sencillamente terminaré con todo.
- Un rasgo común en la mayoría de suicidios es una historia de problemas, acumulándose uno tras otro sin que se vislumbre un final. Cuando la impotencia se combina con la falta de esperanza, las personas están en serio riesgo.
- Desahogo emocional repentino, inexplicado de una depresión crónica. Los consejeros que trabajan con personas crónicamente deprimidas nos advierten que alzas repentinas, drásticas en el estado de ánimo pueden esconder un intento suicida. Las personas deprimidas a veces reúnen suficiente energía para concluir que el suicidio es la única forma de terminar con su dolor. Ya que la última resolución está en la mira, ellos pueden experimentar un desahogo emocional extravagante. Tales episodios pueden indicar un riesgo más elevado.

PLAN DE ACCIÓN: PROFUNDIZA MÁS

- Toma a la persona seriamente, aun si alguien trata de enga-

ñarte con garantías que él nunca haría algo tan tonto. Presta atención a menciones repetidas de muerte, especialmente en la presencia de un puñado de factores de riesgo.
- Observa y escucha emociones no verbales. Las personas suicidas tienen dificultad para articular el dolor que sienten y la falta de esperanza y la impotencia de sus situaciones. Aun más, creen que muchos de sus gritos por ayuda pasan inadvertidos. Para algunos, los gestos suicidas son esfuerzos para ganar atención y obtener ayuda. El suicidio fue referido como «un lenguaje perverso». Si una persona suicida dice: «si no me escuchas, haré que me escuches, porque ¡no puedes ignorar un cadáver!».
- Si tienes la más leve razón para creer que el uso de lenguaje suicida de una persona puede ser serio, abórdalo en una conversación privada para investigar. Utiliza el bosquejo DLAP del capítulo cuatro para guiar tus preguntas.
- Detalles específicos: ¿tiene un plan?
- Letalidad del método: ¿es mortal su método?
- Accesibilidad al método: ¿tiene acceso a los medios que planea usar?
- Proximidad a recursos de ayuda: ¿su plan lo pondrá fuera de alcance?
- Si crees que el riesgo es inmediato, no dudes en referirlo o de otra manera llama refuerzos. Si un joven, un amigo, o un colega te pide que revises su percepción de que alguien puede ser suicida, deja lo que estés haciendo y apóyalo. Honestamente no toma mucho tiempo calcular la seriedad de una persona insinuando un suicidio.
- Haz la pregunta: «¿Has considerado el suicidio?». Existen dos respuestas bastante comunes: «No, ¡las cosas todavía no están tan mal!» o «Sí, lo hice». Aun si la respuesta es no, has abierto una puerta para el ministerio. Si la respuesta es: «No, las cosas todavía no están tan mal», utiliza la situación para cuidado preventivo. «Me alegro que las cosas no estén tan mal pero, ¿podrías prometerme que si alguna vez se ponen así, seré el primero en saberlo?». No pierdas una oportunidad de dejar que los jóvenes sepan que no están solos y que pueden contar con el hecho que al menos una persona se preocupa profundamente por sus vidas.
- Confía en que puedes ayudar. No ignores las advertencias obvias como: «Sencillamente me quitaré la vida, ¡y entonces seré feliz!» solo porque tienes miedo de involucrarte.

Puedes ser un puente hacia la vida para los jóvenes y los adultos en una crisis suicida. Un título en consejería o entrenamiento especializado no es requerido para marcar una diferencia. Los líderes juveniles, padres, maestros, y aun compañeros pueden ser un enlace crítico para ayudar. Cuando reconoces tu lugar en el proceso de ayuda, eres libre de la ansiedad de cargar con el peso completo de la responsabilidad. Haz tu parte.
- Comparte la responsabilidad y reconoce tus limitaciones. Tu responsabilidad es preservar la vida, no la amistad.

RVP: Luego del suicidio de uno de sus mejores amigos, varios chicos adolescentes vinieron a confesarme que él les había compartido su plan de quitarse la vida y les pidió que lo mantuvieran en secreto. Así lo hicieron, y en el proceso amaron a su amigo hasta la muerte. Nuestro desafío es amar a nuestros amigos hasta la vida; a veces eso significa llamarles la atención. Reconoce tus límites e involucra a otros con más conocimiento y experiencia.

CONTRATO DE VIDA

Compromete a tu amigo en un *Contrato de vida*. Los programas de prevención de suicidio a lo largo de todo el país utilizan los contratos, porque se comprobó su utilidad en salvar vidas. El contrato representa un simple acuerdo entre la gente. Aunque puede ser simplemente verbal, la evidencia sugiere que un contrato escrito es más efectivo. Un típico contrato se ve así:

Contrato de vida
Yo ――――――― (persona suicida) prometo no dañarme a mí o intentar quitarme la vida. Si siento deseos de quitarme la vida, llamaré a _____ (consejero de crisis) al _____ (número telefónico) y si no soy capaz de localizarlo(a), llamaré a la Línea de Crisis al _____ (número telefónico de la Línea de Crisis) y hablaré con un consejero de allí.
_____ (persona suicida)
_____ (consejero de crisis)

Las personas en crisis son conocidas por tomar las palabras del contrato más literalmente que lo que uno esperaría. Al escribir tu contrato, asegúrate que diga «hablar con» no «*intentar* hablar

con». Más de un joven que intentó suicidarse después de aceptar un contrato se defendió, diciendo: «Me pediste que *intentara* contactarte de primero. *Sí* lo hice, ¡y no estabas disponible!». También, muéstrate disponible las veinticuatro horas si utilizas el contrato, porque los jóvenes en crisis no limitan sus horarios de lucha a tu horario de trabajo. Tu voluntad de tener tu vida interrumpida por una persona en crisis es un mensaje altamente creíble de compasión.

- Haz algo con el método. Pregunta si puedes quedarte o deshacerte del método seleccionado. Hacer esto reducirá la posibilidad de un acto impulsivo. No utilices la fuerza física en un intento de tomar el control del objeto letal, o la crisis podría escalar al punto de peligro para todos los involucrados.
- Debes estar dispuesto a involucrar a la policía si es necesario.
- Desarrolla un plan de acción. (Observa el capítulo siete).
- Cuida a los sobrevivientes. «El asesinato es un crimen de violencia contra la persona asesinada», dice un personaje de Salman Rushdie, y «el suicidio es un crimen de violencia contra aquellos que permanecen vivos»1. Ser de los que permanecen vivos en la secuela del suicidio no es fácil. Aquellos que continúan con vida experimentarán muchas de las mismas emociones que aquellos que perdieron a un miembro de la familia en un accidente o una muerte natural: conmoción, enojo, culpabilidad, temor, y alivio son comunes a todas las pérdidas. Pero las emociones con los mismos nombres pueden ser experimentadas en una forma y grado diferente después del suicidio.
  - Aquellos que quedaron deben lidiar con la conmoción y la incredulidad no solamente por la pérdida sino porque la muerte fue autopropiciada. Preguntas como: ¿puedo seguir adelante sin esta persona? son agravadas por preguntas como: ¿qué rayos sucedió aquí?
  - La ira es frecuentemente dirigida hacia el fallecido por ser tan autoabsorbido. Aquellos que quedan se culpan a sí por no ser suficientemente sensibles, por ignorar las advertencias, o por no decir o hacer cualquier cosa que hubiera marcado la diferencia. Aun Dios podría ser un blanco. Si Dios es tan sabio y poderoso, ¿por qué permitió que esto sucediera?

- La muerte trae la culpabilidad en las personas. Nos preguntamos si no debimos haber hecho esto o aquello y si eso hubiera cambiado las cosas. Los niños pequeños son notorios por preguntarse si se hubieran comportado mejor y si eso hubiera prevenido que mami o papi se sintieran tan mal como para querer morir.
- Aquellos que viven se preguntan si pueden continuar invirtiendo en relaciones y temen comenzar nuevas amistades. Cuestionan en serio el dicho: «Es mejor haber amado y perdido que nunca haber amado». La vulnerabilidad requerida por una relación puede ser más de lo que puedan manejar.
- Pocas emociones crean más conflictos en los corazones y las mentes de los vivientes que el sentido de alivio que a veces sigue al suicidio. Los fallecidos en ocasiones tenían una historia de dificultades que se volvió una carga pesada para la familia y los amigos. La pérdida es trágica, pero puede ser acompañada de un sentido de alivio porque todo finalmente terminó.
- La vergüenza asociada con el suicidio es difícil de sobreponer para la familia sobreviviente y los amigos. No es fácil reconocer que la muerte de un ser querido fue un suicidio. Algunos incluso tienen dificultad para decir esa palabra.
- No es inusual que broten dificultades físicas y emocionales como resultado del suicidio, entre estas: dolores de cabeza, períodos de llanto incontrolable, fatiga, falta de sueño; en pocas palabras, el bagaje físico y emocional que viaja con la crisis.

RVP: *Un invitado en un programa de televisión, observó: «Todos tenemos esqueletos en nuestro armario. Un suicidio es alguien que deja su esqueleto en el armario de alguien más». Eso no está mal. Los esqueletos están llenos de recuerdos de los temores de la niñez que aún nos asustan cada vez que la puerta del armario se abre.*

Recuerdo ir a la cama en la noche cuando era niño, temeroso de que alguna otra «cosa» estuviera presente en mi habitación oscura. Encontré gran alivio en cubrirme con la cobija sobre mi cabeza. Por supuesto, las cobijas no cambiaron la realidad de qué estaba o no presente en mi habitación. Solamente encontré consuelo en el acto de que no podía ver. Si hubiese estado el peligro rondando en las sombras, no habría visto el ataque. Mi decisión de evitar en lugar de confrontar pudo haber sido mortal. Pero era solamente un chico.

Algunas cosas cambian muy lentamente. Muchos adultos desarrollan problemas emocionales muy profundos porque no están dispuestos o no son capaces de confrontar los esqueletos en sus armarios. Nuestro reto al ayudar a los sobrevivientes a lidiar con esto está en su voluntad de enfrentar sus esqueletos, identificar su influencia continua, admitir su temor de acercarse demasiado, y luego trabajar en deshacernos de las cosas condenadas.

- Amigos y familiares bien intencionados muchas veces evitan hablar acerca del suicidio o de iniciar juntos una discusión acerca del fallecido. No es de ayuda; los sobrevivientes anhelan la apertura de alguien que los ayude y que tome tiempo para escuchar mientras comparten su amplia gama de emociones. Los consejeros de crisis tienen una oportunidad de guiarlos de regreso al pasado doloroso mientras mantienen sus pies firmemente plantados en el presente. Así es como las personas abrazan la esperanza que la vida continúa para ellos.
- Algunos sobrevivientes necesitan las habilidades de un terapeuta entrenado para ayudarlos a lidiar con sus esqueletos.
- Las familias pueden beneficiarse grandemente de la consejería familiar en la que pueden trabajar juntos los problemas del duelo. En el proceso, aprenderán nuevas habilidades de comunicación y de cómo escuchar.
- Algunas personas encuentran ayuda en los grupos de apoyo especializados en postsuicidio o pérdida infantil.
- Corrige los falsos conceptos de las personas acerca del suicidio:
  - Cualquiera que trata de quitarse la vida, tiene que estar loco.

RVP: *Pregunté en una reunión de un grupo de jóvenes: «¿Cuántos de ustedes alguna vez contempló el suicidio? Pudo ser solamente un pensamiento fugaz, o pudo ser algo que consideraron por un período de días o incluso semanas». Casi la mitad de ellos levantó su mano. Afortunadamente, representan a la mayoría de personas suicidas que logran ganar nuevamente el balance y escogen la vida.*

Esto es para decir que la mitad de las personas en una habitación pudo haberse sentido triste, frustrada, sola y deprimida lo suficiente como para considerar la muerte, pero eso no las hace locas. La vasta mayoría de personas que comenten suicidio son personas ordinarias que no alcanzaron el éxito porque perdieron la esperanza. Pudieron ser más resistentes o aguantado un poco más, ¿quién sabe?

- Los niños ricos se quitan la vida más a menudo porque están aburridos de la vida. El suicido es verdaderamente un fenómeno democrático. Los jóvenes ricos se quitan la vida; los jóvenes pobres se quitan la vida. Los blancos, los negros, los irlandeses, los noruegos, todos los hijos de Dios se quitan la vida. Pero principalmente son los adultos los que lo hacen. El índice de suicidio para los jóvenes entre 10 y 14 años es menos de 2 en 100.000; para los de 15 a 19 años el índice se acerca a 8 muertes suicidas por cada 100.000; y los de 20 a 34 años se quitan la vida con un índice de casi 13 por cada 100.000. Los índices luego tienen un pico entre los siguientes dos grupos, cosa que es importante notar porque muchas de las personas en estos grupos de edad serían padres de adolescentes: cerca de 15 de cada 100.000, entre los de 35 y 44 años de edad, y 16 por cada 100.000, entre los de 45 a 54 años.[2]

- El suicidio corre en la familia. Ninguna marca genética fue encontrada para indicar una predisposición hereditaria hacia el suicidio. En este sentido, existen patrones de familias con tendencias suicidas que incrementan la probabilidad de suicidio. Si un padre, hermano mayor, o alguien extremadamente cercano comete suicidio cuando los niños están pequeños, esos pequeños pueden crecer viendo el suicidio como una forma aceptable de lidiar con las cosas: después de todo, eso es lo que el abuelo hizo. El suicidio se coloca en la plataforma de «conducta aprendida» para ellos. Luego, pueden mostrarse más inclinados que sus compañeros a ver el suicidio como una táctica para arreglárselas. Pueden existir condiciones con tendencias suicidas en algunas comunidades y escuelas donde un puñado de suicidios dan la impresión de la normalidad.

- Ella se quitó la vida en aquel tenebroso miércoles. El clima debió haberla deprimido. Eso pensarías. Pero un más alto porcentaje de suicidios se llevan a cabo en un bonito clima; más en la primavera que en el invierno, por ejemplo.

Cuando el clima está tenebroso, muchas personas se deprimen; y a la desdicha le encanta la compañía. Pero cuando llega el clima agradable y el ánimo de la mayoría de personas está elevado, la desdicha de la gente que está deprimida se intensifica.

- ¡Es mejor que me quede con ella esta noche! Es cuando la mayoría de los suicidios ocurren. De hecho, la mayoría de suicidios de adolescentes ocurre después de la escuela, entre las tres y las seis de la tarde en punto.
- Había algo romántico acerca de sus suicidios. Ambos se amaban tanto; querían morir juntos. Cualquiera que haya estado en la escena de un suicidio, sabe que no hay nada de romántico o bello en eso.

> **RVP:** *Al final de una presentación de prevención de suicidio, un líder juvenil se me acercó, sollozando. Él me explicó que era dueño de una compañía de limpieza de alfombras y que recientemente había sido llamado por la policía para limpiar el sótano de una casa donde un joven de diecisiete años se disparó en la cabeza. La policía le dijo al director del funeral que había tomado solamente «las piezas grandes». Era espantoso. Él detestaba pensar acerca de los padres del muchacho viendo el desastre que antes había sido su hijo. El suicidio en la vida real significa que estás muerto, punto. Luego, la gente tiene que limpiar tu desastre. No hay nada de romántico en eso.*

- No habían pistas. Ella no dejó una nota. No pudo ser un suicidio. A lo sumo, uno de cada cuatro suicidas deja una nota. Cuando los suicidios se incrementaron en Estados Unidos, los departamentos de policía y los investigadores comenzaron a conducir «autopsias psicológicas» para reconstruir los patrones relacionales y las interacciones de las personas suicidas. Sus hallazgos demostraron concluyentemente que la mayoría de suicidios eran precedidos por pistas verbales o conductuales. Desafortunadamente, aquellas pistas fueron a menudo no identificadas hasta después de la muerte.
- ¡El suicidio es el pecado imperdonable! Ella nunca será perdonada. No hay nada en la Biblia que represente al suicidio como el pecado que Dios no desee o no pueda perdonar. Algunas tradiciones cristianas tienen problemas con esta posición, pero con el debido respeto, su posición tiende a sentirse como una preocupación «de un solo problema»

fundada en fuentes extrabíblicas. Ciertamente, nosotros no le damos la bienvenida a la noticia de cualquier suicidio, pero afirmamos la bondad de Dios que, aun cuando somos infieles, él permanece fiel.[3] Tomar la decisión de quitar la vida —ya sea la propia o la de alguien más— es pecado. Pero la gracia de Dios cubre multitud de pecados, y el suicidio es uno de ellos.

- Enseña las perspectivas y habilidades que avivan la resistencia en los adolescentes. Sin ningún orden particular, los jóvenes resistentes aprenden:

- A no tomar lo duro personalmente.
- A no culparse a sí por las decisiones de los demás.
- A adaptarse al cambio y a recuperarse de las decepciones.
- Que cada condición, agradable o no, es temporal.
- A perseverar en la dificultad o el dolor.
- A enriquecer su vocabulario emocional.
- Habilidades de negociación.
- Empatía.
- Adaptabilidad.
- A reír de su propia humanidad.
- A correr riesgos apropiadamente esperando la recompensa apropiada.
- Flexibilidad

Las oportunidades de enseñar estas lecciones abundan en el contexto de viajes, proyectos de servicio, campamentos, dramas, aprendizaje en grupos pequeños, y proyectos misioneros.

Capítulo treinta y cinco
TERROR

Terremotos... terrorismo... incendios... huracanes... accidentes industriales... tornados... asesinatos en masa...

Estas son las experiencias y pesadillas de las cuales la gente quisiera despertar. Las personas inteligentes argumentan acerca de qué es peor: los desastres naturales o los causados por humanos. Existen algunas investigaciones que sugieren que los síntomas de trauma pueden ser, de alguna forma, más persistentes en lo que sigue a un evento causado por humanos.

Pero eso puede ser una línea muy fina. Cuando los muertos están muertos, los heridos quebrantados, los edificios derrumbados, las comunicaciones perturbadas, los sueños deshechos, y la esperanza apagada, no hace mucha diferencia inmediata qué lo causó. Luego, quizás; pero no hasta que el terror se hunde.

El terror es aquel temor abrumador de que todo el infierno está suelto y no hay nada que se pueda hacer al respecto. Los terrores más expansivos dejan un conteo de cuerpos y muchas personas heridas, dislocadas y expuestas a peligros secundarios de salud y seguridad. Estos escenarios espantosos continúan retumbando, dañando economías y redes sociales; dejando a los sobrevivientes conmocionados, luego frívolos, temerosos y tristes por mucho tiempo.

¿Es esta amplia gama de terrores peor que el trauma personal intenso de una violación o un asesinato? Quién sabe. Los síntomas de estrés postraumático son similares. Lo grande puede ser más grande, visitando aun más víctimas.

Aquí está lo central: sin importar su naturaleza, o cuán público o privado pueda ser, cuando el terror ataca, es demasiado tarde para prepararse para este y demasiado tarde para detenerlo; de otra forma no sería terror.

Si algo aprendimos, es que no podemos escapar engañando a los jóvenes, no por mucho tiempo. No podemos prometerles realmente estar a salvo porque, una vez que se enteren que está fuera de nuestras capacidades, dejarán de confiar en nosotros. Si los jóvenes llegan a creer que no somos confiables, esa es solo una pérdida más en un mundo que ya se siente demasiado peligroso.

A continuación, una lista parcial de terrores que los padres y los líderes juveniles no pueden prometer prevenir:

- Desastres relacionados con el clima.
- Terremotos y tsunamis.
- Choques de asteroides.
- Epidemias contagiosas.
- Asaltos físicos y sexuales.
- Ataques terroristas o actos de guerra.
- Criminalidad, matanzas en las escuelas y cualquier acto de violencia.
- Ruina económica y financiera.
- Accidentes.
- Defectos genéticos.
- Nuestras propias muertes.

Aquí hay una lista bastante comprensible de los que los padres y los líderes juveniles pueden prometer:

Primero: haré mi mejor esfuerzo para protegerte cada día

Segundo: no hay número dos. Que mal que la lista no pueda ser más extensa, pero esta es la realidad; así que allí lo tienes.

PLAN DE ACCIÓN: PREPÁRATE Y RESPONDE

Antes que el terror ataque, presento algunas cosas que los padres y los líderes juveniles pueden hacer para preparar a los jóvenes para lo peor:

- Promete hacer tu mejor esfuerzo para protegerlos cada día.
- Desarrollen juntos un plan para un desastre masivo.
- Asegúrate de que todos saben cómo:
- Llamar a emergencias.

- Contactar por teléfono a familiares y amigos de confianza.
- Cerrar la llave del gas y desconectar la alimentación de corriente eléctrica.
- Localizar y utilizar linternas, baterías, radio portátil AM/FM, candelas, fósforos, agua purificada y alimentos no perecederos.
- Localizar sus hogares en un mapa.
- Caminar hasta las instalaciones médicas más cercanas.
- Localizar y guardar pólizas de seguros, testamentos y registros financieros.
- Identifica un lugar de reunión en caso de que estén separados y no puedan llegar a casa después de un desastre:
- Identifica un lugar secundario de reunión si no pueden ir al primero.
- Identifica un tercer lugar si no pueden ir a los otros.
- Pónganse de acuerdo en quién estará sin moverse en cualquiera de los lugares de reunión que logre alcanzar, y quién se moverá del lugar uno al lugar dos al lugar tres hasta que todos se hayan reunido.
- Desarrolla un acuerdo personal de desastre.
- Los padres y los líderes juveniles deben comunicar convincentemente que ningún evento puede destruir su compromiso de amor: ningún embarazo, VIH/SIDA, abuso de sustancias, asalto sexual, o asesinato.
- Pónganse de acuerdo en un plan para revelar malas noticias, incluyendo conseguir ayuda para hacer el anuncio, si es necesario, en lugar de no hacer nada.

Después que el terror ataca, hay mucho que los líderes juveniles y los padres pueden hacer. Eso, por supuesto, es de lo que principalmente se trata este libro.

- Según la conmoción se calma, pregunta: «¿Y ahora qué?». Dale a los jóvenes una razón para pensar en el futuro acerca de recuperación, reconstrucción y prevención.
- Lidera a los jóvenes en el servicio, a otros en maneras según lo apropiado para su edad (y su situación). En general, piensa acerca de empezar en lo cercano y trabajar hacia fuera; siempre observa las necesidades insatisfechas que puedas enfrentar responsablemente.
- Habla acerca del terror teológicamente.
- Uno de los mensajes más potentes frente a la catástrofe es la declaración: «No se supone que sea así». Si estamos de

alguna forma cerca de lo correcto acerca del Dios que menciona la Biblia, nuestro Creador no se deleita en el sufrimiento ni en la muerte de sus criaturas. La pieza que acompaña la declaración: «No se supone que sea así», es la afirmación: «Y algún día no lo será». La esperanza del Evangelio incluye un cielo nuevo y una tierra nueva: el hogar de los justos. Aún no lo vemos, pero por fe lo observamos llegar. Mientras tanto, la vida es gracia y cosas malas suceden; la gente es capaz de respirar despliegues de amor y tambaleantes actos de opresión; el sol sale y la lluvia cae sobre justos e injustos. La vida es dura; Dios es Bueno.

- Mantente alerta a señales de trastorno de estrés postraumático. (Para más información, revisa el capítulo veintisiete).

INSTRUCCIONES ANTES DEL VUELO

Las buenas personas que están al tanto de nuestra seguridad en los aviones dan un pequeño discurso al inicio de cada vuelo, recordándonos que en el evento poco probable de pérdida de presión en la cabina, una máscara de oxígeno caerá de la parte superior de los compartimientos. Debemos tomar la máscara de inmediato, ponerla sobre nuestra nariz y boca, tirar de las bandas elásticas, y respirar normalmente.

Parece seguro decir que probablemente no queremos saber qué clase de fuerza se necesita para hacer que la presión de la cabina de un avión se pierda; suficiente como para hacer estragos. Así que los asistentes de vuelo terminan esta parte de su presentación con la exhortación de asegurar tu propia máscara antes de asistir a niños u otros que puedan necesitar ayuda.

Este es un buen consejo, ya que no es bueno desmayarse mientras ayudas a alguien a recibir oxígeno. Si existe un desastre, tienes tantas probabilidades de estar aterrorizado como todos los demás. Respira profundo, y retoma la compostura tan bien como puedas. Pero no respires tanto antes de comenzar a ver a tu alrededor quién más está poniéndose azul.

Capítulo treinta y seis
PROBLEMAS CON LA **LEY**

Existen varios obstáculos para los líderes juveniles al responder a los jóvenes con problemas legales:

- No puedes ayudar si no sabes. Muchos padres son reacios a admitir que su hijo o hija tiene problemas con la ley.
- El temor mantiene a los líderes juveniles fuera de las instalaciones de detención. Es el temor a lo desconocido; fácilmente sobrepuesto, pero no hasta que es admitido.
- Los malentendidos mantienen a los líderes juveniles fuera de las instalaciones de detención; es el malentendido que los jóvenes en problemas ya no son jóvenes. La más grande diferencia entre la mayoría de jóvenes que tiene problemas con la ley y la mayoría de los demás jóvenes es que algunos fueron atrapados. Esto es un poco de exageración pero, honestamente, los jóvenes son jóvenes. Los realmente malvados están en una clase diferente que la mayoría de ofensores juveniles.
- Eso es básicamente todo. Excepto por las ofensas violentas; es muy probable que encuentres una puerta abierta de parte de las personas en el sistema legal.

PLAN DE ACCIÓN: MANTENTE A SU LADO

- Habla con los oficiales de las fuerzas de seguridad acerca de los chicos buenos que se meten en problemas y de los

malos que todos creían eran buenos hasta que fueron atrapados.
- Convence a los padres por medio de cualquier forma posible que estás listo y dispuesto a apoyarlos en las buenas y en las malas. Déjales saber que sabes que los padres buenos tienen hijos buenos que toman malas decisiones y que estarás allí si alguna vez se encuentran en esa posición.
- La mayoría de los padres no tiene idea de cómo las cortes lidian con los jóvenes. Si ellos saben que estás familiarizado con la policía y el sistema de justicia juvenil se inclinarán más a buscar tu ayuda en un tiempo de necesidad. A continuación, lo básico:
  - Ya sea que un adolescente sea atrapado por una ofensa relativamente menor, como robar algo de una tienda, o sea sospechoso de haber cometido una ofensa más seria, como una violación, los procedimientos legales usados por la mayoría de jurisdicciones siguen el mismo patrón.
  - Generalmente, cuando un ofensor sospechoso es arrestado o traído para interrogatorio, una evaluación de ingreso es completada. Esto incluye la obtención de información de parte del oficial que hace el arresto y del joven. Si la ofensa es relativamente menor y no existen antecedentes de otras ofensas, un «sermón de puesta en libertad» puede ser determinantemente apropiado, en cuyo caso el joven ofensor y su padre o guardián son advertidos y enviados a casa.
  - De otra manera, una audiencia del caso es programada para determinar si existe o no suficiente evidencia para justificar la continuidad de la acusación.
  - Si una probable causa es establecida, la fecha de un juicio ante un juez de la corte juvenil es determinada, o en ciertos casos ante un juez y un jurado.
  - El joven puede ser remitido a la custodia de su padre o guardián o a un centro de una detención juvenil para esperar el juicio.
  - Durante todo el proceso, algunos ofensores serán detenidos en un centro juvenil debido a ofensas previas, severidad del crimen, falta de voluntad de parte de los padres de recibir al menor nuevamente bajo su custodia porque el joven está más allá de su control, alto riesgo de huir, o cualquier otro factor que la corte crea que pueda prevenir que el joven aparezca en la siguiente fase del proceso.

- Si el juez juvenil o el juez y el jurado deciden que la evidencia demuestra culpabilidad más allá de cualquier duda razonable, entonces una disposición de audiencia es acordada, tiempo en el que el juez escucha recomendaciones del demandante y la defensa, considera las opciones estatutarias, y emite un veredicto que determina el tratamiento o medidas punitivas ordenadas por la corte.
  - La mayoría de detenciones de corto plazo y los centros de tratamiento a largo plazo para jóvenes da la bienvenida al involucramiento del clérigo o los líderes juveniles relacionados con la iglesia que deseen mantener una continua relación con los jóvenes feligreses que fueron institucionalizados. Algunos centros requieren una estricta adherencia a procedimientos regulares de horas de visita, pero la mayoría es lo suficientemente flexible para acomodarse al horario de un pastor o líder juvenil.

Así que eres un líder juvenil. Si tienes a un joven en la cárcel, ve y haz trabajo juvenil. Sí, la cultura es diferente, ¿y qué? La única forma de sobreponerte a tu incomodidad es ir y averiguar cómo hacer lo que haces en una cultura diferente.

- Toma tiempo para entender las políticas de la institución, procedimientos, y actividades para que puedas entender mejor la situación del joven ofensor. El encarcelamiento es terriblemente difícil para la mayoría de adolescentes, sin importar qué tanta seguridad puedan aparentar en la superficie.
- Desarrolla relaciones con las personas que trabajan en la institución, consejeros, y capellanes. Disfrutarás de mayor libertad cuando aquellos a cargo te vean como colaborador, confiable, y parte de su equipo.
- No hagas asunciones acerca de una institución porque es operada por el condado o el estado. No estamos hablando de la escuela pública aquí; todavía tienes que ser respetuoso, pero puedes hablar con claridad acerca de la fe.

RVP: Tuve el privilegio de trabajar durante una década en un ambiente perfectamente secular donde recibí tremenda libertad para hacer ministerio con jóvenes y señoritas desesperadamente necesitados. La oficina del capellán quizá ya está ofreciendo excelentes programas y recursos que tú puedes apoyar. Sobre todo, reconoce que no estás en competencia con el equipo de trabajo de la institución. Tu apoyo a sus esfuerzos y su apoyo a los tuyos pueden realmente beneficiar a los jóvenes.

- Mantente alerta a las conductas manipuladoras. El líder juvenil bien intencionado pero ingenuo es un blanco primario para que un joven convicto en desarrollo pueda practicar su arte. En su búsqueda desesperada por recibir comprensión, amor, y aceptación, los adolescentes a menudo manipulan a los adultos para sus propios fines. Pueden aprovecharse de tu relación para ganar favor con otros miembros del equipo de trabajo de la institución. Las reuniones de orientación y entrenamiento ofrecidas a los voluntarios por muchas instituciones son de gran ayuda para aprender cómo discernir y confrontar las conductas manipuladoras.
- Aprende a escuchar con profundidad. ¡Los jóvenes institucionalizados aprenden rápidamente que cualquier cosa que digan puede y probablemente será usada en su contra! Ellos sospechan de cada uno y tienden a volverse tímidos de cualquier cosa más profunda que una conversación superficial. En el libro: *At Risk: Bringing Hope to Hurting Teenagers* [Riesgo al traer esperanza a los jóvenes que sufren], el Dr. Scott Larson, escribe:

«Erick Erickson destacó que a menos que el problema de la confianza sea resuelto para un joven, esa persona permanecerá desnutrida en su desarrollo emocional (y espiritual). Honestidad, consistencia, y una presencia estable por medio de tiempos buenos y malos son lo que establece el fundamento crítico de la confianza. Nuestro papel no es arreglar a los jóvenes sino estar allí para ellos. Y esto, con el tiempo, pondrá el fundamento para que Dios lleve a sus vidas a otros con quienes puedan construir relaciones de confianza también.[1]

- Mantén las promesas que hagas, y no hagas las que no puedas mantener. Si dices que vas a visitar cierto día en particular, preséntate o ten una nota de tu doctor. Si no puedes presentarte, llama y hazle saber al joven que lo sientes. Se consistente y confiable.
- Lleva libros, revistas, y CDs (si es permitido) para el joven. Los jóvenes que viven en instituciones generalmente tienen

demasiado tiempo libre y pueden recibir amablemente material para leer y escuchar.
- Preséntate el día que salga en libertad. El regreso es difícil. Extiéndele una mano a tu hermano.

CENTROS DE TRATAMIENTO PRIVADO

A menos que hayas caminado en los zapatos de un padre viviendo con un joven locamente fuera de control, es difícil imaginar la profundidad de su dolor y pena.

En consecuencia, cada vez que se nos pregunta acerca de enviar a un joven a un centro residencial privado de tratamiento, animamos muy rápido a los padres a agotar todas las otras posibles medidas antes de confiar la salud emocional de un adolescente y su bienestar a otros en un ambiente institucionalizado. La abrumadora mayoría de jóvenes que vimos que fueron enviados a centros residenciales de tratamiento, únicamente se convirtieron en más adeptos en sus conductas fingidas como resultado de ser confiados a una comunidad de compañeros con la misma mentalidad. Los programas de modificación de comportamiento utilizados en varios de estos centros les enseñan principalmente a los jóvenes cómo jugar el juego más efectivamente.

Parte VI
APÉNDICES

Capítulo treinta y siete
HOJA DE TRABAJO DE PLAN DE ACCIÓN

I) ¿Cuál es el problema identificado (más allá del problema presentando)?

II) ¿Cuáles son los posibles resultados (tanto negativos y positivos)?
A) ¿Cuál es el resultado más deseable?
B) ¿Qué pasos generales se requieren para acercarse a ese resultado? (Regresa a los pasos más específicos después)

I) ¿Quiénes son los participantes activos y cuál es su papel en el resultado?

II) ¿Quiénes son los participantes pasivos y cuál es su papel? (¿Y qué puede esperarse de cada uno?)

III) ¿Cuáles son los recursos y obstáculos para alcanzar la meta?

IV) ¿Quiénes más deben involucrarse en la solución?
A) ¿Familiares?
B) ¿Referencias Profesionales?
1. ¿Médico?
2. ¿Psiquiatra y/o psicólogo?
3 ¿Trabajador social?
4. ¿Fuerzas de seguridad?
5. ¿Abogado?

6. ¿Pastor?
7. ¿Personal docente?
8. ¿El patrón o jefe?
9. ¿Los amigos?

I) ¿Qué pasos específicos deben tomarse?
   A) ¿En qué orden?
   B) ¿Quién debe tomar responsabilidad por cada paso?
   C) ¿Quién debe proporcionar apoyo?

I) ¿Cuál es el cronograma?

II) ¿Qué otros recursos se requieren?
   A) ¿Dinero?
   B) ¿Transporte?
   C) ¿Alojamiento temporal?
   D) ¿Comida?
   E) ¿Otros?

I) ¿Quién proporcionará apoyo continuo y regeneración?

Capítulo treinta y ocho
NÚMEROS PARA REPORTAR ABUSO DE MENORES

Cada estado designa agencias específicas para recibir e investigar los reportes de sospechas de abuso y descuido infantil. Típicamente, esta responsabilidad es llevada a cabo por los servicios de protección de menores dentro de un departamento de servicios sociales, departamento de recursos humanos, o división de servicios de familia y menores. En algunos estados, los departamentos de policía también pueden recibir reportes de abuso o descuido infantil.

Para más información o asistencia con reportes, busca en Internet una oficina dedicada a eso en tu ciudad o ve a la estación de policía más cercana y allí podrán ayudarte al menos a encontrar cuál es la oficina del gobierno que puede ayudarte.

Capítulo treinta y nueve
MAPA EMOCIONAL

FELIZ
Aceptado
Agradecido
Alegre
Amado
Animado
Apacible
Apreciado
Aprobado
Cálido
Calmado
Capaz
Comprendido
Cómodo
Con esperanza
Con regocijo
Contento
Despreocupado
Dichoso
Divertido
Emocionado
Entusiasmado
Extático
Fogoso
Gozoso
Inspirado

Jovial
Jubiloso
Necesitado
Optimista
Risueño
Satisfecho
Seguro
Vivaz
Juguetón
Complacido
Entusiasta
Satisfecho
Seguro
Sereno
Significante
Soleado
Tranquilo

INFELIZ
Abatido
Aburrido
Afligido
Ahorcado
Apenado
Cautivo
Decepcionado

Deprimido
Desanimado
Descontento
Descorazonado
Enfadado
Espantoso
Insignificante
Lúgubre
Malhumorado
Melancólico
Molesto
Monótono
Oprimido
Oscuro
Nublado
Pesimista
Rechazado
Silencioso
Resentido
Sombrío
Tenebroso
Tétrico
Triste
Vacío

ENOJADO
Agitado
Airado
Amargado
Beligerante
Colérico
Desafiante
Desdeñoso
Despectivo
Disgustado
Encolerizado
Enfadado
Enfurecido
Exasperado
Fuera de forma
Furioso
Hirviendo
Indignado
Inflamado
Iracundo
Irritado
Molesto
Perturbado
Sulfurado

HERIDO
Abandonado
Acusado
Adolorido
Afligido
Agonizante
Apenado
Cuchillo en la espalda
Decepcionado
Defensivo
Degradado
Desconfiado
Desheredado
Dolido
Humillado
Herido

Acongojado
Minimizado
Ofendido
Patético
Perseguido
Preocupado
Provocado
Resentido
Torturado
Traicionado
Usado
Victimizado

ABRUMADO
Abatido
Adormecido
Afligido
Agotado
Ahogándose
Aplastado
Arrastrado
Asombrado
Aterrado
Atónito
Cabizbajo
Cansado
Confundido
Desesperado
Desinflado
Desmotivado
Desorientado
Enfermo
Entorpecido
Exhausto
Frío
Frito
Humillado
Huyendo
Impotente
Incapaz
Inconsolable
Mareado

Miserable
Paralizado
Perdido
Pesimista
Quemado
Renunciando
Rindiéndose
Sacudido
Triste
Vacío

EMOCIONADO
Audaz
Bravo
Calmado
Determinado
Firme
Fuerte
Hambriento
Impaciente
Intrépido
Resuelto
Seductor
Seguro
Sexy
Valiente

ANSIOSO
Absorto
Afligido
Agitado
Angustiado
Aprensivo
Cauteloso
Curioso
Dependiente
Distante
Dudoso
Escéptico
Fascinado
Incrédulo
Indeciso

Inseguro
Interesado
Inquieto
Inquisitivo
Irresoluto
Perplejo
Preocupado
Solo
Sospechando
Vacilante

TEMEROSO
Acobardado
Agitado
Alarmado
Amenazado
Aprensivo
Asustado
Aterrorizado
Cauteloso
Con pánico
Consternado
Desalentado
Espantado
Hesitando
Histérico
Horrorizado
Inmovilizado
Inseguro
Intranquilo
Nervioso
Paralizado
Petrificado
Solo
Sospechando
Tembloroso
Tímido

CULPABLE
Arrepentido
Avergonzado

Con remordimiento
Despreciable
Egoísta
Equivocado
Estúpido
Fracasado
Incompetente
Infantil
Ingenuo
Inútil
Lento
Malo
Raro
Tonto
Torpe

COMPASIVO
Comprensivo
Conectado
Empático
Conmovido
Preocupado

Capítulo cuarenta
PRIMEROS AUXILIOS PARA UNA SOBREDOSIS

Nuestra preocupación por la seguridad de un joven que es encomendado a nuestro cuidado y una conciencia sensata de la naturaleza litigiosa de nuestra cultura debería motivar a los líderes juveniles a estar adecuadamente preparados para emergencias. Un conocimiento funcional de primeros auxilios puede significar la diferencia entre la vida y la muerte en circunstancias críticas.

- Si la persona está consciente, no permitas que se duerma. Mantenla hablando y tan alerta como sea posible. Averigua qué droga(s) ingirió y en qué cantidad.
- Si la persona está inconsciente o en coma, revisa su respiración. Asegúrate de que la garganta esté libre de obstrucción. Revisa su cuerpo para ver si posee algún collar, brazalete, o tarjeta médica de emergencia que identifique una condición médica que podría haber causado los síntomas que estás viendo. De otra manera, busca botellas, frascos de pastillas, o cualquier otra evidencia de lo que pudo ingerir o inyectarse. Pregúntale a sus amigos qué podrían saber, a pesar de que sientan temor de responder por miedo a meterse en problemas.
- Si eres capaz de identificar lo que ingirió o se inyectó y tienes un teléfono a tu disposición, llama a emergencias, o al centro de control de envenenamiento, o a un hospital y pide instrucciones acerca de qué hacer ahora. Si no tienes

acceso a un teléfono y puedes conseguir ayuda en un período de tiempo relativamente corto, no induzcas el vómito.
- Si la persona está consciente y ha tomado una sobredosis en un período de dos horas, diluye el veneno o las drogas en el estómago con dos o tres tazas de agua, e induce el vómito. Si la sobredosis fue inyectada, limpiar el estómago será de muy poca ayuda.
- Lleva a la persona al hospital o clínica de emergencia más cercano lo antes y lo más seguro posible. Lleva cualquier botella vacía o frascos de las pastillas que sospechas que tomó.
- Asegúrate que otra persona vaya al hospital con el conductor y la persona con sobredosis para que él o ella puedan monitorear la respiración y proveer asistencia si el joven vomita.

Capítulo cuarenta y uno
¿EN QUÉ PARTE DEL MUNDO TE ENCUENTRAS?

Cuando se trata de nuestra experiencia, conocimientos —entre estos los de sexualidad—, probablemente estemos por todo el mapa. Por favor, lee el siguiente conjunto de afirmaciones y encierra en un círculo la que mejor te describa hoy.

Te daré suficiente tiempo para responder, así que tómate el tiempo. Estoy más interesado en la honestidad que en cualquier otra cosa, así que no escribas tu nombre en esto. Te prometo que no utilizaré análisis de escritura o polvo para las huellas digitales para averiguar quién escribió qué. Pero si deseas hablar conmigo acerca de cualquiera de estos temas, acércate cuando terminemos, o dame una llamada cuando puedas.

Instrucciones: coloca un círculo en el porcentaje que describe el grado en el que cada afirmación se aplica a ti. 100% significa que es completamente cierto para ti hoy. 50% significa que es medianamente cierto hoy. 0% significa que no es nada cierto hoy.

- Tengo muy poco interés en el sexo.   0%   50%   100%
- Pienso acerca del sexo,
  pero no hago nada al respecto.   0%   50%   100%
- Juego un poco.   0%   50%   100%
- Juego bastante.   0%   50%   100%
- Tuve relaciones sexuales.   0%   50%   100%
- Fui molestado(a) sexualmente.   0%   50%   100%
- Fui forzado(a) a actos sexuales
  que no quería hacer.   0%   50%   100%

- Fui forzado(a) a actos sexuales
  con alguno de mis familiares. 0% 50% 100%
- Fui violado(a) por la fuerza. 0% 50% 100%
- Tengo relaciones sexuales en mi
  relación actual, pero me protejo. 0% 50% 100%
- Tengo relaciones sexuales
  en mi relación actual, pero no siempre
  me protejo. 0% 50% 100%
- Tengo relaciones sexuales desde
  hace algún tiempo con varias
  parejas, y siempre me protejo. 0% 50% 100%
- Tengo relaciones sexuales desde
  hace algún tiempo con varias
  parejas, y no siempre me protejo. 0% 50% 100%
- Solía tener más relaciones sexuales
  de las que tengo hoy. 0% 50% 100%
- No estoy teniendo relaciones
  sexuales ahora, pero eso podría cambiar
  si aparece la persona correcta. 0% 50% 100%
- Aún no tengo relaciones sexuales,
  y estoy intencionalmente esperando
  a la persona correcta para comprometerme
  y casarme. 0% 50% 100%
- Mande a tomarme exámenes de
  enfermedades de transmisión sexual
  desde la última vez que tuve relaciones
  sexuales sin protección. 0% 50% 100%
- La última vez que tuve relaciones sexuales fue:
  _____ la semana pasada
  _____ el mes pasado
  _____ los últimos tres meses
  _____ los últimos seis meses
  _____ el último año
  _____ los últimos dos años
  _____ los últimos tres años
  _____ hace más de tres años
  _____ nunca

Coloca un círculo en el porcentaje que describe cómo te sientes acerca de hablar de sexualidad en nuestro grupo juvenil.
- No tengo nada que esconder,
  nada que temer, y nada que perder. 0% 50% 100%

- Compartiré casi cualquier cosa que pienso o que siento
  casi en cualquier ocasión   0%   50%   100%
- Agradezco la oportunidad de explorar
  temas sexuales en este grupo.   0%   50%   100%
- Realmente no sé mucho,
  y no tengo mucho que compartir.   0%   50%   100%
- Compartiré algunas cosas acerca de
  la sexualidad, siempre y cuando no sea
  vergonzoso o riesgoso.   0%   50%   100%
- No quiero verme tonto(a)
  ni nada.   0%   50%   100%

Si fuésemos a hablar acerca de temas sexuales en el grupo, coloca un círculo en el porcentaje que describe tu nivel de interés.

- Información confiable acerca de
  biología sexual.   0%   50%   100%
- Una discusión honesta de los problemas
  que rodean el aborto.   0%   50%   100%
- Una discusión honesta de los
  problemas que rodean la
  homosexualidad   0%   50%   100%
- Aclarar las diferencias entre
  hombres y mujeres.   0%   50%   100%
- Aclarar las similitudes entre
  hombres y mujeres.   0%   50%   100%
- Qué dice la Biblia acerca de
  la conducta sexual.   0%   50%   100%
- Qué no dice la Biblia acerca
  de la conducta sexual.   0%   50%   100%
- Cómo iniciar de nuevo.   0%   50%   100%
- Por qué la gente no está de
  acuerdo acerca de la
  conducta sexual.   0%   50%   100%
- Una discusión honesta acerca
  de la orientación sexual.   0%   50%   100%
- Una discusión honesta
  acerca del incesto.   0%   50%   100%
- Citas amorosas.   0%   50%   100%
- Mantenerse soltero(a).   0%   50%   100%
- Abstinencia.   0%   50%   100%
- Una discusión honesta acerca de ser molestado
  sexualmente.   0%   50%   100%

- Una discusión honesta acerca del lenguaje sexual.   0%   50%   100%
- Una discusión honesta acerca de la violación.   0%   50%   100%
- Cómo ayudar a un amigo que está en peligro sexual.   0%   50%   100%
- Cómo ayudar a una amiga que está embarazada.   0%   50%   100%
- Cómo ayudar a un(a) amigo(a) que está sexualmente confundido(a)   0%   50%   100%

Si tienes problemas con la idea de hablar acerca de sexo en nuestro grupo, coloca un círculo en el porcentaje más cercano a tu actitud.

- Estoy dispuesto(a), pero no totalmente cómodo(a) hablando acerca de sexualidad en nuestro grupo.   0%   50%   100%
- Estoy dispuesto(a), pero me siento muy incómodo(a) hablando acerca de sexualidad en nuestro grupo.   0%   50%   100%
- Simplemente no estoy dispuesto(a) hablando acerca de temas sexuales en este grupo.   0%   50%   100%
- No me siento cómodo(a) hablando acerca de temas sexuales en este grupo porque creo que se me juzgará.   0%   50%   100%
- No me siento cómodo(a) hablando acerca de temas sexuales en este grupo porque creó que será más liberal de lo que acepto   0%   50%   100%
- No me siento cómodo(a) hablando acerca de temas sexuales en este grupo porque me gusta lo que estoy haciendo y no quiero que nadie me diga qué tengo que cambiar   0%   50%   100%
- No me siento cómodo(a) hablando acerca de temas sexuales en ningún lugar   0%   50%   100%

- Creo que el sexo es algo puramente
  personal, y preferiría no discutirl   0%   50%   100%
- Ya estoy cansado(a) de hablar de esto.
  Hablemos de otra cosa   0%   50%   100%
- Si insistes en hablar acerca de sexo,
  avísame cuando termines, y consideraré
  regresar entonces al grupo.   0%   50%   100%

Este cuestionario es una adaptación del que se encuentra en *Good Sex: A Whole-Person Approach to Teenage Sexuality and God* [Buen sexo: un acercamiento integral a la sexualidad de los adolescentes], de Jim Hancock y Kara Eckmann Powell, YS/Zondervan, Grand Rapids, MI, EE.UU., 2001, p. 29.

Capítulo cuarenta y dos
GLOSARIO DE TÉRMINOS DE SERVICIOS DE PROTECCIÓN DE **MENORES**

Abogado especial asignado por la corte: voluntarios adultos entrenados para abogar por menores abusados y abandonados que están involucrados en la corte juvenil.

Abstinencia: síntomas que ocurren después que el uso crónico de una droga se reduce o se detiene.

Abuso de drogas: el uso de drogas ilegales o el uso inapropiado de drogas legales. El uso repetido de drogas produce placer para aliviar el estrés o para alterar o evitar la realidad (o los tres juntos).

Abuso de drogas prescritas: el mal uso intencional de un medicamento fuera de los estándares normalmente aceptados para su uso.

Abuso físico: tipo de maltrato que se refiere a actos físicos no accidentales que causaron o pudieron haber causado lesiones físicas al menor. Esto puede incluir quemar, golpear, dar puñetazos, sacudir, patear, o lastimar de alguna otra manera a un menor. Puede ser también el resultado de sobre disciplinar o castigo físico inapropiado a la edad del menor.

Abuso sexual: un tipo de maltrato que se refiere al involucramiento del menor en actividad sexual para proveer gratificación sexual o beneficio financiero al perpetrador adolescente o adulto, incluyendo contactos para propósitos sexuales al acariciar los genitales del menor, hacer que el menor acaricie los genitales del adulto, penetración, violación estatutaria, sodomía, exposición a pornografía u otras actividades sexualmente explotadas. Para ser considerados abuso sexual, estos actos deben ser cometidos por una persona responsable del cuidado del menor (por ejemplo una niñera, un padre, o un proveedor de cuidados diarios) o relacionada con el mismo. Si un extraño comete estos actos, sería considerado un asalto sexual y manejado por la policía y las cortes criminales.

Acción de la corte: acción legal iniciada por un representante de la agencia de servicios de protección de menores en nombre del menor. Esto incluye la autorización de ubicar al menor en un hogar adoptivo y solicitar custodia temporal, dependencia o terminación de derechos de los padres. No incluye procedimientos criminales contra el perpetrador.

Ácido: nombre común en las calles para el LSD (dietilamida de ácido lisérgico).

Acto de adopción y de familias seguras (Adoption and safe families act –ASFA por sus siglas en inglés): diseñado para mejorar la seguridad de un menor, para promover la adopción y otros hogares permanentes para menores que lo necesitan, y para apoyar a las familias. La ley requiere que las agencias de servicios de protección de menores provean evaluaciones más recurrentes y enfocadas y servicios de intervención para los menores y las familias que son servidas por el sistema de servicios de protección de menores.

Acto de prevención y tratamiento de abuso de menores [42 U.S.C. 5101 ET SEQ]. (Child Abuse Prevention and Treatment Act, por sus siglas en ingles CAPTA): ley que provee el fundamento para el involucramiento federal en la protección de menores y los servicios de bienestar de menores. Las enmiendas de 1996 proveen, entre otras cosas, para reportes de datos estatales anuales del maltrato infantil a la Secretaría de Servicios Humanos y de Salud.

Adicción: una enfermedad crónica, reincidente caracterizada por búsqueda y abuso compulsivo de drogas, y por cambios químicos perdurables en el cerebro.

Admisión: las actividades asociadas con la recepción de un referido, la evaluación o el filtro, la decisión de aceptar, y el involucramiento de individuos o familias en los servicios.

Agencia de estado: la agencia en un estado que es responsable de la protección infantil y el bienestar de menores.

Alucinógenos: un grupo diverso de drogas que alteran las percepciones, pensamientos, y sentimientos. Las drogas alucinógenas incluyen LSD, mescalina, MDMA (éxtasis), fenciclidina, y psilocibina (hongos mágicos).

Analgésicos: un conjunto de medicamentos que reducen el dolor.

Anfetaminas: drogas estimulantes cuyos efectos son muy similares a los de la cocaína.

Anónimo o fuente de reporte desconocida: individuo que notifica a una agencia de servicios de protección de menores de sospecha de maltrato infantil sin identificarse a sí; o el tipo de fuente del reporte es desconocido.

Arreglo de vida: ver arreglo de vida del menor.

Arreglos de vida de menores: el ambiente de casa en el cual el menor residía al momento del reporte (por ejemplo, familia o cuidado sustituto).

Audiencias de revisión: llevadas a cabo por la corte juvenil y familiar para revisar las disposiciones (generalmente cada seis meses) y determinar la necesidad de mantener el cuidado fuera de casa o la jurisdicción de la corte de un menor.

Audiencia de sentencia: llevado a cabo por la corte juvenil y familiar para determinar si un menor fue maltratado si existe alguna otra base legal para que el estado intervenga en proteger al menor.

Barbitúrico: un tipo de depresivo del sistema nervioso central a menudo prescrito para promover el sueño.

Benzodiacepinas: un tipo de depresivo del sistema nervioso central prescrito para aliviar la ansiedad; entre los médicamente mayormente prescritos, incluyendo el Valium y Librium.

Cannabis: el nombre botánico de la planta de donde proviene la marihuana.

Capta: por sus siglas en inglés, Child Abuse Prevention and Treatment Act (ver Acto de Prevención y Tratamiento de Abuso de Menores).

Casa: por sus siglas en inglés, Court-Appointed Special Advocate (ver Abogado Especial Asignado por la Corte).

Cerrado sin hallazgo: disposición que no concluye con un hallazgo específico debido a que la investigación no pudo ser completada por razones como: la familia se mudó de la jurisdicción; la familia no pudo ser localizada; o diagnóstico necesario u otros reportes no fueron recibidos dentro de los límites requeridos de tiempo.

Coca: la planta, Erythroxylum, de donde se deriva la cocaína. También se refiere a las hojas de dicha planta.

Cocaetileno: estimulante potente creado cuando la cocaína y el alcohol son utilizados juntos.

Cocaína: una droga estimulante altamente adictiva de la planta de coca que produce sentimientos profundos de placer.

Cohorte natal: un cohorte de nacimiento consiste en todas las personas nacidas entre un periodo de tiempo dado, como un año del calendario.

Concesión de abuso infantil y estado de negligencia: fondo para los programas del estado que sirven a menores abusados y abandonados, otorgado bajo el Acto de Prevención y Tratamiento de Abuso de Menores (por sus siglas en inglés, CAPTA). Puede ser utilizado para asistir a los estados en ingreso y evaluación, filtración e investigación de reportes de abuso y descuido de menores, mejoramiento de protocolos de evaluación de riesgo y seguridad, entrenamiento de trabajadores de servicios de protección y reporteros mandatarios, y mejoramiento de servicios a infantes discapacitados con condiciones que amenazan sus vidas.

Concesión del bloque de servicios sociales: fondos provistos por el título veinte del Acto de Seguridad Social que son utilizados para los servicios de los estados, que pueden incluir cuidado de menores, protección de menores, servicios de cuidado de menores y adoptivos, y guarderías o cuidados diarios.

Concesión de recurso y apoyo familiar con base en la comunidad: una concesión otorgada bajo la sección veinte del Acto de Prevención y Tratamiento de Abuso de Menores que asiste a los estados en prevenir el abuso y el descuido infantil y promueve el desarrollo positivo de los padres y los menores al desarrollar, operar, expandir, y aumentar una red de programas de recursos y apoyo para las familias con base en la comunidad, enfocado en la prevención que coordinan recursos entre un amplio rango de organizaciones de servicios humanos.

Contacto fuera de la corte: una reunión que no es parte de la audiencia judicial entre el representante designado por la corte y el menor víctima. Tales contactos permiten obtener un entendimiento de primera mano de la situación y las necesidades del menor víctima, y hacer recomendaciones a la corte con relación al mejor interés para el menor.

Cónyuge no casado del padre: alguien que tiene una relación con el padre y vive en la casa con el padre y el menor maltratado.

Cortes juveniles o familiares: establecidas en la mayoría de estados para resolver conflicto e intervenir de otra manera en las vidas de las familias de forma que promueva el mejor interés para los menores. Estas cortes se especializan en áreas tales como maltrato infantil, violencia doméstica, delincuencia juvenil, divorcio, custodia de menores, y apoyo de menores.

Crack: término callejero para cocaína en forma fumada.

Cuidado adoptivo: cuidado sustituto de veinticuatro horas para un menor ubicado lejos de sus padres o guardianes y para quien la agencia del estado tiene responsabilidad de ubicación y cuidado. Esto incluye hogares de familias adoptivas, hogares adoptivos de familiares, hogares de grupos, refugios de emergencia, instalaciones residenciales, instituciones de cuidado de menores, y hogares preadoptivos, sin importar si las instalaciones poseen licencia y si los pagos para el cuidado del menor son hechos por el estado o la agencia local. El cuidado adoptivo puede ser provisto por aquellos relacionados o no con el menor. Todos los menores en cuidado por más de veinticuatro horas son contados.

Cuidado de parientes: ubicación formal del menor por la corte juvenil y la agencia de bienestar en el hogar del pariente del menor.

Cuidado fuera del hogar: cuidado infantil, cuidado adoptivo, o cuidado residencial provisto por personas, organizaciones, e instituciones para menores que son ubicados fuera de sus familias, usualmente bajo la jurisdicción de la corte juvenil o familiar.

Cuidador: una persona responsable del cuidado y la supervisión de una supuesta menor víctima.

Cuidado residencial u hogar de grupo: instalaciones de veinticuatro horas de no familiares que pueden ser supervisadas por una agencia del estado o gobernada privadamente.

Dependencia física: un estado psicológico adaptable que ocurre con el uso regular de drogas y resulta en síndromes de abstinencia cuando se detiene el uso de la droga; usualmente ocurre con tolerancia.

Depresivos: drogas que alivian la ansiedad y producen sueño. Los depresivos incluyen barbitúricos, benzodiacepinas, y alcohol.

Depresivos del sistema nervioso central: una clase de drogas que desaceleran las funciones del sistema nervioso central, algunas de las cuales son utilizadas para tratar la ansiedad y los desórdenes de sueño; incluyen barbitúricos y benzodia—cepinas.

Descuido o privación de necesidades: un tipo de maltrato que se refiere al fallo por parte del cuidador de proveer el cuidado necesario según la edad, a pesar de ser financieramente capaz de hacerlo o de haber ofrecido los medios financieros u otros medios para hacerlo.

• El descuido físico puede incluir no proveer alimento adecuado, ropa, cuidado médico apropiado, supervisión, protección del clima apropiado (calor o abrigos).

• El descuido educativo incluye el fallar en proveer para las necesidades educativas especiales o inscripción en una escuela apropiada, o permitir ausentismo excesivo.

• El descuido psicológico incluye la falta de cualquier apoyo emocional y amor, falta de atención crónica del menor, exposición al abuso del cónyuge, o abuso de drogas y alcohol.

Desintoxicación: un proceso que permite al cuerpo deshacerse por sí mismo de una droga mientras maneja los síntomas de la abstinencia; a menudo es el primer paso en un programa de tratamiento de drogas.

Dextrometorfano: un ingrediente que elimina la tos en una variedad de medicamentos para la tos y los resfriados abusado por sus efectos tóxicos. También llamada DXM y DM.

Disposición de investigación: una determinación hecha por una agencia de servicio social que la evidencia es o no suficiente bajo la ley estatal para concluir que el maltrato ocurrió.

Disposición de reporte: la conclusión alcanzada por la agencia responsable con relación al reporte de maltrato perpetuado sobre el menor.

DM: nombre común en la calle para dextrometorfano.

Doble vía: término que se refiere a los sistemas de respuesta de los servicios de protección de menores que típicamente combinan vías de evaluación no adversarias, basadas en servicio para casos en que los menores no se encuentran en riesgo inmediato con la vía investigativa tradicional de los casos de servicios de protección de menores en que estos no están a salvo o están en mayor riesgo de maltrato. (Ver Respuesta diferencial).

Doctrina parens patrial: originaria de la Inglaterra feudal; reviste al estado del derecho de guardián de menores. Este concepto evolucionó gradualmente hacia el principio que la comunidad, en adición al padre, tiene un fuerte interés en el cuidado del menor. Las escuelas, las cortes juveniles, y las agencias de servicios sociales todas derivan su autoridad del poder del estado de asegurar la protección y los derechos de los menores como una clase única.

Droga: un componente químico o sustancia que puede alterar la estructura y funcionamiento del cuerpo. Las drogas psicoactivas afectan el funcionamiento del cerebro, y algunas pueden ser de uso y procesamiento ilegal.

Droga diseñada: una parecida a las drogas restringidas que tiene propiedades psicoactivas.

Droga psicoactiva: una droga que cambia la manera en que funciona el cerebro.

Droga sicodélica: una droga que distorsiona la percepción, el pensamiento, y el sentimiento. Este término es generalmente utilizado para referirse a drogas con acciones como el LSD.

DXM: nombre común de la calle para el dextrometorfano.

Edad: calculada en años cuando sucede el reporte de un abuso o descuido o al 31 de diciembre del año en que se reporta.

Edad del perpetrador: la edad de un individuo determinado de haber causado o permitido con conocimiento el maltrato de un menor. La edad es calculada en años al momento del reporte del maltrato infantil.

Enlace: la designación de una persona entre una organización que tiene la responsabilidad de facilitar la comunicación, colaboración, y coordinación entre agencias involucradas en el sistema de protección del menor.

Equipo de revisión de muerte de menores: un equipo estatal de profesionales que revisa todos los reportes que rodean la muerte de un menor.

Equipo multidisciplinario: establecido entre agencias y profesionales entre los sistemas de protección de menores para discutir casos de abuso y descuido de menores y para ayudar en las decisiones de las varias etapas de los procesos de casos de los servicios de protección de menores. Estos equipos pueden también incluir a personas designadas por distintos nombres, incluyendo equipos de protección de menores, equipos interdisciplinarios, o equipos de consultoría de casos.

Esteroides anabólicos: sustancias sintéticas relacionadas con la hormona sexual masculina que promueve el crecimiento del músculo esquelético y el desarrollo de las características sexuales masculinas.

Estimulantes: una clase de drogas que eleva el estado de ánimo, incrementa los sentimientos de bienestar, de energía y el estar alertas. Estas drogas producen euforia y son de poderosa recompensa. Los estimulantes incluyen cocaína, metanfetamina, y metilfenidato (Ritalina).

Evaluación: proceso por el cual una agencia de servicios de protección de menores determina si el menor u otras personas involucradas en el reporte de supuesto maltrato se encuentran en necesidad de servicios.

Evaluación de riesgo: evaluar y medir la probabilidad de que un menor sea maltratado en el futuro, frecuentemente por medio del uso de listas de verificación, matrices, escalas, y otros métodos de medición.

Evaluación de seguridad: una parte del proceso del caso de los servicios de protección de menores en el cual la información disponible es analizada para identificar si un menor se encuentra en peligro inmediato de daños serios o moderados.

Evaluación familiar: el estado del proceso de protección del menor en el que el trabajador del caso de los servicios de protección de menores, el proveedor de tratamiento comunitario, y la familia alcanzan un entendimiento mutuo relacionado con las conductas y condiciones que deben cambiar para reducir o eliminar el riesgo de maltrato, las necesidades de tratamiento más críticas que deben ser atendidas, y las fortalezas sobres las cuales construir.

Éxtasis (MDMA): una anfetamina químicamente modificada que tiene propiedades alucinógenas así como estimulantes.

Factores de riesgo: conductas y condiciones presentes en el menor, el padre, o la familia que probablemente contribuirán al maltrato infantil que ocurrirá en el futuro.

Factores protectores: fortalezas y recursos que aparecen para mediar o servir como un «amortiguador» contra factores de riesgo que contribuyen a la vulnerabilidad al maltrato o contra los efectos negativos de las experiencias de maltrato.

Fatalidad: muerte de un menor como resultado de abuso o descuido; ya sea debido a que una lesión resultando del abuso o descuido haya sido la causa de la muerte, o que un abuso o un descuido fueron factores que contribuyeron a la causa de la muerte.

Fecha de disposición de investigación: el punto en el tiempo al final de la investigación o evaluación cuando un trabajador de los servicios de protección de menores declara una disposición del reporte de maltrato del menor.

Fecha de inicio de la investigación: cuando los servicios de protección de menores inicialmente contactaron o intentaron tener contacto cara a cara con la supuesta víctima. Si este contacto cara a cara no es posible, la fecha sería cuando los servicios de protección de menores inicialmente contactaron a cualquier parte que podía proveer información esencial a la investigación o la evaluación.

Fecha de reporte: el mes, día, y año en que la agencia responsable fue notificada de la sospecha de maltrato infantil.

Fecha de servicio: cuando las actividades comenzaron como resultado de las necesidades descubiertas durante la respuesta de los servicios de protección de menores.

Filtración: el proceso de tomar una decisión acerca de aceptar o no una referencia de maltrato infantil.

Fuente del reporte: la categoría o papel de la persona que notifica a la agencia de servicios de protección de menores de supuesto maltrato infantil.

Fuerza de trabajo de los servicios de protección de menores: los supervisores y trabajadores de los servicios de protección de menores asignados a manejar un reporte de maltrato infantil. Puede incluir otros del personal administrativo, según sea definido por la agencia estatal.

Guardián ad litem: un abogado o un laico representando al menor en una corte juvenil o familiar. Generalmente esta persona considera los «mejores intereses» del menor y puede ejecutar varios papeles, incluyendo aquellos de investigador independiente, abogado, asesor, y guardián del menor. Un laico que sirve en este papel es a veces conocido como un abogado especial asignado por la corte. (Ver Representante asignado por la corte).

Guardián legal: persona adulta a la que se le dio la custodia legal y la guarda del menor.

Heroína: el potente, ampliamente abusado opiata que produce adicción. Consiste en dos moléculas de morfina unidas químicamente.

Infección notificable: es aquella que, cuando es diagnosticada, se requiere de los proveedores de salud generalmente por la ley que reporten a los oficiales de salud pública del estado o públicos. Las infecciones notificables son aquellas de interés público debido a lo contagiosas, severas o frecuentes son.

Información a nivel de caso: información sometida por los estados en el expediente del menor que contienen características del menor individual o del reporte de maltrato.

Inhalante: cualquier droga administrada al oler sus vapores. Los inhalantes comúnmente son solventes orgánicos, como el pegamento y el *thinner*, o gases anestésicos, como el éter y el oxido nitroso.

Inmunidad: establecida en todas las leyes de abuso de menores para proteger a los que reportan de acusaciones de leyes civiles y persecución criminal resultando de someter un reporte de abuso y descuido de menores.

Intencionalmente falso: la disposición de investigación no sostenida que indica una conclusión que la persona que reportó la sospecha de maltrato sabía que la misma no era cierta.

Investigación: la reunión y evaluación de información objetiva para determinar si un menor estuvo o está en riesgo de ser maltratado. Generalmente incluye contacto cara a cara con la víctima y resulta en una disposición de si la sospecha reportada es o no sostenida.

Investigación o evaluación inicial: el estado de progreso de un caso de los servicios de protección de menores donde el trabajador del caso determina la validez del reporte del maltrato del menor; evalúa el riesgo de maltrato; determina si el menor está a salvo; desarrolla un plan de seguridad, de ser necesario, para asegurar la protección del menor; y determina los servicios que son necesitados. Si el contacto cara a cara con la supuesta víctima no es posible, la investigación inicial sería cuando los servicios de protección de menores contactaron por primera vez a cualquier parte que podía proveer información esencial para la investigación o la evaluación.

LSD (dietilamida de ácido lisérgico): una droga alucinógena que actúa en el receptor de serotonina.

Maltrato infantil: un acto o fallo de actuar por parte de un padre, cuidador, u otra persona definida bajo la ley estatal que resulta en abuso físico, descuido, descuido médico, abuso sexual, abuso emocional, o un acto o fallo de actuar que representa un riesgo inminente de serio peligro para el menor.

Maltrato psicológico o emocional: tipo de maltrato que se refiere a actos y omisiones, distintas al abuso físico o sexual, que causó, o pudo haber causado desórdenes conductuales, cognitivos, afectivos, o mentales de otro tipo. Incluye el descuido emocional, el abuso psicológico y las lesiones mentales. Frecuentemente, ocurre como un patrón de abuso verbal o demandas excesivas sobre el rendimiento de un menor que transmite al menor que es sin valor, defectuoso, no amado, no deseado, en peligro, o solamente un valor para satisfacer las necesidades de alguien más. Esto puede incluir padres o cuidadores que utilizan formas extremas o extrañas de castigo o que amenazan o aterrorizan a un menor. El término «maltrato psicológico» también es conocido como abuso o descuido emocional, abuso verbal, o abuso mental.

Mal uso de drogas prescritas: tomar un medicamento en una manera distinta a la que fue prescrita o por una condición diferente por la cual el medicamento fue prescrito.

MDMA (Éxtasis): nombre químico común para el 3,4-metilendioximetanfetamina.

Marihuana: una droga usualmente fumada, pero puede ser ingerida, que está hecha de las hojas de la planta de cannabis. El ingrediente psicoáctivo principal es THC.

Medicación: una droga que es utilizada para tratar una enfermedad o infección según lo establecido por los lineamientos médicos.

Menor: una persona menor de dieciocho años o considerada un menor bajo la ley del estado.

Menor víctima previo: un menor víctima con reportes previos de maltrato con respuesta sostenida, indicada, o alternativa.

Metadona: un medicamento sintético de larga duración que es efectivo en el trato de adicción al opioide (opiáceo).

Metanfetamina: una droga estimulante comúnmente abusada, potente que es parte de la más amplia familia de las anfetaminas.

Modelo de conferencia de grupo familiar: un modelo de reunión familiar utilizado por las agencias de servicios de protección de menores para optimizar las fortalezas familiares en el proceso de planeación. Este modelo reúne a la familia, los familiares, y otros miembros importantes en la vida de la familia (por ejemplo, amigos, clérigo, o vecinos) para tomar decisiones respecto a cómo asegurar de una mejor manera la seguridad de los miembros de la familia.

Modelo de unidad familiar: un modelo de reunión familiar utilizado por las agencias de servicios de protección de menores para optimizar las fortalezas de la familia en el proceso de planeación. Este modelo es similar al modelo de conferencia de grupo.

Negligencia médica: un tipo de maltrato causado por la falla de parte del cuidador de proveer el cuidado de salud apropiado para el menor a pesar de tener la capacidad financiera de hacerlo o de haber recibido el ofrecimiento financiero o los medios para hacerlo.

No cuidador: una persona que no es responsable del cuidado y supervisión del menor, incluyendo personal de la escuela, amigos, y vecinos.

No padre: incluye a otros familiares, padres adoptivos, personal de las instalaciones de residencia, proveedor de cuidados diarios, proveedor adoptivo de cuidados, pareja no casada del padre, guardián legar, y «otros».

No sostenida (insostenida): una disposición de una investigación que determina que no existe suficiente evidencia legal o política estatal para concluir que el menor fue maltratado o se encuentra en riesgo de maltrato. Una determinación de los servicios de protección de menores significa que no existe evidencia creíble de que ocurrió abuso o descuido infantil.

Oficina de menores: agencia federal dentro de la Administración de Menores, Jóvenes y Familias, del Departamento de Servicios Humanos y de Salud de los Estados Unidos.

Opioides: drogas controladas o narcóticos mayormente prescritos para el manejo del dolor; químicos naturales o sintéticos basados en el componente activo del opio, la morfina, que funciona imitando las acciones de químicos que alivian el dolor producidos en el cuerpo.

Organización de salud mental: una agencia o institución administrativamente pública o privada cuya preocupación primaria es la provisión de servicios directos de salud mental a los mentalmente enfermos o emocionalmente perturbados.

• Las clínicas psiquiátricas independientes externas proveen servicios a pacientes externos servicios en un régimen regular o según emergencias. La responsabilidad médica de los servicios es generalmente asumida por el psiquiatra.

• Los hospitales generales que proveen servicios psiquiátricos separados son hospitales generales no federales que proveen servicios psiquiátricos para pacientes internos, externos, o servicios de hospitalización con personal y espacio asignado.

• Las organizaciones de multiservicios de salud mental proveen directamente dos o más del los elementos del programa definidos bajo el tipo de servicio de salud mental y no son clasificables como hospital psiquiátrico, hospital general, o un centro de tratamiento residencial para los menores emocionalmente perturbados.

• Las organizaciones de cuidado parcial proveen un programa no encamado de servicios de salud mental.

• Los hospitales mentales privados son operados por un solo propietario, alianza, alianza limitada, corporación, u organización sin fines de lucro primariamente para el cuidado de personas con desórdenes mentales.

• Los hospitales psiquiátricos son centros de atención cuya primera preocupación es proveer a los pacientes internos cuidado y tratamiento para los mentalmente enfermos.

• Los centros de tratamiento residencial para los menores emocionalmente perturbados deben cumplir con los siguientes criterios:

• No tener licencia como hospital psiquiátrico y su propósito primario es proveer tratamientos de salud mental individualmente planificados en conjunción con el cuidado residente.

• Incluir un programa clínico que es dirigido por un siquiatra, psicólogo, trabajador social, o enfermera siquiátrica con un grado académico.

• Servir principalmente a los menores y jóvenes menores de dieciocho años.

• El diagnóstico primario para la mayoría de admisiones es la enfermedad mental, clasificada como otra que no sea retraso mental, discapacidad de desarrollo, y desórdenes relacionados con substancias.

• Los hospitales mentales estatales y del condado están bajo los auspicios del gobierno del estado o del condado o son operados juntamente por el gobierno del estado y condado.

Pacto de servicio: El documento de trabajo del caso desarrollado entre el trabajador del caso de los servicios de protección de menores y la familia que delinea las tareas necesarias para alcanzar las metas y los resultados necesarios para la reducción de riesgo.

Padrastro: el esposo o la esposa, por un matrimonio subsecuente, de la madre o el padre del menor.

Padre: la madre que dio a luz o el padre, madre o padre adoptivo, o madrastra o padrastro del menor víctima.

Padre adoptivo: (1) un individuo con licencia para proveer un hogar para un menor huérfano, abusado, abandonado, delincuente, o discapacitado, generalmente con la aprobación del gobierno o de la agencia de servicio social. Puede ser un pariente o un conocido que no sea familiar del menor, el padre, o el cuidador, incluyendo terratenientes, clérigo, o líderes juveniles (por ejemplo, líderes de los scouts, o entrenadores de las ligas deportivas menores). (2) Una persona con la relación legal de padre de un menor no relacionado con el nacimiento, con los mismos derechos mutuos y obligaciones que existen entre un menor y sus padres biológicos. La relación legal finalizó.

Padre biológico: la madre que dio a luz o el padre del niño.

Pariente: una persona relacionada al menor por sangre, tal como los padres, hermanos, o abuelos.

PCP: Fenciclidina, un anestésico disociado abusado por sus efectos de mediano alcance.

Perpetrador: La persona que fue determinada de causar o permitir con conocimiento el maltrato de un menor.

Personal de instalaciones residenciales: empleados de las instalaciones residenciales públicas o de un grupo privado, incluyendo albergues de emergencia, hogares de grupos, e instituciones.

Personal de salud mental: empleado por unas instalaciones o prácticas de salud mental, incluyendo psicólogos, psiquiatras, y terapeutas.

Personal de servicios sociales: empleados de servicios sociales públicos o privados o de una agencia de bienestar social, u otro trabajador social o consejero que provee servicios similares.

Personal educativo: empleados de una institución o programa educativo público o privado; incluye maestros, asistentes de maestros, administradores, directores, y otros directamente asociados con la entrega de servicios educativos.

Personal legal, de las fuerzas de seguridad, o justicia criminal: empleadas por una agencia de justicia local, estatal, o federal, incluyendo fuerzas de seguridad, cortes oficina del fiscal de distrito, agencias de libertad condicional u otras correcciones comunitarias, e instalaciones correccionales.

Personal médico: es el empleado por las instalaciones o prácticas médicas, incluyendo a los doctores, asistentes de doctores, enfermeras, técnicos de emergencia médica, dentistas, asistentes y técnicos dentales, quiroprácticos.

Placebo: una sustancia inactiva usada en experimentos para distinguir entre efectos reales de drogas y efectos que son esperados por los voluntarios en los experimentos.

Plan de seguridad: un documento del caso de trabajo desarrollado cuando se determina que un menor se encuentra en peligro inminente o potencial de daños severos. En el plan de seguridad, el trabajador del caso tiene por objetivo los factores que causan o contribuyen al riesgo de inminente daño serio al menor e identifica, junto con la familia, las intervenciones que controlarán los factores de seguridad y asegura la protección del menor.

Polvo de ángel: nombre común en la calle para PCP en inglés (fenciclidina).

Prevención primaria: actividades orientadas a una muestra de la población general para prevenir el abuso y el descuido. También son conocidas como «prevención universal».

Prevención secundaria: actividades orientadas a prevenir fracasos y disfunciones entre familias que fueron identificadas en riesgo de abuso o descuido.

Prevención tercera: esfuerzos de tratamiento orientados a abordar las situaciones en que el maltrato de menores ya ocurrió y con las metas de prevenir que el maltrato de menores ocurra en el futuro y evitar los efectos dañinos de este.

Prevención universal: actividades y servicios dirigidos al público general con el objetivo de detener la ocurrencia de maltrato antes de que comience. También es conocido como prevención primaria.

Programa de promoción de familias seguras y estables: programa que provee concesiones para los estados bajo la sección 430, título IV-B, subparte 2 del acto de seguridad social, como enmendado, para desarrollar y expandir cuatro tipos de servicios: servicios de apoyo familiar con base en la comunidad; servicios innovadores de bienestar de menores, incluyendo servicios de preservación familiar; servicios de reunificación con tiempo limitado; y servicios de promoción y apoyo de adopciones.

Programas de visitas al hogar: estos ofrecen una variedad de servicios enfocados en la familia para madres embarazadas y familias con nuevos bebés. Las actividades frecuentemente abarcan visitas estructuradas al hogar de la familia y pueden abordar prácticas positivas de ser padres, técnicas no violentas de disciplina, desarrollo infantil, salud materna y del niño, servicios disponibles, y abogacía.

Protocolo: un acuerdo entre agencias que delinea roles conjuntos y responsabilidades al establecer criterios y procedimientos para trabajar juntos en casos de abuso y descuido de menores.

Protocolo de entrevista: un formato estructurado para asegurar que los miembros de la familia son vistos en una estrategia planificada, que los proveedores comunitarios colaboren, y que la reunión de información es completa.

Proveedor de guardería infantil: una persona con la responsabilidad temporal de cuidador, pero que no está relacionada con el menor, como un miembro del personal de una guardería, un proveedor familiar de cuidado diario, o una niñera. No incluye personas con custodia legal o guardianía del menor.

Provisión de servicio: la etapa del proceso del caso de trabajo de los servicios de protección de menores cuando se proveyó de servicios específicos orientados hacia la reducción de riesgo de maltrato.

Psicoáctiva: que tiene un efecto específico en la mente.

Psicoterapéuticos: drogas que tienen un efecto en la función del cerebro y que a menudo son utilizadas para tratar desórdenes

psiquiátricos; pueden incluir opioides, depresivos del sistema nervioso central, y estimulantes.

Raza: la categoría taxonómica primaria de la que un individuo se identifica a sí como miembro, o de la cual el padre identifica a un hijo como miembro (titularmente: indio americano o nativo de Alaska, asiático, negro o afroamericano, hispano o latino, hawaiano o de otras islas del Pacífico, blanco, o incapaz de ser determinado).

Razón de sospecha: una disposición de investigación que concluye que el maltrato no puede ser sostenido bajo las leyes o políticas estatales, pero existe razón para sospechar que el menor pudo ser maltratado o estuvo en riesgo de maltrato. Esto es aplicable solamente en los estados que distinguen entre disposiciones sostenidas e indicadas.

Recaída: en abuso de drogas, es la reanudación del uso de droga después de intentar dejarla. Es una ocurrencia común en muchos desórdenes crónicos, incluyendo adicción, que requiere ajustes conductuales para ser tratada efectivamente.

Recepción de reporte: la recepción de una referencia a la agencia por supuesto maltrato infantil.

Referencia: notificación a la agencia de servicios de protección de menores de sospecha de maltrato infantil. Esto puede incluir uno o más menores.

Referencias descartadas: supuestos maltratos infantiles que no llenaron los estándares de aceptación del estado.

Registro infantil: un registro a nivel de caso en el expediente del menor que contiene datos asociados con un menor en un reporte.

Relación del perpetrador: papel primario del perpetrado en el menor víctima.

Reporte: la referencia de abuso o descuido de menores que fue aceptada para investigación o evaluación por una agencia de servicios de protección de menores.

Reportero mandatario: individuos requeridos por los estatutos del estado para reportar sospechas de abuso infantil y abandono a las autoridades competentes (generalmente a los servicios de protección de menores o a las agencias de las fuerzas de seguridad). Ellos típicamente incluyen a profesionales como educadores y demás personal educativo, profesionales de cuidado de la salud y salud mental, trabajadores sociales, proveedores de cuidados infantiles, y oficiales de las fuerzas de seguridad. Algunos estados identifican a todos los ciudadanos como reporteros mandatarios.

Reportes filtrados: referencias de maltrato infantil que cumplen con los estándares de aceptación del estado.

Representante asignado por la corte: una persona designada por la corte para representar a un menor en un procedimiento de abuso o descuido. Puede ser un abogado o un abogado especial asignado por la corte (o ambos) y es a menudo conocido como un guardián ad litem. El representante hace recomendaciones a la corte concernientes a los mejores intereses del menor.

Respuesta diferencial: un área de la reforma de los servicios de protección de menores que ofrece mayor flexibilidad para responder a alegaciones de abuso y descuido. También conocida como respuesta «de doble vía» o «multivías», permite a las agencias se servicios de protección de menores responder diferencialmente a las necesidades de seguridad del menor, al grado de riesgo presente, y a las necesidades de la familia de servicios y apoyo (ver Doble vía).

Revelación completa: información dada a la familia por los servicios de protección de menores relacionada con los pasos en el proceso de intervención, los requerimientos de los servicios de protección de menores, las expectativas de la familia, las consecuencias si la familia no llena las expectativas, y los derechos de los padres para asegurar que la familia entiende completamente el proceso.

Riesgo: la probabilidad de que un menor sea maltratado en el futuro.

Seguridad: ausencia de una inminente o inmediata amenaza de daño moderado o serio a un menor.

Servicios: actividades públicas no investigativas o privadas no lucrativas provistas o continuas como resultado de una investigación o evaluación.

Servicios de apoyo familiar: actividades preventivas basadas en la comunidad diseñadas para aliviar el estrés y promover las habilidades y conductas de los padres que incrementarán la habilidad de las familias para nutrir a sus hijos exitosamente, capacitar a las familias para utilizar otros recursos y oportunidades disponibles en la comunidad, y crear redes de apoyo para aumentar sus habilidades como padres.

Servicios de postinvestigación: actividades provistas o arregladas por la agencia de servicios de protección de menores, agencia de servicios sociales, o la agencia de bienestar de menores para el menor o la familia como resultado de las necesidades descubiertas durante el curso de una investigación. Incluye servicios como preservación de la familia, apoyo familiar, y cuidado adoptivo. Estos son entregados dentro de los noventa días posteriores a la disposición del reporte.

Servicios de preservación de la familia: actividades diseñadas para ayudar a las familias a aliviar las crisis que pueden llevar a ubicar fuera del hogar a un menor, mantener la seguridad del mismo en su propio hogar, apoyar a las familias a prepararse para reunificarse o adoptar, y asistir a las familias a obtener servicios y otros apoyos necesarios para atender las distintas necesidades de manera culturalmente sensible.

Servicios de protección de menores (por sus siglas en inglés, CPS): una agencia oficial del estado que tiene la responsabilidad de los servicios y actividades de protección de menores. Recibe reportes, investiga, y provee servicios de intervención y tratamiento a menores y a familias en las que ocurrió el maltrato infantil. Frecuentemente, esta agencia está ubicada dentro de agencias de servicios sociales públicos más grandes.

Servicios preventivos: actividades con el objetivo de prevenir el abuso y descuido de menores. Tales actividades pueden ser dirigidas a poblaciones específicas identificadas con incremento en el riesgo de convertirse en abusivas y pueden ser diseñadas para incrementar la fuerza y estabilidad de las familias para incrementar la confianza y habilidad de los padres, y para lograr un ambiente estable y de apoyo para los menores. Incluyen servicios preventivos de abuso y descuido infantil provistos por medio de fondos federales, municipales o gubernamentales

Sistema de cuidado: es el proceso de crear una alianza entre un arreglo de agencias de servicio y las familias, trabajando juntos para proveer cuidado individual y apoyos diseñados para ayudar a los menores y las familias a alcanzar seguridad, estabilidad, y permanencia en su hogar y comunidad.

Sistema de respuesta alternativa: es un sistema de disposición de maltrato utilizado en algunos estados que provee respuestas más allá del sostenimiento indicado. En tal sistema, los menores pueden o no ser determinados como víctimas de maltrato. También puede ser conocido como un sistema «diversificado» o un sistema «necesitado de sistemas».

Supervisor de servicios de protección de menores: el director del trabajador de caso asignado a un reporte de maltrato infantil al momento de la disposición del reporte.

Supuesto perpetrador: un individuo que se supone causó o consintió el maltrato de un menor de acuerdo con un incidente de abuso o descuido del menor.

Sustanciada: un tipo de disposición de investigación que concluye que el supuesto maltrato o riesgo de maltrato fue soportado o fundamentado por la ley estatal o la política del estado. Una determinación de los servicios de protección de menores significa que existe evidencia creíble que el abuso o descuido infantil ocurrió. Este es el nivel más alto de descubrimientos por parte de una agencia del estado.

THC: Delta-9-tetrahydrocannabinol; el ingrediente activo principal en la marihuana. Actúa en el cerebro para producir sus efectos.

Tiempo de respuesta con relación a la investigación inicial: una determinación hecha por los servicios de protección de menores y las fuerzas de seguridad con relación a cuán inmediata es la respuesta necesitada para un reporte de abuso o descuido infantil. También el tiempo entre el registro de la llamada a la agencia del estado del supuesto maltrato infantil y el contacto cara a cara con la supuesta víctima cuando fuere apropiado (o el contacto con otra persona que pueda proveer información cuando el contacto directo con la supuesta víctima sería inapropiado).

Tiempo de respuesta con relación a la provisión de servicios: el tiempo entre el registro de la llamada a la agencia del supuesto maltrato infantil y la provisión de servicios de posinvestigación, a menudo requiriendo la apertura de un caso para la continuidad de servicios.

Tipo de maltrato: una forma particular de maltrato infantil determinado por investigación a ser sostenido o indicado bajo las leyes estatales. Los tipos incluyen abuso físico, abandono o privación de necesidades, negligencia médica, abuso sexual, maltrato psicológico o emocional, y otras formas incluidas en la ley del estado.

Tipos de servicios de salud mental: se refiere a los siguientes:

• El cuidado de pacientes internos es la provisión de cuidado de salud mental de veinticuatro horas en un ambiente de hospital de salud mental.

• El cuidado de pacientes externos es la provisión no encamada de servicios de salud mental por menos de tres horas en una única visita de un individuo, grupo, o familia, usualmente en una clínica u organización similar. El cuidado de emergencia provisto en un régimen de acceso directo, así como el cuidado provisto por equipos móviles que visitan pacientes fuera de estas organizaciones son incluidos.

• El tratamiento de cuidado parcial es un programa planificado de tratamiento de servicios de salud mental generalmente provisto en visitas de tres o más horas a grupos de pacientes. Incluidos están los programas de tratamiento que hacen énfasis en terapias intensivas y rehabilitación a corto plazo; programas que se enfocan en recreación o en actividades de programas ocupacionales, incluyendo talleres protegidos; y programas de educación y entrenamiento, incluyendo clases de educación especial, escuelas de enfermería terapéutica y entrenamiento vocacional.

• El tratamiento de cuidado residencial es la provisión de cuidado de salud mental por la noche en conjunción con un programa de tratamiento intensivo en un ambiente distinto a un hospital. Las instalaciones pueden ofrecer cuidado a menores emocionalmente perturbados o adultos mentalmente enfermos.

Tolerancia: la condición en la que dosis más altas de una droga son requeridas para producir el mismo efecto que durante el uso inicial; a menudo lleva a dependencia física.

Tóxico: efectos temporales o permanentes que son perjudiciales del funcionamiento de un órgano o grupo de órganos.

Trabajador del caso: alguien del personal asignado a un reporte de maltrato infantil al momento de la disposición del reporte.

Trabajador de servicios de protección de menores: la persona asignada a un reporte de maltrato infantil al momento de la disposición del reporte.

Tranquilizantes: drogas prescritas para promover el sueño o reducir la ansiedad; esta clasificación de la Encuesta Casera Nacional de Abuso de Drogas incluye benzodiacepinas, barbitúricos, y otros tipos de depresivos del sistema nervioso central.

Tratamiento: El estado del proceso del caso de protección infantil cuando los servicios específicos son provistos por los servicios de protección de menores y otros proveedores para reducir el riesgo de maltrato, para apoyar a las familias a alcanzar las metas del caso, y para abordar los efectos del maltrato.

Usuario multidrogas: un individuo que usa más de una droga.

Vecino: una persona que vive en proximidad geográfica al menor o la familia.

Víctima: un menor que tuvo una disposición de maltrato sostenida, indicada, o víctima de respuesta alternativa.

Víctima infantil: un menor de quien un incidente de abuso o descuido fue sostenido o indicado por una investigación o una evaluación. El estado puede incluir algunos menores con disposiciones alternativas como víctimas.

Está información fue compilada de las siguientes fuentes:

Administration for Children and Families, U.S. Department of Health & Human Services, «Appendix B Glossary – Child Maltreatment 2002», Children's Bureau [falta traducción]. Disponible en
www.acf.hhs.gov/programs/cb/publications/cm02/appendb.htm

Center for Diseace Control and Prevention, National Center for Health Statistics, Health United States, 2004, «NCHS Definitions» [falta traducción]. Disponible en
www.cdc.gov/nchs/hus.htm

National Institute on Drug Abuse [falta traducción]. Disponible en www.drugabuse.gov/NIDAHome.html

U.S. Department of Health & Human Services, Administration for Children & Families, National Clearinghouse on Child Abuse and Neglect Information [falta traducción]. Disponible en http://nccanch.acf.hhs.gov/admin/glossary.cfm

Capítulo cuarenta y tres
FORMULARIO DE ENTREVISTA **DE ADMISIÓN**

Fecha_____Nombre_____
Fecha de nacimiento_____Edad_____
Dirección_____
_____Teléfono_____
Nombre de la madre_____
Dirección_____
_____Teléfono_____
Nombre del padre_____
Dirección_____
_____Teléfono_____

Fuente de referencia

Naturaleza del problema

Situación familiar

Acción tomada o recomendada

Referir a

Notas

NOTAS

CAPÍTULO DOS: ENTENDER LA CRISIS
1. Gary Collins, *How to Be a People Helper*, Vision House, Santa Ana, CA, EE.UU., 1976, p. 71.
2. Lucas 13:4.
3. Mateo 5:45.

CAPÍTULO TRES: OPORTUNIDAD PELIGROSA
1. Madeleine L'Engle, citada en *Holy Sweat*, de Tim Hansel, Word Publishing, Waco, TX, EE.UU., 1987, p. 53.
2. Doug Stevens, *Called To Care: Youth Ministry and the Church*, Zondervan, Grand Rapids, MI, EE.UU., 1985, p. 27.

CAPÍTULO CUATRO: TRIAGE
1. Henri Nouwen, *Reaching Out*, Doubleday, NY, EE.UU., 1975, p. 94.
2. Juan 4:1–42.
3. Salmos 34:18.

CAPÍTULO CINCO: HACER CONEXIONES
1. Robert Veninga, *A Gift of Hope, How We Survive Our Tragedies* [Un regalo de esperanza: cómo sobrevivimos nuestras tragedias], Ballantine Books, NY, EE.UU., 1996, p. 60.
2. Michael Craig Milles, «How Important Is The Therapeutic Alliance?» Questions & Answers, *Harvard Mental Health Letter*, septiembre 2004. *www.health.harvard.edu/*

3. Ann Kaiser Stearns, *Living Through Personal Crisis*, Thomas More Press, Chicago, IL, EE.UU., 1983, p. 93.
4. Ver nota 1 arriba.
5. *You Get Bigger As You Go* (Creces en el camino) es un fragmento de poesía del cantante Bruce Cockburn. Se pronuncia Co-burn; él es canadiense.

> Un pequeño paso para la libertad
> Desde la conclusión inevitable
> Creces en el camino
> Nadie me lo dijo –solamente lo sé
> Dolor de la memoria como botes en remolque
> Creces en el camino
> (*You Get Bigger As You Go*,
> Humans, Columbia, EE.UU., 1980)

Estamos en esta lucha por el bienestar de los jóvenes porque no creemos en lo inevitable. Cuando Frederick Beuchner —(se pronuncia Bick-ner); sus ancestros eran alemanes— dice que la comedia de la gracia es lo que no debe pasar y no debe posiblemente pasar pero pasa de cualquier forma «en la oscuridad que solo a penas falla en tragarlo todo», nosotros decimos: «Estamos con él». (*Telling The Truth: The Gospel As Tragedy*, Harper & Row, Comedy & Fairy Tale, EE.UU., 1977, p. 58).
Entendido lo anterior, aprender a creer y actuar a favor de lo que se supone no va a suceder toma tiempo, práctica y fe; pero de alguna manera, en la bondad de Dios, crecemos en el camino.

CAPÍTULO SEIS: ESCUCHAR PROFUNDAMENTE
1. M. Scott Peck, M.D., *The Road Less Traveled*, Simon and Schuster, NY, EE.UU., 1978, p. 121.
2. Jim Petersen y Mike Shamy, *The Insider: Bringing the Kingdom of God into Your Everyday World*, NavPress, Colorado Spings, CO, EE.UU., 2003, p. 148.
3. Ver nota 1 arriba.
4. Barbara Varenhorst, *Real Friends: Becoming the Friend You'd Like to Have*, Harper and Row, San Francisco, CA, EE.UU., 1983, p. 107.
5. Paul W. Swets, *The Art of Talking with Your Teenager*, Adams Media Corporation, Holbrook, MS, EE.UU., 1995, p. 86.

CAPÍTULO SIETE: PLAN DE ACCIÓN
1. Lee Ann Hoff, *People in Crisis: Understanding and Helping*, Addison-Wesley, Menlo Park, CA, EE.UU., 1978, pp. 56–60.
2. Ann Landers, «The Denver Post», 8 de abril de 1985.
3. Juan 5:6.

CAPÍTULO OCHO: REFERIR
1. M. Scott Peck, *People of the Lie*, Touchstone, NY, EE.UU., 1983, p. 44ss.

CAPÍTULO NUEVE: CONSIDERACIONES LEGALES Y ÉTICAS
1. Un reportero bajo mando es alguien que es obligado por la ley a reportar sospecha o conocimiento de abuso infantil de cualquier tipo (físico, emocional, o sexual) a las autoridades apropiadas. Véase el capítulo nueve para más información acerca de quién debe hacer un reporte. Y el capítulo treinta y ocho para más información acerca de dónde reportar abuso de menores en tu país.
2. David Elkind, *All Grown Up and No Place To Go*, Addison-Wesley, Reading, MA, EE.UU., 1984, p. 36.
3. Carl Lansing, *Legal Defense Handbook*, Colorado Springs, CO, EE.UU., 1992, p. 11.
4. Juan 17.
5. Mateo 10:16–17.
6. Jack Crabtree, *Better Safe Than Sued*, Group Publishing, Loveland, CO, EE.UU., 1998, p. 237.
7. [Ver nota 3 arriba], p. 253.

CAPÍTULO DIEZ: ALIANZAS PREVENTIVAS
1. Job 5.
2. Ernest Hemingway, *A Farewell to Arms*, Scribner's and Sons, NY, EE.UU., 1957, p. 249.
3. *www.clarkefoundation.org/projects*

CAPÍTULO ONCE: GRUPOS JUVENILES
1. Jesús dijo: «¿Qué mérito tienen ustedes al amar a quienes los aman? Aun los pecadores lo hacen así. ¿Y qué mérito tienen ustedes al hacer bien a quienes les hacen bien? Aun los pecadores actúan así» (Lucas 6:32–33). Pablo retoma el hilo al decir: «Todos ustedes son hijos de Dios mediante la fe en Cristo Jesús, porque todos los que han sido bautizados en Cristo se han revestido de Cristo. Ya no hay judío ni griego, esclavo ni libre, hombre ni mujer, sino que todos ustedes son uno solo en Cristo Jesús» (Gálatas

3:26–28). Santiago se une al coro, apuntando hacia los factores socioeconómicos. Su argumento llega a un punto fino en Santiago 2:8–9: «Hacen muy bien si de veras cumplen la ley suprema de la Escritura: "Ama a tu prójimo como a ti mismo"; pero si muestran algún favoritismo, pecan y son culpables, pues la misma ley los acusa de ser transgresores». Traemos esto a colación solo para decir que la apertura a otros hace brotar la apertura hacia el Dios que invita a todos y a diversos al reino de los cielos. Tenemos grandes razones para crear comunidades de fe abiertas, que invitan, que aceptan. Los Hechos de los Apóstoles gastan mucha tinta en registrar la ruptura causada por la gente que prefería comunidades cerradas debido a que su gusto por sus amigos era más refinado que el de Dios.
2. Romanos 3:23.
3. Romanos 5:19.
4. Romanos 3:10.

CAPÍTULO DOCE: PADRES
1. No queremos sonar necios, pero esto es realmente importante: si persigues esta opción, toma especial cuidado de no dañar al joven que estás tratando de ayudar.
2. Mira, por ejemplo, Centers for Disease Control and Prevention, "Guidelines for Investigating Clusters of Health Events", Recommendations and Reports, *Morbidity and Mortality Weekly Report 39* (RR-11), 27 de julio de 1990, pp. 1–16. www.cdc.gov/mmwr/preview/mmwrhtml/00001797.htm
3. *http://youthspecialties.com/free/email/student_newsletter/*
4. No estamos recomendando esta organización por su teología. La última vez que revisamos su sitio en Internet *(www.capabilitiesinc.com)* no tenían una teología corporativa. Pero lo que ofrecen puede ser fácilmente adaptado a la tuya. Dependiendo del lugar a donde vayas, el entrenamiento para entrenadores puede ser costoso; pero más allá de eso, los costos son mínimos y los beneficios máximos.

CAPÍTULO CATORCE: FUERZAS DE SEGURIDAD
1. U.S. Department of Education en cooperación con U.S. Department of Justice, «The Problem of Truancy in America's Communities», Manual to Combat Truancy, julio de 1996. www.ed.gov/pubs/Truancy/index.html.
2. U.S. Department of Education, «Departments of Justice and Education Host National Truancy Prevention Conference»,

notas de prensa, 6 de diciembre de 2004. www.ed.gov/news/pressreleases/2004/12/12062004.html.

CAPÍTULO VEINTE: MUERTE
1. Elisabeth Kübles-Ross, *On Death and Dying*, Touchstone, NY, EE.UU., 1969.

CAPÍTULO VEINTIUNO: DIVORCIO
1. Mary Griffin, M.D., *A Cry for Help*, Doubleday, Garden City, NY, EE.UU., 1983, p. 153.
2. [Ver nota 2 del capítulo nueve], p. 110.
3. Warner Troyer, *Divorced Kids*, Hartcourt, Brace, Jovanovich, NY, 1979, p. 166.

CAPÍTULO VEINTIDÓS: ABANDONAR LOS ESTUDIOS
1. Federal Interagency Forum on Child and Family Statistics, *America's Children in Brief: Key National Indicators of Well-Being, 2004*. www.childstats.gov/ac2004/ed5.asp
2. Compara la información encontrada en www.childstats.gov/ac2004/ed5.asp con la información en la nota anterior.
3. U.S. Department of Education, notas de prensa, 6 de diciembre de 2004.
www.ed.gov/news/pressreleases/2004/12/12062004.html

CAPÍTULO VEINTITRÉS: DESÓRDENES ALIMENTICIOS
1. Todos los juegos de palabras en esta sección son intencionales, más o menos. Hancock, un adicto a la comida recuperado, se reserva el derecho a hacer una pequeña broma por aquí y allá. La alternativa lo encuentra sentado solo en su auto con una bolsa de una libra de patatas con barbacoa y un bote de helado. Y sin mencionar un vaso gigante de gaseosa.
2. Pan W. Vredevelt y Joyce R. Whitman, *Walking a Thin Line: Anorexia and Bulimia, The Battle Can Be Won*, Multnomah, Portland, OR, EE.UU., 1985, pp. 29–31.

CAPÍTULO VEINTICUATRO: INICIACIÓN DE NOVATOS
1. Nadine C. Hoover y Norman J. Pollard, «Initiation Rites in American High Schools: A National Survey», Alfred University, Alfred, NY, EE.UU., agosto de 2000. También disponible en www.alfred.edu/hs_hazing/

CAPÍTULO VEINTICINCO: INCESTO
1. Diana E. H. Russell, *Introduction to The Secret Trauma: Incest in the Lives of Girls and Women*, BasicBooks/Perseus Press, NY, EE.UU., 1999, p. xvii.
2. M. Glasser, I. Kolvin, D. Campbell, A. Glasser, I. Leitch, y S. Farrelly, «Cycle of Child Sexual Abuse: Links between Being a Victim and Becoming a Perpetrator», *The British Journal of Psychiatry*, no. 179, 2001, pp. 482–494.
3. New York City Alliance Against Sexual Assault, *Alliance Factsheets: Incest*, Derechos reservados 1997. Disponible en www.nycagainstrape.org/printable/printable_survivors_factsheet_37.html
4. Ruth S. Kempe y C. Henry Kempe, *The Common Secret*, W.H. Freeman, NY, EE.UU., 1984, p. 86.
5. Donna Pence y Charles Wilson, *The Role of Law Enforcement in the Response to Child Abuse and Neglect* (U.S. Department of Health & Human Services, National Center on Child Abuse and Neglect, 1992, p. 18.

CAPÍTULO VEINTISÉIS: *INTERVENCIONES*
1. Alan I. Leshner, «The Essence of Drug Addiction», *National Institute of Drug Abuse, National Institutes of Health:* www.drugabuse.gov/Published_Articles/Essence.html
2. Tomado de una conversación con Jim Hancock.

CAPÍTULO VEINTISIETE: TRASTORNO DE ESTRÉS POSTRAUMÁTICO
1. National Institute of Mental Health Fact Sheet, publicación no. OM-99 4157 (revisión 2002) y *Disaster Mental Health Response Handbook*, State Health Publication no: (CHM) 00145, Centre for Mental Health and the New South Wales Institute of Psychiatry, North Sydney, NSW, Australia, 2000.
2. National Institute of Mental Health, «Facts About Post-Traumatic Stress Disorder», publicación no. OM-99 4157 (revisión 2002), p. 2. Disponible en línea en http://www.nimh.nih.gov/publicat/ptsdfacts.cfm (publicada el 9 de abril de 2004).

CAPÍTULO TREINTA: ABUSO SEXUAL
1. Administration for Children and Families, U.S. Department of Health & Human Services, «Appendix B: Glossary – Child Maltreatment 2002», *Children's Bureau*. Actualizado el 12 de

marzo de 2004. http://www.acf.hhsgov/programs/cb/publications/cm02/appendb.htm
2. U.S. Department of Health & Human Services, National Clearinghouse on Child Abuse and Neglect Information, Glossary – S. Actualizado el 17 de diciembre de 2003.
http://nccanch.acf.hhs.gov/admin/glossaryn.cfm
3. U.S. Department of Health & Human Services, Glossary – S. http://nccanch.acf.hhs.gov/admin/glossarys.cfm
4. Legal Information Institute, «§ 2256 Definitions for Chapter», *U.S. Code Collection.* Fecha de publicación: 6 de agosto de 2004. http://assembler.law.cornell.edu/uscode/html/uscode18/usc_sec_1 8_00002256——000-.html
5. W. Predergast en *The Merry-Go-Round of Sexual Abuse: Identifying and Treating Survivors,* Haworth Press, NY, EE.UU., 1993, citado por M. Glasser, et. al., en «Cycle of Child Sexual Abuse», *The British Journal of Psychiatry,* no. 179, 2001, p. 491.
6. Howard N. Snyder, Ph. D., «Sexual Assault of Young Children as Reported to Law Enforcement: Victim, Incident, and Offender Characteristics», *Bureaus of Justice Statistics* (U.S. Department of Justice and Office of Justice Programs, NCJ 182990, Julio de 2000, p. 4. También disponible en
http://www.ojp.usdoj.gov/bjs/pub/pdf/saycrle.pdf
7. Ibid. [la misma fuente y pagina de la nota anterior].
8. U.S. Department of Justice, Bureau of Justice Statistics, «Summary Findings», *Crime Characteristics.* Disponible en www.ojp.usdoj.gov/bjs/cvict_c.htm#relate

CAPÍTULO TREINTA Y UNO: CONFUSIÓN DE IDENTIDAD SEXUAL
1. John Colapinto, *As Nature Made Him,* HarperCollins, NY, EE.UU., 2000.
2. Los medios de comunicación masiva pueden hacer ver la ambigüedad sexual más común de lo que realmente es. Se convirtió en el tema de la televisión diaria y las revistas populares. El efecto de esta exposición lleva a la sensibilidad que no es poco común el falso concepto que muchos adultos mayores tienen que el crimen violento está en aumento cuando, estadísticamente, lo opuesto es cierto. Es solo que la televisión reporta los crímenes de violencia de todas partes del mundo, a menudo cuando están sucediendo. Esto no es para decir que cada acto de violencia y cada incidencia de ambigüedad sexual no sea real y significativa y trágica para aquellos involucrados. Pero no vemos una

incidencia en aumento; vemos acceso en incremento.
3. *Autoerótico* es una palabra compuesta; sepárala. (Pista: no tiene nada que ver con vehículos).
4. Barbara L. Frankowski, M.D., M.P.H., y American Academy of Pediatrics Committee on Adolescente, «Sexual Orientation and Adolescents», *Pediatrics*, 113, No. 6, junio de 2004, pp. 1827–1832. Disponible en www.pediatrics.org/cgi/content/full/113/6/1827

CAPÍTULO TREINTA Y DOS: ENFERMEDADES DE TRANSMISIÓN SEXUAL (ETS)
1. Alan Guttmacher Institute, Facts in Brief, «Teen Sex and Pregnancy», revisión de septiembre de 1999. Disponible en www.agi-usa.org/pubs/fb_teen_sex.html#tp

CAPÍTULO TREINTA Y TRES: ABUSO Y ADICCIÓN DE SUSTANCIAS
1. Centers for Diseace Control and Prevention, *Surveillance Summaries*, 21 de mayo de 2004. MMWR 2004, p. 53 (no. SS-2). Cada dos años, la encuesta es conducida durante el semestre de la primavera en una muestra representativa de alumnos de escuelas públicas y privadas entre noveno y doceavo grado. Los reportes más actuales están disponibles en
www.cdc.gov/HealthyYouth/yrbs/index.htm
2. T. Santibanez, L. Barker, J. Santoli, C. Bridges, G. Euler, y M. McCauley, «Alcohol-Attributable Deaths and Years of Potential Lide Lost – United States, 2001», *Morbidity and Mortality Weekly Report* 53, no. 37, 24 de septiembre de 2004, p. 866. Disponible en www.findarticles.com/p/articles/mi_m0906/is_37_53/ai_n 6256683
3. *Tenth Special Report to Congress on Alcohol and Health from the Secretary of Human Services*, junio de 2000, DHHS publicación No. 00-1583. Disponible en www.niaaa.nih.gov/databases/cost8.txt
4. A. Hyland, C. Vena, J. Bauer, Q. Li, G.A. Giovino, J. Yang, K.M. Cummings, P. Mowery, J. Fellows, T. Pechacek, y L. Pederson, «Cigarrette Smoking-Attributable Morbidity – United States, 2000», *Morbidity and Mortality Weekly Report* 52, no. 35, 5 de septiembre de 2003, p. 842.
Disponible en
www.findarticles.com/p/articles/mi_m0906/is_35_52/ai_109 443279
5. [Ver nota 2 del capítulo nueve], p. 110.

6. Dr. Gary G. Forrest, *How to Cope with a Teenage Drinker*, Scribner, NY, EE.UU., 1983, p. 1.
7. Ver Mary E. Larimer y Jessica M. Cronce, «Journal of Studies on Alcohol», suplemento no. 14, 2002, p. 152.
8. Alan I. Leshner, Ph. DT., National Institute on Drug Abuse, *The Science of Drug Abuse and Addiction*, «The Essence of Drug Addiction». Disponible en:
www.drugabuse.gov/Published_Articles/Essence.html

CAPÍTULO TREINTA Y CUATRO: SUICIDIO

1. Salman Rushdie, *The Ground Beneath Her Feet*, Picador, NY, EE.UU., 2000, p. 206.
2. National Institute of Mental Health, «In Harms Way: Suicide in America», NIH Publication No. 03-4594, impreso en enero de 2001; revisado en abril de 2003.
Disponible en línea en www.nimh.nih.gov/publicat/harmway.cfm (publicado el 9 de abril de 2004).
También, American Association of Suicidology, «United States Suicide Statistics», resumido y preparado por el Dr. John L. McIntosh.
www.suicidology.org/displaycommon.cfm?an=1&subarticlenbr=21
3. 2 Timoteo 2:13

CAPÍTULO TREINTA Y SEIS: PROBLEMAS CON la ley

1. Dr. Scott Larson, *At Risk: Bringing Hope to hurting Teenagers*, Group, Loveland, CO, EE.UU., 1999, p. 49.
«No hay un solo joven en nuestro ministerio juvenil que no fuera afectado de alguna manera por una crisis. No existe un solo líder juvenil en el planeta que no se beneficie de los principios y prácticas de este libro».
Dra. Kara Powell, directora ejecutiva del Centro para el Ministerio de la Juventud y la Familia de Fuller Seminary
Porque cuando se trata de una crisis, no es cuestión de si ocurre o no sino de cuándo.

Cualquiera que permanezca el suficiente tiempo dentro del ministerio juvenil encontrará crisis significativas. Separaciones familiares, abuso de sustancias ilícitas, agresión sexual, desórdenes alimenticios, suicidios, violencia con armas de fuego...
Pero sin el cuidado adecuado ni inmediato, crisis como estas pueden causar años de dolor emocional y cicatrices espirituales en los jóvenes.

Rich Van Pelt y Jim Hancock quieren ayudarte a prevenir que esto te suceda. A través de sus vivencias y experiencia, aprenderás a:
1. Responder rápida y efectivamente a las crisis.
2. Balancear resultados legales, étnicos y espirituales.
3. Forjar alianzas preventivas con padres, escuelas y jóvenes.
4. Llevar sanidad cuando se causó algún daño.

Cuando ocurren las crisis –y sucederán, estés listo o no–, existen pasos prácticos que puedes seguir. Van Pelt y Hancock proveen consejos probados y específicos, y dirección bíblica para cada etapa de las crisis. Mantén este libro a la mano como un recurso de consulta cada vez que lo necesites.

Rich Van Pelt entrena y motiva a miles de educadores, consejeros profesionales, y trabajadores juveniles cada año en intervención de crisis de adolescentes. Su experiencia viene de tres décadas de trabajo juvenil y más de diez años con jóvenes del Departamento de Correccionales de Colorado. Él es el presidente de «Alongside», una organización que entrena lideres juveniles fundada en Denver. Es también director nacional de relaciones ministeriales en Compasión Internacional. Rich reside en Denver, Colorado.

Como un líder juvenil, Jim Hancock experimentó la mayor parte de las crisis en este libro y ayuda a jóvenes, familias, congregaciones, y escuelas con prevención e intervención de crisis. Desde su hogar, en Leucadia, California, aplica esta experiencia como escritor de libros y cineasta «Good Sex, EdgeTV» ayudando a líderes juveniles a detectar y responder a las crisis.

www.ingramcontent.com/pod-product-compliance
Lightning Source LLC
Chambersburg PA
CBHW011340090426
42744CB00014B/1982